当代版传世家训

房国东 著

心田留与子孙耕
——爷爷给孙儿的私房话

社会科学文献出版社
SOCIAL SCIENCES ACADEMIC PRESS (CHINA)

希望子陶

熟读精思
慎择笃行

目录 CONTENTS

一部极具教育价值的当代家训（序一）/ 001

用江湖之火，燃庙堂之香（序二）/ 006

心田留与子孙耕（作者自序）/ 008

1. 青春的定力 / 001

2. 选择读书 / 015

3. 健康第一 / 029

4. 崇尚节俭 / 039

5. 慎重交友 / 046

6. 提升人格的力量 / 057

7. 善待老师 / 077

8. 交际力是最重要的生存能力 / 085

9. 习惯的力量 / 093

10. 文化素养的养成 / 100

11. 创造性才能 / 109

12. 管理好自己的人生 / 118

13. 懂得谦卑 / 130

14. 学会说话 / 140

15. 苦难是人生的老师 / 151

16. 自胜者强 / 162

17. 蕴蓄生命的地力 / 172

18. 学点辩证法 / 181

19. 教训的价值 / 190

20. 金钱是一把双刃剑 / 196

21. 人生有悔 / 205

22. 学会与人合作 / 211

23. 改变思想的重要性 / 220

24. 懂得求助 / 229

25. 掌握分寸 / 235

26. 现代人的适应力 / 241

27. 知人与自知 / 251

28. 关键时刻的选择 / 257

29. 婚姻八要 / 265

30. 职业选择之我见 / 275

31. 如果你想创业 / 282

32. 能像罗文上尉那样么 / 294

33. 杂说送礼 / 299

34. 官场十悟 / 305

35. 爱国情怀 / 321

36. 信仰与迷信 / 327

外一篇　可怜天下父母心
　　——《心田留与子孙耕》的题外话 / 335

后　记 / 341

序一

一部极具教育价值的当代家训

赵　刚

世事无独有偶：刚给一个从事地产、生物技术等行业，资产有几十亿元的家族企业内部成员做了"跳出富不过三代魔咒"的演讲，回后刚坐，房国东先生来电，邀我为他所著《心田留与子孙耕》作序。二事连至，令我感慨：中国人的家庭建设水平又步入了一个新阶段——从注重物质财富的积累进入关注人本身与家族成员生命质量上来。这是中国家庭发展的必然，更是中国社会的进步。

我是在一次参加有关家庭教育的公益活动时，结识国东先生，并有幸读到他的《心田留与子孙耕》这部"家训"的。作为一名倾心家庭教育的学者，我为有这样一部著作的产生感到欣喜，并对这部书能够促进"中国的家庭教育水平步入一个新阶段"寄予厚望。

20 世纪 70 年代末，国门开放，至今已过三十年。这三十年，应为"中华民族亘古未有之大变革"，绝大部分国人走出饥饿与贫困，迈入衣食无忧、广厦安居的小康时代。但在以无限资源消耗、廉价劳动力为代价获得世界第二大经济体地位称誉的背后，是国人素养、家族产业可否持续、独生代弊端、社会诚信缺失等多重问题阻碍着我们的国际化、市场化、民主化之路。从穷到富易,从富到贵难。如同美国著名黑人民权领袖马丁·路德·金所说:"一个国家的繁荣,不取决于它的国库之殷实,不取决于它的城堡之坚固,也不取决于它的公共设施之华丽,而在于它的公民的文明素养,即在于人们所受的教育,人们的远见卓识与品德的高下,这才是真正的利害所在,真正的力量所在。"

围绕国人素质与国家软实力等因素,西方的许多预言家在唱衰中国。这些言论催我们警醒与反思。掩耳盗铃般地无视问题,或夜郎自大,只会使中国的家庭与社会付出惨重的代价。这从两类群体可见一斑:中国家族产业第一代创业者平均年龄在55~65岁间,未来十年,家族企业全面进入"接班人"状态。出人意料的是,只有18%的富二代愿意接班。究其原因,既有代沟、富二代钟情虚拟经济、对传统行业不感兴趣等诸多因素,更多的是第一代创业者为了票子,忘了孩子,忽视了后代的培养与教育。他们面对这些温室长起来的树徒有叹息。更多的普通家庭的孩子,从出生开始就被身边六个长辈呵护、溺爱,成长的阶段,只会上学读书,不会应对生活的挫折、困境,当他们走进职场与社会,包容、协作、勤奋、诚信、担当等素质严重缺失。我们的教育培养了一大批考场上的英雄、职场上的狗熊。应试教育的弊端、家庭教育观念的错位,使许多手持亮丽文凭的孩子眼高手低、好高骛远,一旦无白领岗位可就,又不屑于蓝领工作,很多孩子成了退居家庭的"啃老族"。

一个成熟的民族与家庭需要优秀的成员与文化引领。中华民族历经几千年内忧外患而持续发展,家文化作用巨大。齐家、治国、平天下,家国同构,产生无以估量的凝聚力。家训、家教、家风,绵延世代,至今仍是许多优秀家族的治家法宝。大儒曾国

序 一
一部极具教育价值的当代家训

藩留有四句遗嘱，让后代"慎独"、"主敬"、"仁爱"、"力行"，曾家后代个个成人、成才，没有一个败家子。曾国藩说从三个地方就可看出一个家庭的兴败：一看子孙睡到几点起床，二看子孙是否做家务，三看子孙是否读书。所以民间有"越富越读书，越穷越养猪"之说。

前年承以色列驻华使馆安泰毅大使之邀，赴使馆畅谈中以文教交流话题，获赠《以色列：小国强大的内因》一书。今天以色列以其巨大的成就与公认的实力被誉为"世界上最小的超级大国"，犹太人成为智慧与财富的代名词。其成就来自哪里，这本书归纳为六点：一是家庭，二是化逆境为机遇，三是厚脸皮（高情商之形象表述），四是教育，五是勇于实践，六是奉献。从中可见家庭的作用与力量。犹太人中的罗斯柴尔德家族，堪称不可思议的奇迹。这个家族19世纪全盛时据称掌控了欧洲四分之一的财富。至今已逾十代，产业遍布全球，去年巴黎一份年报说罗氏家族现有资产在86.2万亿欧元。家族产业创始人梅耶1812年去世时所留遗训，后代一直视为神圣。罗家祖训：只要你们团结一致，就所向无敌；你们分手那天，将是你们失去繁荣的开始。

一个家族传承后代最有价值的是精神而非财富。在很多的文化与家典中，多凡把一个家族的兴旺标准归结为金融资产的多寡，极少明白财富是由人力、智力、金融资产构成，更少有明白若不积极管理人力、智力资本，金融资本将无法存续。

王岐山同志曾推荐法国历史学家托克维尔《旧制度与大革命》一书，告诫全党同志，当时法国的经济繁荣反而加速了革命的到来。革命的主因是腐败与社会秩序、国民道德的衰退。狄更斯的《双城记》形象地描绘了大革命前夕法国社会的状况：这是一个最美好的时代，这是一个最糟糕的时代。改革开放三十多年，带给我们中国的是丰富的物质财富，但国民道德水平与人口素质令人汗颜，映现在世人眼中的是：我们面前应有尽有，我们面前一无所有。尤其是在少子化时代，许多家庭对孩子未来人生的高期望值与高定位，使许多孩子失去了自我、成长的快乐与科学的人生走向，带给家庭更多的是无奈、失望与愤懑。

可见，家庭教育事关家族兴衰、民族昌盛、国家安危呀！

因此，我们太需要用中华民族的传统优秀文化来提高全民素质了！中国的家庭教育需要具有民族性和普遍指导意义的"教材"，中国社会的发展呼唤可以匡扶社会、拯世易俗的"家训"类精品！

而房国东先生大著，正是应着时代的呼唤，适时来到了读者面前。2014年2月份中央召开了全国未成年人思想道德建设工作电视电话会议，强调要"把立德树人作为根本任务"，要让"正能量"像空气一样无所不在。强调教化，归拢民心，讲空道理不行，要细化到家庭，细化到孩子，而"家风"、"家训"的传承，是最贴近百姓的教育，《心田留与子孙耕》的普世价值也正在这里。

这些写给他孙儿的"私房话"，可谓一种现代版的传世家训，其生命意义与活力在于给许多爱而无方、教而无术的家长提供了一部可读、可亲、可近的优秀家庭教育读物；对许多青春期的孩子来说此书不愧是一部指导人生方向的宝典。"家训"通篇饱蕴着深情大爱，引经据典，现身说法，字里行间，充满智慧，其主旨正是我们社会主义核心价值观所倡导的。相信，每一个关心孩子成长、注重自身品格修炼的人，都会从中得到启迪。

我对我们这个民族的繁盛和发展是充满信心的，因为我们这个民族从来不缺少慷慨悲歌、直面危局之士，他们总会以智慧、

序 一
一部极具教育价值的当代家训

勇气赢得掌声。国东先生历时五年，殚精沥血，数次精修细改，推出了这部力作，这种"幼吾幼以及人之幼"的大爱情怀，正是我们这个民族屹立于世界之林的无穷动力。

如今这部书得以面世，无疑对丰富家文化宝库、对推动家庭教育，有积极意义。

借房先生著作出版之际，聊发数感，求教广大读者，让我们共筑和谐社会、幸福家庭之梦吧！

2014 年 6 月 30 日

（序者系中国教育学会家庭教育专业委员会秘书长、
东北师范大学家庭与学校合作教育研究中心主任）

序二

用江湖之火，燃庙堂之香

朱虹宇

进入 2013 年，身体上的一些不舒服固执地搅扰我的神经，我放下手上写着的一篇小说，开始主动寻找阅读一些关于生命体验的文章。这一年的 3 月，国东先生带着书稿来到我的案前，严肃的面容，绵长的情思，细密的讲述，其时，一室阳光。

谈了很久。感受萦怀。

那一刻，我想到了父亲。

我想我还是需要不期而遇运生的契合，和因此产生的心灵理解和感知，以及借此触摸在匆忙生活中久已忽略了的灵魂。

毕竟，这些年，我让灵魂受累了。

这是一番写给幼孙的家话，20 余万言。寄望他明事理，会说话，知进退，恪操守，心通达。

每个话题独立成章又一脉相承，用长辈的经验和视角洞悉人生，耳提面命。

这些话，将为阔阔人生打开第二道门。

步入人生，每一个可能就等在那里。不管喜不喜欢，一些际遇和境况都会染上生命的画册，绚烂或者纷乱，简单或是隽永。

更需要试着用好自己手中的那支笔。

序 二
用江湖之火，燃庙堂之香

这些话，现在的阔阔一定不能看懂，但他或许已经懂得爷爷是要他好好做人，做个好人。

若没有真心或者用心，即使百万之言，又怎么能承载一个生命的茁壮？

国东先生不是专业教育工作者，没有系统的研究成果支撑，涉足成长话题和励志领域，更像是一个草根。只是，有了对孙子的爱，才把自己多年的阅历和学养倾囊倒出，哺育那枝发芽的幼苗；牵挂对后代的责任，才连续十八天伏案成稿，又历五年之功三次印刷内部试发行，广泛征求意见，进行精修细改。

对孩子的关照和培养也许并不需要专家的身份，教育孩子的方法管用就是对的，有启发、被借鉴就是有质量的。当这些书稿出现在博客上，一些读到的孩子和他们的父母感觉很受益，积极在更大范围助推传播。

至此，这些家话已不只是对阔阔的附耳低语。

这部书要比想象的更有力量。

人若没有经过繁华，难得淡定到不虚荣。

国东先生年过六十，经历良多，平静温和。一番家话引来抢读的佳话，虽出乎意料也并未使他热血沸腾。他对我说，自己不是作家，汗颜出一本书。

我说，一定是有了作品，才出现了作家。

抛开这部书的启蒙和教诲功用，它还是一部好的随笔集。

2013 年 6 月 20 日

（序者系齐齐哈尔市文联副主席、作家协会主席）

作者自序

心田留与子孙耕

　　许多人，进入天命之年后，对人生的感悟至深。觉得自己才开始活得明白了，恨不能重活一回，可是，好年华却已一去不返。于是，把万千希望寄托在下一代身上。

　　然而，此时回望他自己的孩子，却像他年轻时一样，正"从零开始"，懵懵地在人生路上"左冲右撞"，甚至一如自己当年那样游戏人生。遗憾的是，当儿子又进入天命之年后，他的孙子又在重复他儿子年轻时的"轻狂岁月"。一辈又一辈，走不出"重复前辈"的怪圈。

　　尽管"传授"永远无法替代"亲历"的功效，但是，有人指路与无人指路，毕竟对一个人的人生"选择"，有着毋庸置疑的不一样的影响。

　　该传承的，不仅是血脉，更包括智慧和经验。

　　那么，该谁来为孩子完成这个"奠基"呢？当然是他的祖辈或父辈。

　　天下所有的老人都关心子孙的成长，希望能为子孙谋划得长远一些。

　　笔者跟所有的老人一样，在能劳动的情况下，会努力挣扎着工作，想多给孙子留下点钱，想让孙子的未来没有衣食之忧。

　　可是，这就是重于大山之最爱吗？

　　明朝朱之瑜在《杂著·教子》篇中说："先贤有云'遗子黄金

满籯，不如教子一经'，今人但思积金以遗子孙，所见亦浅矣。"我读了这句话颇有感触。

金钱，虽是我们生活中必不可少的东西，却又不是我们生活中最好的东西。给孙孙留下金钱，或许会养成孙子的懒散、怠惰和奢靡、骄横，或许留下的是一种潜在危险。

那么，怎样才能既留下金钱，又不留下隐患呢？

笔者认为，那就必须同时给孙孙留下深邃的思想和圆熟的人生经验。

这就是我要给孙孙留下"家训"的缘故。

美国有百年发达史的洛克菲勒家族，财富达十多亿美元。从老约翰·洛克菲勒，到他的孙子戴维·洛克菲勒，成功地延续了家族的辉煌。他们为什么能做得这么好呢？当然，原因是多方面的，有良好的基因遗传，也有后天的不懈努力。但是，更重要的是，老约翰·洛克菲勒给他的儿孙留下了一本《洛克菲勒信札》，从人生、事业方方面面，给出了一个成功而深情的父辈发自肺腑的金玉良言。

美国同时代的巨富和杰出的人物比尔·盖茨、沃伦·巴菲特、杰克·维尔奇，都表示自己的成功是由于在多方面受到了《洛克菲勒信札》的影响。美国经济界风云人物艾伦·格林斯潘认为，《洛克菲勒信札》比洛克菲勒家族富可敌国的全部财富还要宝贵。

江苏无锡古镇荡口有华氏家族，近四十代，代代出俊才。仅明清两代就走出三十七名进士；近代有著名数学家华蘅芳、华世芳兄弟，以及华绎之、华秋苹、华君武等一大批名人。一个至关重要的原因就是华氏始祖留下的《十劝书》代代相传，成了家族代代兴旺、发达的传家宝典。

自诺贝尔奖设立以来，犹太人获奖的比例大约是其他民族的一百倍。犹太人何以如此聪明？因为犹太民族传承着制胜的"教子三宝"：一是让孩子熟读经典，丰富知识；二是发掘孩子的个性创造力；三是从小培养孩子良好的习惯。这三点，造就了一个优秀民族。

在中国历史上，更有《朱子家训》、《颜氏家训》、《曾国藩家书》等一大批宝贵的家训经典。但是，由于年代久远，背景、语言、文化差异等原因，孩子们读起来感到生涩、难懂，很少有人能系统研读。孩子们需要有一个通俗的"家训"读本。

我效法他们，将自己六十年的人生感悟用三十六篇文章写出来，旁征博引，现身说法，力求情理交融，深入浅出，通俗易懂，努力为自己的孙子描绘了一幅"三十六维"的人生立体剖面图，供他慢慢解读。

这区区二十万字，是我留给自己孙子的一笔情感财富、思想财富和精神财富。希望能将自己的所有情怀，将自己毕生积累的这些生存智慧和做人道理，化作一片知识的心田，留给子孙们耕耘，让后人从中收获成功之果。

可是，许多孩子处在青春期时，又因为缺乏实际生活的磨炼，没有生活经历的教训，不能理解"过来人"讲的人生大道理，甚至会固执地自以为是，不屑于别人的教诲。我的孙子也不例外，刚开始，也可能对爷爷的教诲不感兴趣。但是，老年人是人生的结晶，是智慧的代表，老年表现生命的深刻和成熟。孩子只有从内心敬畏老人，才会尊重长辈的教诲。我相信，我的孙子也会随着阅历的增加，而对爷爷的"家训"逐渐有新认识。

阔阔，如果你真正理解爷爷的苦心，能认真去研读，反复领会爷爷留下的思想，它将值得你一直读到六十岁。如果你一直不

作者自序

心田留与子孙耕

能理解爷爷的苦心，不肯看或不认真看，那便是你的遗憾，更是爷爷的悲哀了。爷爷可谓"百年歌自苦，未见有知音"，如此天地大爱，人生智慧，将一文不值了。

当然，爷爷不希望你"生搬硬套"，随着时代的变迁，爷爷的有些观点，会不合时宜，你可批判地汲取。但，这毕竟是早于你近六十年的一个老人对生活的体悟，是值得你思索、珍视和借鉴的。爷爷希望你不仅能从"家训"中体味到做人的真谛，同时能从这本"家训"的读者群中，找到更多的知音——友谊，这是爷爷期望留给你的另一笔更大的财富。

爷爷在为你写这些"家训"的同时，又有一点担忧：怕因为大家对你的期望过高，而对你造成过大压力，反而不利于你的成长。有个叫"随心笔迹"的博友说："人们总是对第二代、第三代抱有十分美好的期待，也愿意为他们做无私的付出。然而现实给我们的却常常是无情的失望……在我看来，过多的关爱与呵护，乃至竭尽全力的'打造'，恐怕是导致这一结果的主因。一个从小习惯了多方重重呵护和给予的人，很难设想他能轻松自如地迈出独立情况下的第一步。"爷爷认为他的话很有道理。年轻人要成器，没压力不行，压力过大也不行。希望孙孙理解大人们的苦心，能清醒地摆脱这个怪圈，健康成长。

爷爷现在是"年年衰老交游少，处处萧条书信稀"啦！如果爷爷在有生之年，能亲自参加你主持的关于这本书的读者座谈会，则爷爷此生之愿足矣。

有些至近亲朋当初无意中听说我正给两岁的孙孙写"家训"，都十分感兴趣，鼓励我结集成书，一定也送他们一本，供儿孙分享。或许，仅仅留给自己的孙子看，是一种狭隘和自私，如果能给更多人以启迪，那也许是笔者回馈给这个世界最好的礼物。

《易》曰:"蒙以养正,圣功也。"于是,才决定结集成书。

爷爷对孙子的"私房话",毫无粉饰,毫不做作,或许有些太过直白,只适合爷爷对孙子来说,不宜示人。然而,这也正是这本书的"真实"所在。我自信,我的书绝对值得一读,因为,书中每个字都浸入我的真情,每个观点都是我对人生最真切的感悟,毫不做作,句句是我血管里汩汩流出的血……

咦!"匹夫而为百世师",不自量乎?这些文字是金玉良言,还是虚妄之说,任由读者来评说吧。

作　者
2009 年 6 月 25 日

1. 青春的定力

  青春是浪漫美好的，像雨后咔咔拔节的秧苗，充满生机和活力。

  然而，青春又难免要经受迷茫和痛苦的磨砺，一个十五六岁、十七八岁的孩子，初次面对林林总总的大千世界，像一个"新兵"突然遭受到未知世界"枪林弹雨"的袭击，感到亢奋、恐惧而又无所适从。

  青春期又往往是荒唐的，因为对社会的复杂、对生活的坎坷缺乏了解，而容易做出"不负责任"的选择，就像一个莽撞的年轻人还不懂交通规则，不熟悉汽车性能，就贸然驾车闯进了闹市区……

  因而，青春期也是人生充满憧憬和风险的阶段。

  但是，青春期却是人生最宝贵、最重要的时期。

  俗话说一日之计在于晨，一年之计在于春。一生之计在于青少年时期能打下好的基础。可是，青少年时期，又恰恰是人生最难于把握的时期。这个时期的年轻人往往品性不定，知识面狭窄，叛逆性强，而又无所畏惧。没有吃过多少亏，对生活的认识比较单纯、固执、容易冲动，最容易导致偏激，甚至一失足成千古恨。

青春期正是为理想播种的季节，是为一生奠定基础的季节。青春期里，如果没有美丽的梦想，没有健康的追求，没有信念和激情，就会像迷途的羔羊，他的生活就会乏味，他的生命就会消极。然而，仅仅有激情和理想还不够，还要订出一套严密的计划，并且要以踏踏实实、稳扎稳打的态度，去充实自己，实现理想。可是，年轻人往往由于缺乏"定力"，而使理想付诸东流。

"定力"，原本是佛家语，指禅定。广义地理解，是说有定力的人，不随物流，不为境转，心地清净，正念坚固，不为名利所牵绊，不被假象所迷惑，耐得住寂寞，经得起挫折，做事情善始善终、有所成就。

爷爷这里借用"定力"这个词，强调年轻人应具有"坚定的自我控制能力"。

爷爷六十岁了，自己经历过青春期，也看过无数别人的青春期，由于曾当过八年中学教师，与各种各样处于青春期的孩子打过交道，深深感到，对青春期孩子的教育若不得法，容易让孩子走上歧途，而孩子本身缺乏定力，也容易迷失人生方向。

依爷爷六十年人生的感悟，认为青春期的孩子，至少应从以下几个方面来增强自己的"自我控制力"。

第一，要清醒地认识到青春期的孩子"还无知"的弱点，能及时调整好学习心态。从普遍规律上看，这个时期的孩子总会认为自己已经长大，已经什么都懂，对大人们的劝诫、叮嘱、教导，大都持逆反心理，不爱听，不想接受，甚至会拗着来，这往往令大人们又焦急又无奈。

1 青春的定力

爷爷也有过这样的阶段，年轻时也曾自以为自己比大人懂得还多，而把大人们的意见当耳旁风，不但不懂得尊重老人，反而认为老人们太好唠叨，净瞎操心。直到三十多岁以后，才意识到自己十几岁时是那么浅陋无知，那么荒唐可笑。如今六十岁了，多么希望再有哪怕一天的青春期呀！如果可以重来，一定要好好珍惜，绝不荒废自己的美好年华。可惜，时光不能倒流，人生不能重来。那么，我的孙孙正是处在这样的花样年华，能不能汲取爷爷的教训、弥补爷爷的缺憾呢？

为什么青春期的孩子好自以为是呢？原因就是，他们年龄所限，经历的太少，知道的太少。一句话，是无知造成的。

说青春期的孩子"还无知"，孙孙可能会不以为然："我从小就能操作电脑、上互联网了，知道的东西不比大人少，怎么还无知呢？"不错，随着社会的发展、科技的进步、互联网的普及，现在的孩子了解到的东西可能比大人多，但见到的听到的多并不等于就是"有知识"了。爷爷这里说的"知识"，不仅仅指书本知识，更包括一个人的智慧。知识来自别人的传授，而智慧来自生活，是自己应用知识后获得的经验。经验的积累需要一个较长的过程。显然，一个孩子，对如何处世、如何待人接物、如何深刻完整准确地分析事情内在本质……这些东西不通过大人的言传身教、不通过自己认真思考和切身体验是学不到的。如果年轻轻就认为自己什么都懂了，正是缺乏对自己清醒的认识啊！

学然后知不足。一个越自以为是的人（"自以为是"与"自信"是两码事），越是没知识的人；一个越是缺少知识的人，越认为读书无用，越认为自己无所不知。缺乏定力的青少年，往往不爱读书，而越不读书，越不明理；越不读书，见识越少；越是见识少，越固执己见。《观物外篇》言："人而无学，则不能烛理；

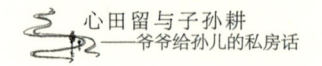

不能烛理，则固执而不通。"说的就是这个道理呀！

不学则以为自己无所不知，这是规律。在这方面，爷爷举个例子来说明。

爷爷上小学时，要跑到八里地以外的村子去上学，每天要过一条河，上学放学，都要卷起裤腿，手拎着鞋，小心蹚过去。当时在我眼里这是一条非常大的河，感到很恐惧，认为这是天底下最宽的河了。其实呢，是只有十几米宽的河沟，可是在小孩子的眼里，却大得很。后来跟大人们到二十里外的雅鲁河边去捕鱼，哇！一见到大河，好宽好宽，一颗石子都扔不到对岸，心想这一定是天底下最大的河了。又后来跟大人们到富拉尔基你姑太奶家串门，大人们领我到嫩江边玩，呀！浩浩荡荡，一眼看不到边，感到江那么宽阔，才知道雅鲁河并不是天底下最大的河。后来上高中时，在"文化大革命"（那场文化浩劫）之初，借红卫兵大串联的机会，到过武汉，站在武汉长江大桥上远眺，烟波浩渺，天水相连，感到长江是那么浩大。等回到富拉尔基再见嫩江，感到嫩江竟是这么窄小了。再回农村老家，见到当年的小河沟，自己竟感到好笑，笑那根本都算不上河的一道沟渠，当初怎么竟被自己认为是天底下最宽的河了呢。后来工作后，一次我到海南省，从广州坐轮船回大连，在公海上航行五天四夜，极目远眺，水天一色，浩瀚无边，巨大的客轮就像一片小小树叶儿在波峰浪谷中飘摇。看了大洋，回头再看渤海和长江，又显得狭小了。爷爷说到这里，你别笑，那个时代，还没有电视，不走出去，根本不知道外面的世界是什么样子。现在，当宇航员在太空回望地球时，与浩瀚无垠的太空比，地球又微不足道了。

爷爷啰唆这么多，就是想说明，青春期的孩子，就像我当年刚见到雅鲁河一样，自以为亲眼见到的大河，一定是最大的河了。

青春的定力

其实不然，还有大江、大海、宇宙，他还没见到。他因为自己见得少，而敢于断言自己见到的就是对的。青春期的孩子，再聪明，也就像爷爷当年刚见到雅鲁河时的心态，所见有限，却又自以为自己已经看到了全部。

法国思想家卢梭说："人之所以犯错误，不是因为他不懂，而是因为他以为自己什么都懂。"正是年轻人认为自己已经了解一切了，不肯承认自己幼稚这个特点，导致年轻人的自以为是、率性而为，拒绝大人们的教导。

宋朝朱熹《近思录》有句话："人之未知学者，自视以为无缺；及既知学，反思前日所为，则骇且惧矣。"即讲没学习之前，自我感觉没什么不好；学后才知道自己没学前的作为是多么粗疏无礼，多么轻率浅薄，令自己感到后怕呀！

《吕氏春秋》语："不知而自以为知，百祸之宗也。"

如果想具有青春期的"定力"，必须明白这个道理，敢于承认自己的幼稚，敢于承认自己的见地有限，敢于纠正自身的不足，这样才可能端正学习态度，从根本上懂得"自控"的道理。

第二，要清醒地认识到青春期的孩子"自私"的弱点，能学会自立、感恩。小孩子缺乏分辨能力，自我意识强，凡事只要自己喜欢、自己痛快就行，不知道考虑这件事在客观上对别人有什么不好，不考虑父母亲人的感受，不考虑对自己将来会有什么不利，只顾眼前高兴就行。特别是现在的孩子，独生子女多，从小就娇生惯养，衣来伸手，饭来张口，甚至有的大学生都不会自己洗衣服、叠被子，要父母陪读。一旦有什么事不遂心意，就要发脾气，就翻脸，拿不是当理说，还满身是理，甚至寻死觅活，这实在是父母的悲哀，是民族的悲哀。而这样的孩子，自己不知道自己已经自私到这种程度，还自我感觉良好。这样的孩子，实质上缺乏的是真正的教养，是品格方面的畸形，是放纵、娇惯、迁就产生出来的怪胎。他离"己所不欲，勿施于人"的人生高境界相去甚远。对这样的孩子，必须对其加强教育、引导，让他能从换位的角度客观地审视自己，能自己跳出自己的圈子，完成自我否定，实现自我升华，最终有所醒悟。

《史记》中周处除三害的故事，或许可以说明这个道理。正值青春期的周处横行乡里，招惹是非，被村民视为村中一害，但他自己并没意识到自己有什么不好。当他到山上杀了吃人的猛虎、下水除了水中食人的蛟龙后，才偶然听说被村民喻为三害的另一害是自己，才知道自己的言行竟是那么让村民们讨厌，于是他幡然悔悟，决心改邪归正，感恩社会，重新做人。于是向学者求教，开始潜心读书，后来成为有名的清官，并著有《默语》三十篇等著作。现今江苏省宜兴市还立有他的寺庙。周处痛改前非、发奋自强、报效国家的品德深受后代人称赞，更为如今的年轻人在如何"自省"、"自控"，从而过好自己的青春期等诸多方面做出了榜样。

孩子小的时候出于一定的本能，表现自我，有私心，并不奇怪。但是，孩子随着自己慢慢长大，必须明白：自己的成长和未来的生存，离不开社会，自己必须感恩社会，并要回报社会。必须用理性规范自己，能以利他之心融入社会。

阔阔，你青春期是一种什么心态，爷爷或许可以看到，或许看不到。但爷爷可以想见你充满朝气的背影，可以听到你活力四射的脚步声，这是爷爷莫大的欣慰和幸福。爷爷，包括所有的亲人，都对你寄予莫大希望。然而，孙孙的内心是否健康，是否有自省能力，是否认识到青春期的弱点，是否有"定力"及时修正自己前行的脚步，是爷爷最牵挂的呀！

第三，要清醒地认识到青春期孩子"没定性"的弱点，能养成好性格。青春期的孩子，因为正处于良好性格的养成阶段，如果缺乏定力，极易养成暴戾、怪僻的习性。"躁生百端，困出妄念，非止阻害之蔓焉"（《止学》语）。许多孩子，由于从小被娇宠，任性惯了，一旦个人的意愿得不到满足，就发脾气，就恼怒，就撒泼，若得不到外来力量强有力的限制和疏导，得不到主观上的强有力控制，很容易形成影响一生的坏性格，甚至随时会招惹是非。

而一个人没有好脾气，一辈子就很难会有一个好身体，很难会有一个好家庭，很难会有一个好的人脉圈子，也很难会有一个好事业。而孙孙从小的性格就急，甚至有点霸道，有自己认准的事就谁也无法改变的拗劲。孙孙这种潜质，若引导、控制好了，会有大出息，能干大事情；若缺乏自我控制力，不懂有意识地改正性格方面的缺点，也会影响个人的顺利发展，甚至惹出大祸端。

脾气问题，实质是品格问题。胸怀大度、善于理解人，有包容气度，才是好性格的基础。或者所谓好的性格，就是：谦而好学，实而无欺，豪而怀宽，信而在诚。待人宽一分是福，处世让一步为高。事缓则圆，遇事切忌急躁。遇事多看看，多想想，把原因、后果弄清楚再行动，会避免很多失误。

爷爷年轻时，性格也急。有一次看电影《林则徐》，林则徐在一次暴怒时举起茶杯要摔，手刚刚举起，一抬头，见到写着"制怒"二字的匾额，然后把举杯的手轻轻放下。躁极则昏，静极则明！这个镜头，爷爷永生难忘，我几乎一辈子没有再暴怒过。从那一天我理解了：最能表现意志力的就是对自我行为的控制。德量自隐忍中大，名誉自屈辱中彰。事临头三思为妙，怒上心忍让为高；大道无形能进退，上善若水任方圆，这就是定力！孙孙一定好好读一读元朝吴亮写的《忍经》和许名奎写的《劝忍百箴》，其中有一些故事会对你良好性格的养成有借鉴意义。

第四，要清醒地认识到青春期孩子缺乏主见喜欢"盲从"的弱点，能提高对事物的辨别力。现代的孩子面临的环境跟爷爷年轻时代所处的环境已发生巨大的变化。特别是进入信息发达的时代，各种各样的媒体狂轰滥炸，孩子们整天被五花八门的信息包围，良莠难辨，很容易分散孩子们的注意力，诱惑孩子们走上邪路。尤其是"网络"的普及，各种黄色内容、武打、赌博类的游戏，严重戕害孩子心灵，孩子一旦陷入其中，不能自拔，就等于自毁前程。大人想阻止，都很难阻止得了。只有孩子自己懂得分辨哪些好、哪些坏，有自己的主见，知道扬弃，才不会盲从。而这个"辨别力"的养成，又绝对离不开大人们的指导。可是，现代的孩子浮躁，特别情绪化，大人唠叨几句就不耐烦。不耐烦、不爱思考几乎已成为今日青年们的通病。想做到清醒自控，比过去要难很多倍。

因此，孙孙一定要保持一份清醒，凡事要三思而行，不能盲从。闻善言而着意，是长养善心、精进的力量。自己一时看不准，要多跟有见解、有思想的人请教，以免自己误入歧途。

第五，要清醒地认识到青春期孩子没有"恒定力"的弱点，能做到坚持、执着。许多年轻人都有一个通病，就是眼高手低，没有恒定力，往往热情有余而冷静不足，容易冲动而欠踏实，流于虚浮而不切实际，干什么都虎头蛇尾，五分钟热血，不能坚持，特别缺乏成功人士具有的那种百折不挠的毅力。由于缺乏坚持精神，缺乏咬定青山不放松的意志，中途选择了放弃，从而使原本可以成功的事业半途而废。人，就是因为这样才有了区别。

1
青春的定力

　　许多有功名的古人,都下过"铁砚磨穿,寒毡坐透"的苦功夫:汉朝董仲舒,青年时代,立志向学,三年不窥园,终于成为一代名儒;晋朝王羲之,临池磨砚,经年累月,纸墨相发,终悟得技法之玄妙,成为旷古书法大家;李白不认真读书,是老婆婆"铁杵磨针"的故事启发了他,使他终于定下心来,潜心读书,最终成为伟大浪漫诗人。阔阔切记,"有恒为成功之本","贵有恒,何必三更起五更眠;最无益,只怕一日曝十日寒"。只有有了恒定力,读书才会读得进去,做人才会笃诚硬朗,专修学业才会有所成就;如果不耐烦,没有恒心,浅尝辄止,即使一日三下决心,也于事无补。有一年高考作文的题目是"这里没有水,换个地方挖",是先看一幅漫画再作文(漫画作者是齐齐哈尔市富裕县的张新华,后来成为漫画家)。画的是一个人先后掘了几口井,都是差一点就到出水层了,却不再继续,不再坚持而"换个地方",最后还是功亏一篑,仍然没有水喝。这个故事很发人深省。有志的人立志长,无志的人常立志。有些事情不是因为做不到我们才没了自信,而是因为先失去了自信,才难以做到。孙孙要造就自己就必须有意坚定自己的恒定力,克服浮躁,磨炼耐心,有不达目的绝不罢休的雄心和意志。

　　第六,要清醒地认识到青春期孩子"早恋"的弱点,能理智战胜感情。青春期孩子能不能过好早恋关,是关系一生幸福的大事,也是最考验一个人青春期定力的问题。爷爷会就婚姻问题另有专述,但这里还是要强调一下。

　　一上中学,男女孩之间暗恋,甚至公开处对象,是令老师、家长最头痛的事。因为早恋必然会分散精力,影响学习。处于热恋中的男女,最容易失去理智,心目中只有他(她)一个,其他一切都不重要了。这时朋友的规劝、老师的批评、父母的责备,

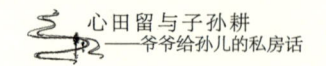

全听不进去，甚至反感。于是拗着父母，死活要相处下去，生生死死不分开。于是家长着急，责骂几句，自尊心受挫干脆书也不给你念了，甚至逃课、离家出走。原本一个很优秀的孩子，没有过好早恋关，而走了下坡路，一生前途很可能就毁在这个阶段。现实生活中，这种现象太多了。这是青春期孩子最不容易过好的一关。

正是基于前面提到的青春期孩子的"不成熟"，爷爷不主张早恋。这个时期的孩子，就像还很青涩的苹果，很难预料在成熟前各自会有怎样的变化。硬要将两个不能预知的命运过早地绑在一起，对双方都不是好事。这个时期的海誓山盟，都是建立在幼稚和冲动基础上的，随着双方的成熟、成长，很可能只是成了青春期彼此被伤害的经历。

爷爷不反对年轻人有异性朋友，初高中阶段与同学建立深厚的友谊无可厚非（如果相互勉励，纯真友情也可以变成学习动力）。但是，适合做好朋友的不一定适合做爱人。可以"关系好"，但要把握界限，不能把友情混同为爱情。面对早恋问题，是最需要青春定力的时候，用自我的理智去控制感情，是最难，也是最需要毅力、需要智慧的。综观古今中外许多伟大人物，没有一个是被爱情搞得神魂颠倒，甚至疯狂到毫无节制，他们表现出了伟大的自制力。在生理、心理和物质条件尚不成熟时过早谈情说爱，往往是幼稚的行为。如果在恋爱的问题上保持这份清醒，就会为你一生的成功和幸福留有充分成长的空间。

当然，青春期面临的诱惑是多种多样的，爷爷不能一一讲到。我高中时，我的语文老师常讲"静心不懈求学问，心猿意马牢牢拴"，对我影响很大。班级里有的同学因处对象，影响了学业；

我做到了心无旁骛,潜心学习,以致高中毕业十八年后,我还能考上大学,就是因为当初打下的基础比较坚实。当初老师要求我们做到室外鼓乐喧天,热闹非常,而自己能听而不闻,埋头读书;要求我们能做到面对劈头盖脸的批评,也能坦然、欣然地接受,以磨炼心性。如此等等,都是说青春期的定力。

第七,要清醒地认识到青少年"走错路"后,往往缺乏"及时改正"并调整自己的人生方向的勇气。

年轻人容易走错路,而"走错路"往往正是积累人生经验的过程。关键是不要"一直错下去",要能"踩住刹车",即古人讲的"知止"。文学巨匠列夫·托尔斯泰年轻时曾一度是个浪荡公子,但他在"幡然醒悟"之后,焕发出巨大的上进热情,开始刻苦学习,奋发图强,终于成为一个令人尊敬的人。

年轻人,总对生活充满美好的憧憬,可是,现实却常常让他们失望,使他们常常有许多困惑、焦躁和委屈,心里时时进行着痛苦的挣扎。任何一个人,都有从幼年、青年、中年到老年的生命过程,而这个过程正是一个人从"幼稚"到"练达"的过程。所以,爷爷可以理解你年轻时一时间可能陷入迷茫的困境,更需要心理慰藉和人生的指点。但是,你必须知道,那是你人生必须闯过的"泥泞"阶段,坚持不断改变和调整自己,奋力前行,就终会迎来生命的成熟。

一度迷茫不可怕,可怕的是不知醒悟,仍然在错误的道路上"执迷"下去!

阔阔长大可以读一读隋朝王通写的《止学》(据说盛唐时期名臣魏征、房玄龄都是王通的学生),"知止之行,可知之不行","止"之奥妙,尽在其中。

懂得回头的人生才有药可救。"知止",在一定意义上说,就是在关键时刻审时度势，能"改变自己"。"知止"是明达事理，是大智、大勇，更是一种"定力"的表现，它关乎每一个人的成败荣辱，决定着一个人的平凡与伟大，决定着一次行动的输与赢。

爷爷担心，你小时候大人们太溺爱你了，几乎一切都顺着你，这会不会养成你自私、任性的坏习性呢？你的童年太幸福了，反而容易使你成年后的生活陷入困顿。因为，你成年后的生活必然要经历各种痛苦和失意，这种反差，会令你沮丧、彷徨，你能很快调整、适应这种变化吗？

其实，被溺爱，也不可怕，可怕的是没有反省、自律的能力。

爷爷小时候（三四岁吧），由于我的爸爸（你太爷）在我两岁时进了监狱（因追随国民党被以"反革命罪"判刑五年），我的爷爷奶奶特别娇惯、溺爱我，我每天拎着一个装着麻花、烧饼的小扁形筐，蹒跚着到处走（这在当时是一种极高的优待，令许多同龄孩子羡慕不已）。我撒尿时奶奶用手接着，有时还用饭碗接。我的爷爷赶马车去富拉尔基送公粮，宁肯自己挨饿，也要把怀里揣的烧饼带回家给我吃。我妈妈（你太奶）结婚时的漆花板柜，让我用菜刀砍得遍体鳞伤，奶奶任由我砍，看着乐。我的姑姑恨恨地指着我说："你将来要能出息，天上得掉下个龙来！"幸亏我长到八九岁时，懂事了（可能与我小时候喜欢听大鼓书有关，书里的英雄人物影响了我），很为自己小时候的行为感到羞愧，从此几乎再没让大人操心过。爷爷现在想来，也许这就是"定力"。阔阔，你应该比爷爷表现得更好啊！

孩子自身的"肯于接受大人教导"的"定力"，更难能可贵、更重要。如果你对大人们的教导采取完全"逆反"的态度，暴露的正是你在成长中缺乏理性、自律意识不足。

你必须明白，学习的好成绩，主要是来自于你内心焕发出来

青春的定力

的动力。当年抗美援朝，许多志愿军战士刚刚穿上军装，就走向战场，初始射击的"分数"肯定不高，但是，他们凭保家卫国的坚定决心和必胜信念，硬是战胜了不可一世的侵略者。学生面前的"敌人"，就是一个个知识的高地，能否占领，关键在决心和信念。只有发自内心的力量，才是巨大的。

但是，一个孩子青春期有着怎样的"定力"，不是孩子"主观上努力"就能完成的，还不能忽视"客观因素"的影响。阔阔，爷爷提醒你，你能对客观环境、条件有一个清醒的认识，也是你能具有"定力"的前提之一。如果没有人唤醒你，你则必须知道自省。如果"社会环境"不能给你正确的引导，你则必须努力排除干扰，实现"自我完善"。

总之，爷爷强调的"青春的定力"，不是告诉孙孙"循规蹈矩"就是好孩子，强调的是在个人成长、发展的道路上尽可能排除不良干扰，学会独立思考，不被那些无益的事情分散精力。

在走向成功的路上，铺满荆棘，也会有许多不可预知的苦难，谁能有勇气、有毅力坚持下去，百折不挠，谁就有希望成功。社会上的失败者，恰恰由于没有坚强的意志，而尝不到胜利的喜悦。阔阔记住，天下没有唾手可得的成功，唯有坚决、勇敢、忍耐、坚持，才是成功的第一条件。

"认识你自己"，被公认是人类最高智慧的结晶。"认识你自己"，也是保持清醒自控的前提。一个人常常很注重去认识别人，却往往忽略对自己的认识。而一个能经由认识自己、批判自己从而不断改变自己的人，智慧才有可能渐趋圆熟而迈向成功之道。

成长是痛苦的，痛苦在于成长过程中你要面对那么多刻骨铭心的改变；成长是快乐的，快乐在你的每一次改变都是一次人生的升华。

爷爷"心在高山手在隰",无力去改变什么。爷爷也不能预料孙孙长大会有怎样的表现,只是看了社会上一些年轻人的行为,提醒自己的孙孙注意:不管客观环境怎样,自己要能保持一份清醒、自重、自控和创造的激情,不固执,不盲从,行所当行,止所当止,绝不荒废自己的青春。如果荒废了青春,可能抛弃的正是你一生或许会有的成功之果。玩世不恭,往往会让人吃尽苦头。生命对于每个人只有一次,我们为什么不能让她更精彩些呢?

人生事业如百米短跑,起跑一瞬间的快慢,往往就决定了全程的胜负。青春期的阶段,犹如人生起跑阶段,如果有一个年轻人,从心底里懂得了爷爷前面谈到的那些道理,在别人还在贪玩的时候,他能幡然醒悟,迅速调整自己的状态,奋力前行,他就一定会成为同龄人中的佼佼者。

爷爷希望孙孙明白:真正可怕的不是无知,而是对一切都无所谓的态度;学习是暂时的痛苦,无知是终生的痛苦。能具有青春的定力,能把握自己过好青春期这一关,将为一生奠定一个好基础。

2. 选择读书

　　读书，是个纵贯古今的话题。

　　书籍，是人类进步的阶梯，是人区别于其他动物的一项最伟大的发明。

　　不读书，就不会有出息，这几乎在所有人的脑子里都是根深蒂固的观念。然而，劝勉年轻人认真读书，学会读书，却是一个很困难、很复杂，又很容易被忽略的问题。

　　每个人对读书都有着各自不同的理解，不同成长阶段的人，也会有不同的读书心态。

　　人的一辈子，几乎有四分之一的生命历程要在学校度过，专攻读书，主要是学基础知识。走出校门，又要用毕生的时间来坚持读书。读书成了人生活的一部分，成了人生命的一部分。到书店转一转，那浩如烟海的书籍，古今中外，包罗万象，琳琅满目，色彩纷呈，让人兴奋，也让人茫然，甚至有一点悲哀。人生的全部时间，甚至每分每秒都用来读书，恐怕也读不完。人在这时，

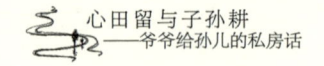

显得是那么渺小和无助。

在书籍的海洋面前，也就相当于在知识的海洋面前，不要说我们像一粒尘土，就是像航母那么庞大，投放到知识的大海里，也像一片树叶一样，微不足道。

读书能使人充实，学问可以陶冶情操。正如培根所说，读史可以使人聪慧，读诗可以使人灵秀，学习数学可以使人精细，学习伦理可以使人庄重，修辞逻辑可以使人善辩。爷爷向往书籍，敬畏书籍，一辈子永远享受不够的就是读书的快乐，一辈子感到最遗憾的是读书太少。

读书就是品味生活，品味人生。生活里没有书籍，就好像生命没有阳光；智慧里没有书籍，就好像鸟没有翅膀（莎士比亚语）。读书改变了爷爷的命运，读书让爷爷感悟到生命的伟大，读书让爷爷悟出了生活的真谛。

博友"江右耕夫"认为："读书，能使无知者远离浅薄，使狭隘者变得宽厚，使自负者变得谦虚，使浮躁者趋于深沉，使沉郁者变得热情，使懦弱者变得刚毅，使悍暴者收敛粗蛮，使粗俗者学会儒雅，使慵懒者变得进取，使幼稚者走向成熟，在不知不觉中激发与涵养人的善性，美化人的心灵，从而优化人的气质。"说得很是到位。

爷爷多么希望孙孙也非常喜欢读书啊！

爷爷最担心的是孙子不喜欢读书。因为，孙孙长大可能面临的仍是纷扰浮躁且急功近利的时代，一个人想为自己辟出一块清静宁谧的天地，并不容易。没有对读书极清醒的认识和顽强的自制力，很难安心读书。如果孙孙不喜欢读书，非但爷爷写的这几十万字的"叮嘱"，都没了意义，对孙孙的万千希望，也都会化为泡影。孙孙若是不能为自己积下深厚的"生命的地力"（知识的土壤层），那么什么样的"希望的种子"播下去都难以发芽呀！

爷爷要力劝孙孙读书，因为读书至少有三点好处。

第一，读书是获取知识的重要途径之一（实践、观察、借鉴社会活动，同样是获取知识的重要途径），读书更是获取知识的捷径之一。凯勒说："一本好书像一艘船，带领我们从狭隘的地方，驶向广阔无垠的生活海洋。"千万年来的历史变迁，无数前人积累下来的实践经验，丰富的人文和自然科学知识，你没有亲历过，但你都可以知道，这就是读书的结果。为什么"秀才不出门，便知天下事"？就是读书的原因啊！古往今来，无数人矢志于将自己对生活的经历和感悟写下来，著成书，哪怕是几百字，那都是倾其一生的积累，竭尽毕生的智慧，把自己的经验、教训、心得、发现、创造，无私地奉献给社会，奉献给"别人"。我们怎么能忽视它呢？

你也许会说一本书要几十块钱，从印制成本上说，或许贵了一些，可是，你拿到手的是一个人一生的"生命的回响"，是无价的思想和精神财富啊（可惜，当今社会崇拜的是有形财富，这很不正常，很让人忧心）！爷爷认为，一本书不过一盘小菜的价格，实在太便宜了！你不必一定自己去经历很多，人的一生十分短暂，也无法经历更多，却可以从书中了解到数倍于己经历的事和理。展开书卷，让自己的思想漫步在别人描写的世界里去体验人生，比照自己，认识自己，梳理自己的思绪，规划自己的理想，从而鞭策自己，提升自己，是一件多么有意义的事情。选择读书，真是人生最聪明的选择。如果一句话、一本书来得正是时候，那么它往往会改变此后事物的进程，或者改变一个人。

南北朝时的颜之推劝诫子孙时说："自古明王圣帝，犹须勤学，况凡庶乎！"多么语重心长啊！"索道于当世者，莫良于典。"

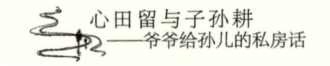

阔阔，你作为寻常百姓家的孩子，想有作为，想不虚度一生，就必须潜心读书啊！

除非是傻子、是懒人、是佞人，才会拒绝读书，否则，他一定会选择读书。俄国思想家赫尔岑说："……不读书就没有学问，没有也不可能有欣赏能力、文采和广博的知识。不读书的人就不是一个完人。"高尔基也说过："读书，这个我们习以为常的平凡过程，实际上是人的心灵和上下古今一切民族的伟大智慧相结合的过程。"歌德曾经说过："人不是靠他生下来拥有的一切，而是靠他从学习中得到的一切来造就自己。"这是大师们奉劝人们读书的"至理名言"。

读一本好书，就相当于与一位有才华的人交谈，书中思想的火花，可以使你眼前一亮，使心中曾经的迷茫和模糊变得明朗和清晰。

通过读书这个"捷径"，可以使一个人更多、更快地获取生存智慧，但是，只有真正读了书，进入读书境界的人，才能理解它的深刻之处。

第二，读书可以提升人的品德修养，造就伟大的人格。一个人阅读的历史，几乎可以等同于他精神发育的历史。无数人生哲理方面的书籍，都是传承人类文明、贬恶扬善、开启心灵的。书中饱含做人的道理，浓缩人世间的百态人生，可以从正反两方面把人生的真善美、假恶丑剖析开来给人们看。

可是，人一天不吃饭，会感到饥饿，会有明显的生理体验；一个人若终生不读书，尽管他会随时随地表现出如刘姥姥进大观园那样的无知、浅薄，甚至似焦大般的褊狭、粗野，但他自己并不觉得自己跟别人有什么差距，还感觉良好——于是，他坚信读不读书无所谓。这真是很无奈的事情。

医治心灵的饥饿，是个与生命同步的漫长过程，而最有效的治疗，就是读书。比如古人的一句"大道似水"、"厚德载物"、"己所不欲，勿施于人"、"止谤莫如自修"、"流言止于智者"、"自胜者强"、"忍为高，和为贵"，足可以够一个人用一生时间去体悟、追求。古今许多名人之所以成为名人、伟人，就是他们对书籍有超乎常人的偏爱，如孔子的"韦编三绝"，宋濂的"寒日抄书"，匡衡的"凿壁盗光"，井冈山大井毛泽东旧居门前的"读书石"，等等。这些故事都生动地说明，是书籍造就了他们。

汉代刘向在《说苑》中云"书犹药也，善读可以医愚"。读书的确可以练达性灵，陶冶情趣，造就人格。正所谓"知书达理"是也。

爷爷不相信"今后的社会不需要道德"的说法，人们应该坚持"读书立德"的底线，人类社会如果摒弃了道德的规范，则人类社会比动物世界还要冷酷、残忍。

第三，读书人可以享受到不读书人难以体验的乐趣，可以到更宽广、更丰富、更深刻、更灵动的另一个精神世界去遨游。比如，工作之余，偏安一隅，远离尘嚣，一卷在手，于万籁俱寂的宁静之中，物我皆忘，浴书海墨香，品文化精髓，沉醉于书中所描写的情境，与古今对话，瞰天地微妙，神驰八极，心游万仞，风光霁月，清渚白沙，有爱恨情仇，有真知灼见，如饮甘霖，如沐春风，忘情于另一个精神天地，是何等畅快的事！正如车尔尼雪夫斯基说的："真正的生活是思想和心灵的生活。"其实，心灵的享受才是人生更高级的生命体验、更高质量的生活。

或许有人会说："一辈子不识字的人不也活得很好么？"是呀，不识字的人也穿衣吃饭，可是，他的生活一定是近乎原始状态满足于温饱而已，他没法体味到人生的丰富多彩，难道不是一种悲哀么？古人曰："人而不学，虽无忧，如禽何？"此之谓也。

《陈确集》有云："圣凡之分，学与俗而已。"讲的就是，圣人与平庸之辈的差别，就在于前者肯潜心学习有益的知识，而后者不但不学习，还甘于随波逐流而荒废时日。

宋代的尤袤是这样形容读书的："饥，读之以当肉；寒，读之以当裘；孤寂而读之，以当朋友；幽忧而读之，以当金石琴瑟。"苏东坡也曾感叹道："书，一日不读，便觉俗气冲天。"他们都从书中品到了读书的丰厚意蕴。

不读书的人，无从找到这种快感。所以读书人完全可以有理由认为，自己在某种意义上比不读书的人偏得（东北话，意为赚到了）一些、高贵一些、聪慧一些（不仅是读得聪明了，而是聪明了才去读）。所以，希望孙孙一定要养成读书的好习惯。

而且，爷爷要告诫你，喜欢读书，不等于会读书。就像一个人食欲很旺，什么都想吃，也容易吃坏脾胃，若吃得多消化不好，不吸收，结果呢，真正的营养被排泄掉了，人反而一天天地瘦弱下去。有人读了一辈子书，也没读出滋味、读出效果，就是选书不得其要，读书不得其法。

爷爷告诫你，读书至少要注意四点：

其一，一定要树立正确的读书目的。如果就是为了"黄金屋"，为了"颜如玉"，为了将来有个好工作，为了自己出人头地，目标就未免有些自私，有些渺小。当你个人意愿得到些许满足，就会自满、懈怠，停滞不前。有志者，应当树立为国家效力而读书、为民族振兴而读书、为更好尽自己的一份社会责任而读书的远大志向。如果能认识到这一点，就不会在国内学成，却专门跑到外国去为他国效力；就不会只考虑个人享受，千方百计谋求到发达国家定居，并以贴上别国的标签（他没法改掉黄种人的基因）为荣。只要祖国还不强大，就不会停止自己学习的脚步。阔阔，你的人生应当伟大一些，你不要仅仅为改变个人命运才读书，而要把自己的命运与祖国命运连在一起，那么，你就会焕发出无穷的力量致力于读书。

其二，要有选择地读书。人的一辈子，只能在某一个方面可能有所建树，而不会成为全才。什么都想读，固然可以增加知识面，但不会精于某个专业。无论做什么，先要读一些古人哲理、修养方面的书，如《道德经》、《荀子》、《史记》、《资治通鉴》、《古文观止》、《菜根谭》、《春秋左传》、《诗品》、《弟子规》、《童子礼》、《文心雕龙》、《孙子兵法》、《止学》、《三国演义》、《唐诗宋词》、《格言联璧》等，还有一些外国名著如《培根论人生》、高尔基的《我的大学》之类，以陶冶品格（爷爷看的书太少，介绍的书目极有限，希望孙孙发现更多的好书）。此外，就要侧重围绕你既定的专攻专业内容来选择读书。

况且，书林里也是良莠不齐，真正的好书，需要寻觅。特别是电子印刷使出版变得方便，谁都可以出书，有些书确实不敢恭维，充斥书架，空耗别人的时间，无异于"谋财害命"。如果把宝贵的时间用于读一些言情、武打、瞎编乱造的低俗之作，也等于慢性自杀。读书是为了明理，而不是仅仅看个热闹。爷爷不主张整天抱着武打、言情小说之类，沉迷于爱恨情仇的纠葛中，唏嘘不已。的确，常常可以从一个人对书的选择上，看出一个人的品位、志向和格调。格调不能刻意表现，那是一个人审美原则、人文气质、文化素养的自然流露。而高雅的格调，正是饱读诗书的结果。"腹有诗书气自华"，此之谓也！

选择读书，一定要选择对哪本书该读，若选错了，就会导致"南辕北辙"的后果。清人王玉琬说："善读书者，始乎博，终乎约。"强调在博览的基础上最终还是要有选择地读书。

其三，对一些好书、好章节、好句子，要熟读。特别是流传千百年的经典古籍，一定要反复精读。读书无论多少，要得其要义精华。康熙皇帝在训导子孙时说："人之读书，本欲存诸心、体诸身，而求实得于己也。如不然，将书泛然读之何用？"又言"读书以明理为要，理明则中心有主，而是非邪正自判也"。清代书画家郑板桥说："阅书时见有切于实用之句，宜随手摘录，若能分门别类，积成巨册，则作文时，可作材料，利益无穷也。"这都是经验之谈。也有人说，人生读好一两本书足矣，这固然有些绝对化，但也有一定道理。

"书读百遍，其义自见"。不要以为一本书一读就能懂，就深得其中滋味了，不会的。一生致力于研究儒学的朱熹说："读书，始读未知有疑。其次则渐渐有疑，中则节节有疑。过了这一番后，疑渐渐解，以至融会贯通，都无所疑，方始是学。"他的从无疑，到有疑，再到解疑，实乃读书经验之谈也！人会随着年龄的增长、阅历的丰富、思想的深刻，而对同一本书，在不同阶段有不同感悟。爷爷读荀子《劝学篇》，中学时学过，后来也经常读，每读一次，都有新的感悟，对那句"学然后知不足"，直到六十岁，还有新领悟。"好书不厌百回读，熟读精思子自知"啊！

读书的视野要开阔一些，不仅要汲取华夏的文明精髓，也要读西方的文化经典。往往通过东西方文化的比较，才更容易理解本民族的文化，理解世界的多样性。

获取知识的路是漫长的，有时甚至是孤寂的，很多人由于不能坚持，终于半途而废。孙孙也会有对书感到厌烦的时候，这时候，没有别的好办法，爷爷只能说：想有一个高质量的人生，这是一条必走的路，无论如何你不要放弃读书，当你一旦养成读书的习惯，培养起读书的兴趣，你就会体验到读书的美好！

其四，不死读书，不读死书。不会读书，不如不读书。不会读书，书读得多了，反而有害。有些人读书不是为了明理，图的是一时快乐，倒也无可厚非；有些人用图书做粉饰，装样子，有几分滑稽；有的人读书则言必据"典"，行必循"章"，自己毫无主见，毫无创意，简直是书的"翻版"，那就是十足的"书呆子"了。多读书没错，但若不会读书，反而容易陷入一种现成学问的桎梏，会削弱自己的创造力。"尽信书则不如无书"（《孟子·尽心下》），诚哉斯言！千万不能做三国马谡那样的人。

不读死书，就是强调读书要联系实际。"两耳不闻窗外事，一心只读圣贤书"的做法是不可取的。曾国藩曾劝诫他的弟弟"百战归来再读书"，爷爷有切身体验，这种读书，不仅读来"解渴"，而且常常对人生会有新的"顿悟"。

书是工具，占有工具不是目的。比如买一辆汽车，摆在那里装门面就没有意义了。用汽车载人，实现由此地到彼地，才是目的。无论书上说的道理多么好，都不要生搬硬套，永远是借鉴书中的精华，参考书中的观点，结合自身的实际，拿来为我活用。活用知识的能力比占有知识更重要！爷爷崇敬经典，但是同时也质疑经典，反对不加分析、不加辨别地盲目继承先人的遗产，而是主张传统理念和现代实际相结合，古为今用，大胆创新。即使是孔子、孟子，也无法摆脱时代的局限，他们的观点，也会有不适合我们今天的地方。我们为什么不可以超越孔子、孟子？是我们根本不敢超越吗？而事实是，只有后来者不断超越前人，不断为传统文化注入新的活力，这个民族才能不断进步。

超越，首先要敢于质疑，敢于颠覆前人的理论，但是，超越必须是在前人的基础上有所突破，有所升华，既不是生搬硬套，也不是全盘抛弃或否定。不唯上，不唯书，以追求最好实效为目的，实事求是，具体情况具体分析，这也是辩证唯物主义的精髓。

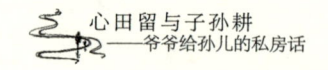

我们敬畏书籍,选择读书,主张既能"钻进去",还要"跳出来",结合自己对自然、社会的直接体验,反过来"拷问"书中内容是否符合实际,是否有道理,而不能盲从。南宋诗人陆游教子诗曰:"古人学问无遗力,少壮工夫老始成。纸上得来终觉浅,绝知此事要躬行。"强调读书要联系实际的重要性。司马光说:"学者贵于行之,而不贵于知之。"还有古人讲的"书看无字书,话听言外意",都是告诫我们不仅要看"有字书",更要用学到的知识去读懂社会这个"无字书"。只有把"书本"与"社会这本大书"结合起来读,才会打破僵化的经验和桎梏,读出新意,有借鉴,有新发现。

爷爷认为,读书的过程,应该是"拷问"自己心灵的过程。如果读书(书本和社会两部书)忽略和自己心灵的结合,不能将这些知识融会贯通,得不到对心灵的启迪,则读书的效果不会很好。从一定意义上说,读懂自己,是有效读书的前提。人们常常喜欢去了解别人,而不习惯反思自己。"自己是什么人?自己的优缺点是什么?自己在向何处走?"自己对自己有清醒的认识吗?只有带着这些问题读,才会引发你积极的思考,才会引导自己渐入人生佳境。

爷爷喜欢读书,但爷爷是有意识地为自己读书。爷爷的经验

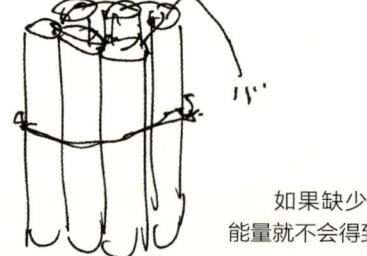

如果缺少点燃生命的火花,它的能量就不会得到释放

是：带着问题读书。或者想求证一个观点，或者想为一篇论文找个论据，或者要系统认识一个人物，于是遍览群书，采精掘要，常常埋身于书堆里，忘却饥渴。这样有目的地读书，正像有目的地去超市采购，可以直奔主题，一举中的，不但兴趣盎然，也收获丰厚。即使偶有闲暇，随手拿起一本书，也不有眼无心地瞎读。每读到一句名言，一个哲理，一个故事，一个人物，都要在心中和自己比较，结合生活经验，看看自己该借鉴什么、汲取什么、摒弃什么，绝不合上书本毫不思考，一走了之。正如富斯德所说："我们可以由读书而搜集知识，但必须利用思考把糠和麦子分开。"

日积月累的结果就是学问，而学问积累的过程，也是一个人思维深刻、秉性完美、人格升华的过程。

《古今图书集成》有云："人之为学，但当操存涵养，使心源纯静；探赜索隐，使义理精熟；力加克制，使私意不生。三者并行而日勉焉，则学进焉。"这些话高度概括了读书的要义。

为此，读书之时必须学会思考。知识是引导人类社会从野蛮走向文明的灯烛，思考可以把知识的灯烛点亮。缺少知识就无法思考，缺少思考也不会有知识。托尔斯泰说："知识只有当它靠积极的思维得来，而不是凭记忆得来的时候才是真正的知识。"因为任何一本书，都是作者在那一个时代，在那一种环境，在那一种情绪，在那一种目的的情况下写出来的，到我们读的时候，时代、情景、对象等都发生了变化，我们怎么可以用"固定眼光"、"固定模式"去"按图索骥"呢？有人说"百无一用是书生"，就是指思想僵化、不会活学活用知识的那种人。

读书是在别人思想的帮助下，建立自己的思想。正如吃饭，吃的"牛肉"，身上长出的是"自己的肉"，是自己经过消化、吸收、排泄，吸取了精华为我"活用"的结果。会读书，才不白读书。应用,才是读书的要义所在。然而,真正能做到精熟地应用,并不容易。毛泽东曾说过,"我一生最大的爱好是读书","饭可以一日不吃,觉可以一日不睡,书不可以一日不读"。这也是毛泽东能成为伟人的重要原因之一。可是,即使毛泽东这样的伟大人物,也曾把"社会主义"形式化,让新中国付出了沉重代价;是邓小平把"社会主义"做活,迎来了民族的伟大复兴。一"死"一"活",发人深省。所以,读书虽是一辈子都不能松懈的事,但是,只有善于将书中的智慧有效地应用于实践,读书才有意义。

读书确实是丰富知识、造就品格、提高生活质量的必然选择。阔阔,你能从小就养成读书的好习惯吗?

想读书的人,随时可以找到时间读书。曾国藩说过:"苟能发奋自立,则家塾可读书,即旷野之地、热闹之场,亦可读书,负薪牧豕,皆可读书。"即讲如果立志成才,则无论在学校,在僻静野外,在纷攘闹市,无论砍柴还是放猪,都会挤出时间读书的。古人读书也有"马上、枕上、厕上"之说。阔阔,你五岁时,在同龄小朋友中,识字最多,一般儿童读物,自己就可以通读(有时还故意"表演"给爷爷奶奶看)。有一天你说要拉屎,我却见你进了卧室,我悄悄跟过去看,见你笑嘻嘻先拿了两本画册,才进了卫生间。长大了,你还那么喜欢读书吗?

喜欢交流和讨论,有益于对书的理解和消化。

孙孙在上学期间,一定要养成不断向老师提问、经常与同学讨论的好习惯。荀子曰:"知而好问然后能才。"互相启发,分享见解,教学互动,才是科学的学习方法。课堂不爱发言,同学间没有争论,不仅学习氛围沉闷,也不利于深刻扎实地掌握、运用知识。

中国的大学生往往一迈进大学校门,就松口气,开始优哉游哉起来，连高考时五分之一的学习劲头也没有了，谈情说爱的时间比读书的时间还多。相反，在美国，大学恰恰是学生最刻苦用功的四年。哈佛大学曾产生三十三名诺贝尔奖得主，产生过七位美国总统。据说在哈佛一个学生一个星期的阅读量相当于北京大学学生一年的阅读量。当然，他们一定是为了一个选题或为了解决一个疑问而读书，绝不是为了装样子而读书。

阔阔，你的大学四年，会怎么过呢？

1995年联合国教科文组织把每年的4月23日确定为世界读书日，提醒人们热爱读书（这个日子与一些世界级著名作家的生辰和忌日有关）。爷爷建议你在每年的读书日，买一本书纪念这个节日。

爷爷还记得一些关于读书的句子（记不清出处了），再次与孙孙共勉：

"欲高门第须为善，要好儿郎必读书。"

"书山有路勤为径，学海无涯苦作舟。"

"奇文共欣赏，疑义相与析。"

"书到用时方恨少，事非经过不知难。"

"立志宜思真品格，读书须尽苦功夫。"

"博观而约取，厚积而薄发。"

"静坐自无妄为，读书即是立德。"

"男儿奋发贵乘时，莫待萧萧两鬓丝。"

"与有肝胆人共事，从无字句处读书。"

"文章是案头的山水，山水是地上的文章。"

"善学者深究其理，善行者先知其难。"

"道德无根增福寿，诗书有味化愚俗。"

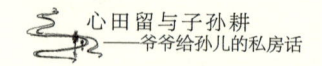

"三更灯火五更鸡,正是男儿读书时。黑发不知勤学早,白首方悔读书迟。"

阔阔有兴趣,可以查查这些句子的出处。

知识就是力量。对一个努力不懈的人,无论他多么具有天赋,都离不开书籍的帮助。涉浅水者见鱼虾,潜深水者观蛟龙。读书的多少、读书的质量,将直接关系一个人一生的成败。

愿阔阔珍惜好年华,不贪玩,多读书,不辜负爷爷的期望。

3. 健康第一

　　有一个比喻，非常形象地说明了健康的重要性，即健康是"1"，家庭、事业、财富、友情、地位、荣誉、快乐、梦想等，都是"1"后面一个个的"0"，当然"0"越多，则显得人生的"价值"之"额"越大，人生越成功；可是，当"1"轰然倒下时，则后面所有的"0"都没了意义。

　　健康是人生的第一财富。即使是个亿万富翁，若没个好身体，也不会幸福；即使是一个在贫困线上挣扎的穷汉子，若身体棒棒的，他也会享受到生命的快乐，而且有希望奋斗成功。可是，有多少人，在年轻时不惜牺牲健康去拼命追求财富，甚至荒淫无度地追求一时快感而透支生命；到老了，甚至还没到该衰老时，便疾病缠身，又不得不无奈而悲凄地再用财富去挽回健康。这种现象，每天都在人群中上演。问题是，失去了的健康，还能再用金钱买回来吗？

　　"人为财死，鸟为食亡"，或许真的道出了人世的悲哀。

爷爷的意思，不是不要财富、不要享受生活，不去创造。不去挣钱，怎么生活？不去享受生活的乐趣，活着就没了意义。人们为谋生而付出一些精神体力，也是必然的；人们享受正常的生活乐趣，也是自然的。

但是，这一切都必须掌握一个原则，把握一个度，就是以不损害健康为前提，这是付出的"底线"。生活、工作的节奏应该弛张有度，有理有节，切不可逞一时之能而透支健康，遗恨终生。心地单纯一些，生活简单一些，往往有更多的快乐；压力大、心事重就必然衰老得快，爷爷是有切身体会的。

爷爷在二十五六岁前，不知什么是失眠，睡眠质量相当好。可是，有一年，我当时正在广厚中学教书，由于平时爱好绘画，乡供销社的主任让我每天晚上都去店里帮忙，在店里四周货架上方画实物招贴广告。我连续半个月，白天上班，晚上画画，每天晚上加班到下半夜三点钟。结果，生物钟被破坏，开始严重失眠，从此落下失眠的病根，一辈子再没睡过从前那样的好觉。你看，不用多，只一次超极限的付出，就造成了终生都无法弥补的伤害。类似例子，在咱家人身上，在别人身上，屡见不鲜，教训深刻呀！

于是，爷爷想告诫你，应该从以下几个方面注意保护自己。

第一，务必确立健康第一的生存理念。健康是人生的资本。虽然拥有健康并不等于拥有一切，但是失去健康就等于失去一切。人很奇怪，无论什么东西，拥有它时，并不懂得珍惜，只有失去后才知道它的宝贵。对健康，也一样，只有躺在病床上，甚至从手术室出来后，才下决心要好好珍惜身体。有许多嗜烟酗酒的人，平时无论怎么劝，也不肯戒掉，直到有一天从死亡线上挣扎着过来，医生告诫"再不戒掉，命就没了"才开始戒烟限酒。

人何必这么愚蠢呢？爷爷在你小时候，坚持不让你喝勾兑饮料，不让你吃小食品，不让你吃罐头，因为所有这些不易坏腐的东西，都有各种添加剂（色素、香精、塑化剂、防腐剂等），对人体是有害的。你要记住：那些越是不易腐坏的食品，往往越是最坏的食品。爷爷这样做，就是尽可能减少对你的伤害，为将来的健康打个好基础，这实质也是一种健康理念。

仅有重视健康的意识还不够，还必须多懂一些关系到身心健康的知识。什么是精神卫生？什么是合理膳食？什么是科学养生？什么是常规保健？希望孙孙做个生活中的有心人，平时多学习这方面的知识，以确保自己身心的健康。

前人们总结的经验如忧思伤脾、愤怒伤肝、劳虑伤神、多淫伤肾，值得借鉴。

第二，要想长寿，必须追求规律的生活，有一个好的生活习惯。现代的年轻人，玩电脑，喜欢夜间工作，长期黑白颠倒，吃睡都没有规律，这是十分有害的。报刊上不止一次刊载过，十五六岁的孩子，连续在网吧几天几夜地玩游戏，导致疲劳过度，在网吧猝死，令人扼腕叹息呀！

要养成经常参加体育活动的习惯，应该选择一项体育技能，创造参赛机会，做到能经常锻炼身体。你小时候，送你去学打乒乓球，不惜一小时六十五元学费，坚持让你学了几年，就是希望给你一生的健身活动打个基础。

在饮食上，不懂合理膳食，一味地大鱼大肉，或好吃的多吃、不对口味不吃，或不吃早餐等，都不是好习惯。大夫说："得胆囊炎、糖尿病的人，大都和不吃早餐、暴饮暴食、营养过剩、饮食无规律有关。"养成一个良好的饮食习惯，是健康的首要前提。

洪昭光教授讲的"戒烟限酒；合理膳食；心态平衡；适量运

动"，是人身健康的四大基石，可谓经验之谈。

年轻人还有一个毛病，就是爱臭美，不爱多穿衣服，本该是"春捂秋冻"，可冬天未过，早早把棉衣脱掉，一些女孩子甚至在寒风中穿起了短裙。年轻时，或许不觉得怎么样，年纪大了，腿疼，多年潜伏的病变开始显现。这些看来很平常的生活习性，实质上都与人的健康密切相关。

第三，保持良好的心态，保持心理健康，是身体健康的最主要因素。人生最大的苦恼，不在于自己拥有的少，而在于自己向往的太多。从一定意义上说，贪婪的欲望，是制造忧虑、苦闷的根源。不能从忧虑的泥沼中自拔的人会短命。一个原本十分健壮的人，如果名缰利索尘虑萦心，长期紧张、愁苦、悲哀，或压力大，身体很快就会垮掉。因为人的心情一不好，免疫力就下降，就百病俱发。人的衰老往往不是从进入某个年龄段开始，而是从不健康的情绪开始的。

不能正视不可改变的现实，就不能放下本该放下的心理负担。爷爷奶奶都有这样的切身体验。由于你大姑早夭，爷爷奶奶过度悲伤，原本很好的身体急剧地垮了下来，得了心脏病、高血压，好几年才缓解过来一些。

人不是因为有许多财富，衣食无忧，才活得滋润；更重要的是人还有情感和精神需求，而后者正是人与动物的根本区别所在。所以，心情好坏，才是反映生活质量的关键指标。

挣钱，也要量力而行。生命的内涵，在于对生命完整意义的理解和追求，仅仅动物般地为衣食而疲于奔命，难道那是人们最好的生活选择吗？过日子，也要知足常乐。快乐不是因为你拥有的多，而是你计较的少。人生没有一帆风顺的，十之八九都是不如意的事，如果一味地悲苦、悔恨、懊恼，就没法活下去了。烦恼大多都是一些无谓的小事，大可不必那么较真。如果你不给自己烦恼，别人永远也不可能给你烦恼。你什么时候放下，什么时候就没有烦恼。学会用一颗宽容、乐观、豁达的心去对待，就能让身心免受大的伤害。

　　一定不要把生活看得太理想化，不要太追求完美。太要强，是跟自己过不去。太要强的人，往往不会享受生活；太要强的人，往往找不到幸福的感觉。仔细看看，生活中那些挫折感最强的人，恰恰是那些过度追求物欲或过度追求完美的人。由于这种过度追求，幸福会远离他们。相反，那些得到一点就容易满足的人，常常与幸福相伴。要从容、淡定地面对生活实际。庄子丧妻，仍能"鼓盆而歌"的气度和智慧，可以见出智者的胸襟。面对不如意，尽可能地想开，快乐起来，身体就会好。

　　你二十个月大时，原本身体和精神状况极好，从没打过针。可是给你送幼儿园才四五天，由于紧张、恐惧、上火，得了一场大病，半个月才好，扎针吃药，吃了不少的苦，可见精神因素的重要。伍子胥过潼关，一夜愁白头发，不是杜撰。在爷爷的同事中，确曾发生过极短时间内愁白头发的事。所以，无论工作、生活有多大难处，有什么变故，都不要长期过度地紧张、压抑。尽人事，听天命，顺乎自然，不对得失耿耿于怀，是保持身心健康的前提。

　　清代学者李密庵有个《半半歌》，讲的就是人生态度的"分寸感"，蕴藏着一定的人生哲理。抄录在这里，供你长大后慢慢体味：

　　　　　　　　　半半歌
　　　　看破浮生过半，半之受用无边。

半中岁月尽悠闲，半里乾坤宽展。
半廓半乡村舍，半山半水田园。
半耕半读半经廛，半士半民姻眷。
半雅半粗器具，半华半实庭轩。
衾裳半素半轻鲜，肴馔半丰半俭。
僮仆半能半拙，妻儿半朴半贤。
心情半佛半神仙，姓字半藏半显。
一半还之天地，让将一半人间。
半思后代与沧田，半想阎罗怎见。
饮酒半酣正好，花开半吐偏妍。
帆张半扇免翻颠，马放半缰稳便。
半少却饶滋味，半多反厌纠缠。
百年苦乐半相参，会占便宜只半。

爷爷不希望阔阔长大后，因为太要强，因为总追求完美，或是太贪婪，而让"忙碌"充满心田，没有一点"闲散"的空间。懂得留出"一半"作平常心，得以体验那种水扬清波、风过疏林的人生境界，则你的人生会更本性、更充实、更从容、更悠然、更有情趣。

曾国藩提倡的"寡言养气，寡视养神，寡思养精"和"息必归海，视必垂帘，食必淡节，眠必虚恬"，就是他的养生要诀。

第四，要怀着感恩的心待人，怀着感恩之心做事。养生的最高境界是养心，心定神一，气顺血畅，经络不阻，则百病难侵。对一切事物充满仁爱之心，人就不会斤斤计较，不会患得患失，不会耿耿于怀，从而不至于有那么多"心病"，反而会从别人的关怀中体验到温暖，从自己对别人的关怀中感受快乐。古代名医孙思邈曾说："德行不克，纵服玉液金丹未能延寿。"这就是古人所说的"仁者无忧"、"仁者寿"的道理。而且，能做到有爱心、懂感恩，也会获得更多的友情和关爱，会有一个良好的人际圈子，让生活更丰富多彩。

人是群体动物，需要交际，需要宣泄，需要慰藉。有了人缘人脉，自然会带来许多快乐和成功的机会，这自然有益于健康。

第五，要经常检查身体。包括自我检查和医院检查。现代人的生活环境日趋恶劣，许多怪病也随着科学发展而"魔高一丈"。带病菌者，到处都是，稍不注意，就容易感染上。所以，一时身体不适，不能掉以轻心，再忙，也不要忘了身体。20世纪天才画家陈逸飞，六十岁就逝去了，十分可惜。他早知道肝不好，事业太忙（他没有做到量力而为，而是超负荷地同时开了几个跨行业的公司），迟迟没有时间上医院，待躺下了，到医院时已是不治。你大姑也是，胃不适两年，催着不看，待坚持不住了，到医院一查，已无力回天。这都是惨痛的教训啊！所以，平时一定要树立科学保健的意识，不能马虎大意，不要存侥幸心理。当然，医生不是神仙，也常有诊断失误的时候，有时候的检查结果也要多找几位医生来互相印证，以免误诊。

第六，要杜绝不良嗜好。吸烟有百害而无一利。爷爷在写这个稿时，正好电视播一个美国的调查，跟踪一个城市，禁烟三年，肺癌下降40%。被动吸烟者也同样受害。孙孙一定不要染此恶习，特讨人烦不说，对人对己都有害无益。酒可以少喝一点，但绝对不要酗酒，酒醉一次，不仅伤身，也损害人格。以喝酒为能事，是浅薄、无知的表现。不喝酒就办不成事，只是酒徒的借口。至于赌博、吸毒、嫖娼等恶习，更要远离之。

如今艾滋病在全世界持续蔓延，目前人类还没有办法治愈它。而艾滋病的传播途径，主要是性接触传播（还有相当一些人是通过输血染上的，采血的环节把关不严，血库管理不善，后果也十分可怕）。所以，在性伴侣的选择上，一定要严肃认真，不可轻率。爷爷一辈子没有到过那种不干净的场所。爷爷绝对没有歧视靠"卖身"生活的那些人，理解她们大部分是生活所迫；爷爷也不笑话那些"买身"的人，各有各的活法嘛。爷爷不去这种场合，是基于以下想法：一者，素昧平生，就发生性关系，毫无感情基础，仅仅满足一种动物式的宣泄，太低俗。二者，跟一个"谁都肯跟"的人上床，就像火车上的座位轮着坐，能保证它是干净、健康的吗？一旦染上性病，则身体、家庭、事业尽毁。何其不值！三者，因为一次轻率的感情出轨而导致家庭风波、夫妇反目的，屡见不鲜，相当于身心受到一次摧残。这又是何苦呢？因此，孙孙长大，不管将来你面对的社会是一种怎样的"性观念"，一定要有危机意识，一定要洁身自好，生活检点，明智理性，以避免身心受到伤害。

关于吸毒，只要提高警惕，不误染上毒品，不误上吸毒朋友的贼船，还好控制。主观上一定要排斥毒品，千万不要去试！一旦染上毒瘾，就等于把自己的一生毁掉了！现实社会中，有些人一旦陷入这个泥沼，常常不能自拔，是自损健康，自毁前程。

还有不喜欢运动，也不是好事。出门就坐车，久坐电脑前，都不是好习惯。特别是现代社会，大都以车代步，上楼有电梯，很少有参加体力活动的机会，于身心发展十分不利。据一个资料记载，我国青少年的体质，从2000年开始，速度素质、耐力素质、柔韧性素质、爆发力素质、力量素质，连续十年呈下降趋势，远不及日本、韩国。据2012年11月份中央电视台报道，一个月内有四名二十岁左右的大、中学生，在千米竞跑时，竟然猝死。国民素质若此，多么可怕！这除了生活方式、饮食结构不合理外，与运动不足有直接关系。以中学生为例，能够每天参加两小时课外活动的，中国学生为8%，美国学生为62.8%，日本学生为65.4%。这其实已经令我们的民族堪忧了。所以，阔阔，你千万不要沉迷网吧，不要整天待在屋里，不要有懒惰的恶习，尽可能少坐车，多步行（许多家长以为开车送孩子上学是好事，其实不利于孩子成长），勤快一些，走出去，主动约一些伙伴，多参加户外活动，这不仅是你个人健康需要，也是民族繁盛的需要啊！

　　孙孙从小就有很强的自我保护意识，对没吃过的东西，若

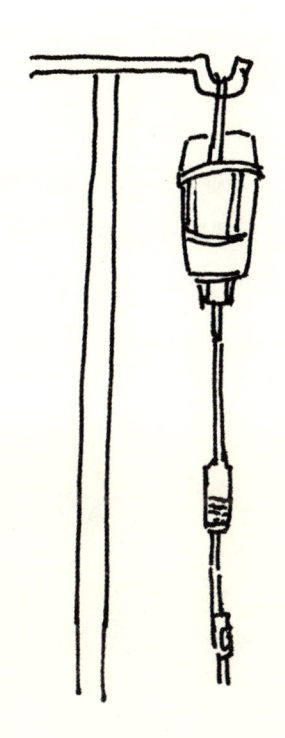

人往往是躺在病床上，才意识到健康的可贵——人啊，何必这么愚蠢呢

大人不先做个样子吃给你看，就不肯吃，这是很宝贵的潜质。在现代社会，生存环境恶劣，危机四伏，比如化学的、生物的新事物层出不穷，有许多都处于"试用"阶段。比如过去的"四环素牙"，比如滥用抗生素使千万儿童致聋，比如激素致畸致癌，都是人类付出很大代价后，才有了新的认识。目前危及全国的"转基因食品"，就很让爷爷担心，"基因"是自然状态下经数万年形成的，人为改变它，一定是对"自然平衡"的破坏。生物链破坏了，世界上的一切都乱套了，人类，必然自食其果……

2008年，震撼全国的三鹿婴儿奶粉掺假，使几万名儿童致死致伤事件，让爷爷很是紧张（幸亏你吃的不是这种奶粉），很是悲愤和无奈。比如，"车祸猛如虎"，每年上百万人死伤于车祸，令人怵目惊心。凡此等等，都是教训！

所以，为了适应这样一个社会，就必须有很强的自律意识和自卫意识。不伤别人，也要避免别人的伤害。一切，以小心谨慎为益。

一句话，希望孙孙健康成长，快乐成长。即使过着极其平凡的生活，只要身体健康，就有快乐，有快乐的人生，才是高质量的人生！

4. 崇尚节俭

在生活贫困的时候，懂得节俭，不足为奇。

在生活富有的时候，坚持节俭，才难能可贵。

爷爷在年轻的时候，挨过饿，受过冻，手上的冻疮到六十岁的时候还没有完全好。在 20 世纪 60 年代的三年困难时期，全家人差点饿死。一直到我三十多岁时，农村开小学生运动会，那是孩子们最快乐的节日，你爸爸刚上小学，你奶奶想拿五角钱给你爸爸在看热闹时买五分钱一根的冰棍，都拿不出来。为此你奶奶每回想到当时的情景都心酸哽咽。

所以，自然养成了爷爷奶奶一生节俭的习惯，总是怕穷，手里没钱就心里没底。平时舍不得花钱，到超市看这个好，那个好，舍不得买，手攥着钱又出来了。衣服能穿，就不主张买，鞋子有一双就觉得够了。要是到饭店吃饭，斟酌再三，尽量吃简单的饭菜。甚至有病也硬挺着，不肯上医院，怕花钱。

可是，当今社会有些年轻人因为从小没有从艰苦的生活中度过，不懂创造生活的艰辛，以为生活本来就该是这样的，不防备日后生活可能会有的变故和艰辛，不懂得节俭，怎么能不让人担忧呢？

爷爷认为，孩子们不懂节俭，是与大人们缺乏对孩子"节俭意识"的养成教育有关。大人怎么为难，尽量不屈着孩子，自己舍不得花的钱，尽量给他们花，结果，反而养成了孩子们坐享其成、大手大脚、生活懒散的不良习惯。

阔阔，你现在还小，但从小就备受呵护、娇惯，长大了会不会成为大手大脚不会过日子、挥霍奢靡、放纵无度的人呢？爷爷非常担忧。这也是爷爷要讲"节俭"这个话题的原因。

爷爷对"节俭"的理解，有四种认识。

第一，节俭是中华民族几千年传承下来的美德，其智慧之处，就在于要慎防饥荒之年的到来。因为人的一生，贫富往往不由人愿。人在富有的时候，要有忧患意识，给以后的生活留有余地。古人常说："常将有日思无日，莫到无时想有时。"波斯的萨迪也有一句名言："谁在平日节衣缩食，在穷困时就容易渡过难关；谁在富足时豪华奢侈，在穷困时就会死于饥寒。"

宋朝司马光也有"由俭入奢易，由奢入俭难"、"众人皆以奢靡为荣，吾心独以俭素为美"的名句，这都是经验之谈。颜之推在家训中讲过几个生动的例子，说每到战乱时期，每每景况最惨的是那些平时衣食无忧的富豪人家子弟，面对突然的变故无所适从，流落街头，没有生活能力，常常困顿而死，以此告诫子孙要学会节俭。

爷爷小时候常听大人们讲"饺子边"的故事。说一个富贵人家的太太，狂妄到吃饺子只在有馅的饺子肚上咬一口，饺子边都扔掉。一个佣人则偷偷把富太太扔掉的饺子边用线穿起来晾干，以备荒年之用。想不到,数年后富人家落魄,年老的富太太沿街乞讨,一天,讨到一户人家,给她煮了一种东西,她吃了非常香,赞不绝口,结果那施舍的人说:"太太,我曾是你的佣人,你吃的是你当年扔掉的饺子边啊!"曾经的富婆听了,感到万分羞愧。这故事的真实与否无所谓,却浅显易懂地告诉人们,无论多么富有,都不该浪费,即使很富有,也要想到万一贫困了怎么办。这个小故事,爷爷听过几十年了,不能忘怀。加之爷爷小时候过过苦日子,所以对故事的理解更真切。

懂得节俭,体现了我们这个民族的智慧和远见。

第二,节俭是对人类劳动的尊重和珍惜。细细想来,世界上哪一样东西的得来都不容易,都要经过无数双手,经过无数道工序,才成为到你手里时的样子。如果轻易地把它扔掉或损坏,岂不可惜。

爷爷念小学时,课本里有"千人糕"的故事。故事写的是,有一天智慧老人跟孙子说,要请孙子吃"千人糕",孙子就天天盼望想见见这经过一千个人手做成的糕点,该有多大,有多么神奇。终于有一天,智慧老人端出"千人糕",原来就是普通的玉米面蒸出的发糕,只有巴掌那么大。孙子很失望,大惑不解。老人说:你想想,为了做出这糕点,春天要去整地,要播种,夏天要锄草,要浇水,秋天要收割,要脱粒,冬天要储藏,要磨面,再做成糕点,得经过多少双手,得流多少汗水,才能做成啊!叫它"千人糕"就是告诉你,这粮食来之不易,要懂得珍惜呀!

这个故事,让爷爷从小就懂得了珍惜粮食(爷爷吃饭,从来不剩饭粒;看到别人把剩饭剩菜倒掉,就感到可惜,有一种罪恶感)。八九十年前,你祖太爷那辈,走山路时怕磨坏鞋底,把鞋脱下来,用手拎着,光脚走。扶犁耥地时,怕庄稼磨坏裤子,把长裤脱下来挂在地头树上,任凭庄稼叶子把大腿划出一道道血口子。当然,如今时代不同了,说这些你也许会感到可笑。但老一辈儿珍惜一粒米、一丝布的节俭精神,珍惜人类劳动的理性意识,还是很值得后辈继承、发扬的。

懂得珍惜,体现了人们高尚的感恩情怀。

第三,社会物质资源的有限性,决定了节俭的必要性。地球就这么大,资源就这么多,而人们的消费却是无限的。而且人口的膨胀和工业文明致使对资源的消耗速度空前地加快,所以,地球上的物资资源越来越紧张。仅以水为例,爷爷小时候的印象,仅家乡一带,年年发大水,雨水也充沛,到处是沟渠、水泡,水的资源十分丰富。小时候常常在村边、地头抓鱼玩儿。可是,短短的几十年,到处在闹水荒,家乡的河枯竭了,地表水没有了,种庄稼都要依靠打井。城市吃水困难日益加剧,令人都不敢往长远想。比如矿产,几乎是不可再生的资源,可是消耗的速度却令人胆寒。即使可以再用五百年,爷爷不敢想象五百年后,世界是什么样子。

所以,我们手里的一张纸、一根钉、一粒米、一滴水、一度电,都是宝贵的。两千多年前老子就主张"天人合一",而现在的人类却为了自己一时的所谓高质量生活,不惜打破天人的平衡,真让人有一种"竭泽而渔"的担忧和无奈。在这种情况下,提倡节俭,就更有了特殊意义。为了子孙万代以后还有生存的条件,节俭就成了人们的一种责任。

懂得节俭的责任,是人类造福后代的必然。

第四,节俭不但可以养成人们高尚的品格,更是高尚品格的重要体现。看一个人品格的高低,常常就看他是不是懂得珍惜哪怕是一滴水、一粒米、一度电,看他是不是懂得尊重别人的劳动。

古人云"大道至简"。诸葛亮在《诫子书》中就强调"静以修身，俭以养德"，是为至理。挑吃挑穿，挥霍浪费，讲究排场，追求奢华，绝不是有教养的人之所为。古今中外圣贤之人，节俭的故事不胜枚举。汉文帝、刘秀、海瑞，都堪称典范。比如历史上有名的说客晏子，在当齐国相国时，就大力提倡节俭，他自己更是身体力行。有一天，齐景公的一位大臣到晏子家中办事，正赶上晏子吃午饭，晏子也请他一起用饭。因为晏子每次做饭都定量，结果一个人的饭两个人吃，俩人都没吃饱。这位大臣回去后跟景公说了，景公就派人送了许多钱粮给晏子。晏子坚决不收，并解释说："我并不是缺粮，我只是觉得生活简朴一些，对养成自己的高尚品德有好处，也希望国人都崇尚节俭。"后来景公见晏子的马车破旧，马也瘦弱，就赠他漂亮车马，一连三次都被晏子退回。晏子说："我要求大家节俭，我必须带头节俭，以防止全国奢侈浪费成风。"晏子位尊为相，能保持如此清醒，实为可贵。

九百多年前的司马光，主编过《资治通鉴》，是一位文学家，又是一代名臣。他为官数十年，身处高位，却过着"食不敢常有肉，衣不敢纯衣帛"的简朴生活。他还写过一篇《训俭示康》的家训，告诫后代务求节俭。

在历史上，圣贤名人关于论述节俭的文字就更多了。

比如，司马光的"有德者皆由俭来也"；隋朝王通的"不勤不俭，无以为人上也"；唐朝李商隐的"历览前贤国与家，成由勤俭败由奢"；还有古代典籍中的"奢者富不足，俭者贫有余；奢者心常贫，俭者心常富"；"一粥一饭当思来之不易，半丝半缕恒念物力维艰。""俭，德之共也，侈，恶之大也。"

曾国藩告诫子孙："切不可贪爱奢华，不可惯习懒惰。"他认为"骄奢倦怠，未有不败"。

特别是孔子的"士志于道，而耻恶衣恶食者，未足与议也"，

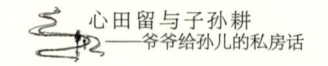

指出有志于追求大出息的人，却以穿得不好、吃得不好为耻辱，这种人是不值得与他交往、议事的（爷爷年轻时就以这句话为座右铭）。可见孔子判断人品时是何等重视他的俭德。

总之，这些极富哲理的经验之谈，遍布史书典籍，孙孙可以一一品读。

爷爷希望孙孙懂得，崇尚节俭，是一个人的美德，也是一个人的智慧。无论贫困还是富有，都要懂得节俭。有钱是最不值得炫耀的，在别人面前显摆自己如何富有，是虚荣、是浅薄、是无知，也是自招其辱，甚至自招其祸。摆阔，只能换来低俗者的艳羡和高明者的鄙视。

自信的人不会炫耀自己，不会在乎那种廉价的虚荣。

只有勤劳，经历了劳动的艰辛，才会真正理解节俭的意义。比如，经过你自己辛苦努力挣来的一百元钱，会比父母直接送给

水是人类维持生命最重要的物质，而又因为太普遍、太普通而不被人们珍视

你的一百元钱，更能让你体会到奋斗的快乐和劳动的价值。经过一番磨砺后所获得的幸福感，才更让人懂得珍惜。

爷爷提倡生活以勤劳、俭朴为荣，不要做衣来伸手、饭来张口的寄生虫，不要挑吃挑穿，不要追求名牌，不要太张扬地戴金银首饰之类，更不要买一些自己可买可不买的东西，能节省的钱就不要花，朴实淡定为好。外表的华丽吸引的只是人的眼球，而简朴的魅力征服的却是人心。努力追求真才实学，努力追求"里"仁为美，才是智者所为。而且，要用这个标准去识别朋友。

不要盲目地崇洋媚外，老外的"只顾眼前"、"只顾自己"的消费观念，与五千年中华民族的节俭美德比，是短见，是自私！

愿爷爷对节俭的感悟，能对孙子的成长有益。

阔阔，你可以从节省明天的生活费开始，有一个全新的生活态度吗？

5. 慎重交友

　　人的一辈子，不可能没有朋友。

　　人的一辈子，也离不开朋友。

　　多个朋友多条路，有很多好朋友，是人生的智慧，也是人生一笔永久的财富。

　　但是，朋友可不是随便结交的。因为人有好坏，朋友自然也有好坏，若交友不慎，交了坏朋友，很可能毁掉自己的一生。

　　两千五百多年前，孔子就谆谆告诫学生们说："益者三友，损者三友。友直、友谅、友多闻，益矣；友便辟，友善柔，友便佞，损矣。"这句话是经两千多年实践验证了的真理。意思是说，有益有害的朋友各有三种：正直的人、诚信的人、见闻广博的人是有益的朋友；谄媚逢迎的人、当面恭维背后却说你坏话的人、夸夸其谈华而不实的人，是有害的朋友。在《西畴老人常言》一文中，也有"交朋友必择胜己者，讲贯切磋，益也；追随游玩，损也"。意思是说交朋友一定要交比自己人品更好、能力更强的人，经常

5 慎重交友

在一起学习知识，切磋事理，会对自己提高大有好处；而跟一些吃喝玩乐、游手好闲的人在一起，就容易变坏，对自己成长十分不利。

晋朝葛洪认为："详交者不失人，而泛交者多后悔。""先择而后交，不先交而后择。"

唐朝的皮日休说："近贤则聪，近愚则聩。"

唐朝贾岛认为："君子忌苟合，择交如求师。"

宋朝时的许棐也说过："与邪佞人交，如雪入墨池，虽融为水，其色愈污；与端方人处，如炭入熏炉，虽化为灰，其香不灭。"

明朝的吕坤认为："人休不择就交，话休不想就说，事休不思就干。"

古代有一副好对联："交不可滥，须知良莠难辨；酒莫过量，谨防乐极生悲。"

一千五百多年前的颜之推在留给后代的家训中也强调："人在年少，神情未定，所与款狎，熏渍陶染，言笑举动，无心于学，潜移暗化，自然似之；何况操履艺能，较明易习者也？是以与善人居，如入芝兰之室，久而自芳也；与恶人居，如入鲍鱼之肆，久而自臭也。"意思是说，人在年轻时，思想单纯，性情也未定，经常在一起玩耍的朋友，就容易产生感情，从心里觉得能合得来，彼此的习惯，都容易互受熏染，互相效仿，也没心思好好学习，时间长了，就成了一路人；在习性上影响这么明显，在品德上、在爱好上、在技能上，也都容易受到影响。跟好朋友在一起，这就像进入满是芝草兰花的屋子，时间久了，自己也变得芳香起来；而跟坏朋友在一起，时间长了，就像待在满是鲍鱼的地方，自己也变得一身腥臭。

爷爷举这么多经验之谈，就是让孙孙明白，古往今来，交友的问题，一直是值得高度重视的事，绝不要随意、率性而为。有些你一时看不懂的句子，可向老师请教。

成功的捷径是与成功的人士在一起。荀子曰："蓬生麻中，不扶而直；白沙在涅，与之俱黑。"讲的就是跟啥人在一起，自己就成了啥样的人。古时王子晋云："佐饔得尝，佐斗得伤。"即帮人做饭，可分享美食；帮人打架，只能受伤。告诫我们帮朋友不可是非不分、盲目出手。交人交君子，往来有道；栽树栽松柏，冬夏常青。交友不可不慎。

那么，怎样才能选择到真正的朋友呢？择友也有择友的"秘诀"。依爷爷六十年人生的体验，给孙孙提十点参考意见。

第一，择友时，要看这个人是否孝道。缺乏孝心，是心中没有别人、极度自私的表现。过去，选拔人才，首要一条看他是不是个孝子。小孝治家，大孝治国。不孝，则不能入仕。交友也是，如果一个人连自己的父母也不爱，不尽赡养之责，为养老费和兄弟争争讲讲，顶撞父母，不心疼父母，甚至嫌弃父母，这种人不可交。连自己至近至亲的人，他都不爱，会爱朋友吗？能赡养父母只是最起码的孝，最难的是能始终对父母和颜悦色，不惹老人生气。如果平时在家里，无论大事小事，一意孤行，从不知道跟老人商量，而是自己想咋地就咋地，甚至顶撞父母，这种人，说轻了是缺乏教养，不懂事，说重了就是心中没有父母，没人味。这样的人，一般都个性极强，偏执自私，目中无人，自以为是，绝不是有品位的朋友。

其实，孝敬老人不仅仅是表现在生活上的赡养，更表现在对老人价值的尊重和敬畏。一个不懂得尊重老人、不懂得从老人那里攫取智慧的人，一定不是一个值得你器重的朋友（爷爷主张你

5 慎重交友

结交一些年长且有威望、有知识的人做"忘年交"朋友，会更有利于你的成长）。

《礼记》上有句话："不辱其身，不羞其亲，可谓孝矣！"说的是一个人行为检点，品格高尚，不侮辱自己的名声，更不让父母因自己行为不妥而蒙羞，才称得上是孝子。《诗》曰："孝子不匮，永锡尔类。"即讲孝子有不竭孝心，才可以感染同类。

第二，择友时，要看这个人善不善良，有没有仁爱之心。子曰："克己复礼为仁。"即能克制自己的欲望，使行为合乎礼仪，常怀利人之心，就是仁。平时，如果在贫困者面前毫无爱心，甚至讥讽，幸灾乐祸，没有同情心，这种人则太冷酷，太功利。这种人只是出于利用别人的心理与人交，也不会成为你的良友。你常常可以这样去判断一个人：看他懂不懂得珍惜别人给予的爱，在不在乎别人给予的爱。一个人只有怀有正义之心，懂得珍惜别人给予的爱，懂得感恩，才会懂得爱别人，才会让爱生出不绝的力量。这样的人，才值得你珍视，才值得你与他做朋友。

第三，择友时，要看这个人是否讲诚信。《体论》有言："交接有分矣，不诚则绝。"即结交朋友要讲情义，但不真诚就会使友情丧失。实话是友谊的纽带，谎言是信赖的敌人。一个平时肯于无私帮助别人的人，往往注重诚信，关键时刻也是可以信赖的人；一个人如果谎话连篇，心术不正，当面一套，背后一套，口无遮拦，随口许诺，办不到的事也大包大揽，过后也不兑现，这种人便不诚实、不可信。如果他借钱不还，逃避债务，拖欠工人工资，不履行既定协议，经常迟到早退，无故失约，这人就不可靠。或者平时用不到别人时，扬着头走路，用到别人时点头哈腰，这种"现用现交"的人，没有廉耻，功利思想严重，待人没有真情，也不该成为真正的朋友。

第四，择友时，要看这个人是不是懂礼仪。交一些有良好习惯，讲文明、懂礼仪，有深厚文化修养的人为友，可以带携自己上进，可以给自己带来美誉。否则，交一个游手好闲、举止龌龊、语言粗俗、骄人傲物、横行霸道、不学无术之人，不但交之无益，还会被牵连，落下坏名声。

第五，择友时，要看这个人有无忠义之心。所谓忠义之心，从大的方面，看他对世事的态度，是否公平、仗义；小的方面，看一个人，不要仅仅看他平时对你如何好，重要的是看你在失势或失意时，在有危险和困难时，他对你怎么样。有些酒肉朋友，平时胡吃海喝，称兄道弟，大难来时，只顾自己，置朋友于危难而不顾，甚至会落井下石，这种人就无忠义可言。而有些人平时关系并没看出多么亲密，"君子之交淡如水"，可当你有困难或可能误入歧途时，却能主动伸出援手，表现得很仗义，很有气度，这才是你真正的朋友。与他们一旦建立友谊，常常会牢不可破。

第六，择友时，要看这个人的胸襟气度。看一个人，不仅要看合作时的态度，更要看在利益分享时的态度。不要仅看他在你面前的表现，更要看他平时是怎么对待别的朋友的。人人都会有过错，朋友之间的误解、矛盾、纷争，也在所难免。所以，在一方"犯糊涂"时，另一方能理解、包容，也很重要。容人之过，方显大家本色。如果斤斤计较，一恼百恼，有点不如意就"绝交"，也不是真正的朋友。古训有"日久情疏只为钱"之说。平时不分你我，合作初始也信誓旦旦"差不了"，可是在"分金子"或"分债务"时，却原形毕露，见利忘义，极力地拨拉自己的小算盘，宁亏别人，不亏自己，而这种唯利是图的小人，往往又最会表白自己，所以要格外小心。能公平地分享，懂得谦让、懂得

5
慎重交友

先替对方考虑的人,才是大胸襟、大气度,明智、仗义之人,更是值得结交的人。历史上管鲍之交,就是楷模。

第七,择友时,要看他做人的气质、品位。历史上有个传说:有一天,年轻的苏东坡到佛印禅师处谈论佛法,两人盘腿对坐,苏东坡问禅师道:"你看我像什么?"禅师答曰:"像一尊佛。"苏东坡反过来调笑佛印禅师说:"我看你像一堆牛粪!"佛印无言一笑。苏东坡回家后,跟妹妹说起这件趣事。他妹妹说:"禅师的心是佛一样的境界,所以看你像一尊佛,而你的心态像牛粪一样,看禅师才像一堆牛粪。禅师的境界比你要高得多呀!"苏东坡听后面红耳赤,深悔自己的浅薄轻浮。

现实生活中,那些素质低下、看谁都不顺眼的人,恰恰是自己境界低的缘故啊!俗语"狗眼看人低",大体也是这个意思。所以,抬举别人,往往也抬举了自己;贬低别人,无异于贬低自己。轻视朋友付出的情感就是不懂感情,轻视朋友的人格就是缺乏品格。常常可以从一个人对别人的态度中,鉴别这个人的品位。

俗话说:"物以类聚,人以群分。"《格言联璧》有云:"无正经人交接,其人必是奸邪;无穷亲友往来,其家必然势利。"经验之谈也!什么样的人,交什么样的朋友。你不了解他没关系,看看他平时都交些什么样的朋友、有什么样的家风,就知道了,而且这样看得往往更清楚、更真实。

第八,择友时,要看这个人是否坦诚。好朋友间,也可以有各自的隐私,不必无话不说。但是,在朋友有错误、缺点时,能坦诚做出批评或规劝,则难能可贵。因为人往往因懒惰而拒绝改变自己,常常对指出自己缺点的人心生排斥。所以,有些人怕"得罪"朋友,而对所谓朋友的"颓废"视而不见,这当然不是真朋友。真朋友的最可贵之处在于能毫不保留地指出你的不足,在你可能误入歧途时，会奋不顾身地加以劝阻，对朋友的恶习会苦苦相规，甚至"翻脸"也不肯让步，这是出于真心的关怀。"赠人以言，重于金玉"是也！而平时，动辄跟你说句"心里话"的人，不一定是真朋友，常常话不中听的人，反而值得你珍视（即使是你的敌手，抓住你的缺点不放，也客观上帮助了你，因为，只有你不断实现自我的超越、完善，才会成为真正的强者）。"君子因誉而情疏，因诤而友密"，如果一味地说人好话，在有错误时也不批评，这就不是真朋友。

当然，这种批评和规劝，还有一个重要前提，就是能够彼此信任。《论语·子张》曰："未信而谏，人以为谤也。"的确是至理名言。没有信任做基础，会把好心当成恶意。

第九，择友时，要看这个人的胆识格局，有没有大志向。因为，只有大胸怀、大志向，才会成大事。当年关羽、张飞交了个刘备这样的朋友，就干出了轰轰烈烈的大事业。如果朋友天天在你身边说：咋活还不是一辈子，何苦劳神费力，什么事业不事业的，人生几十年一晃就过去了，别奋斗了。这样，你就可能丧失斗志。交一个积极上进、有刻苦学习精神、有广博学问知识、事业心强的朋友，就可能带携你实现更高的人生价值。

第十，择友时，不要急于下结论。要通过一段时间的交往，办过一些事后，对他进行品评，觉得可以做好朋友时，再以好朋友相处。两千多年前孔子在交友上，也曾有自己的认识过程，他说："始吾于人也，听其言而信其行；今吾于人也，听其言而观其行。"实乃经验之谈。一个善于奉承别人的人，往往也精于诽谤；喜欢高估自己的人，常常会低估别人。不可以一见面就称兄道弟，就推心置腹，啥话都无保留地和盘托出，就信口承诺、托以重事。假话不说，真话不要全说；假忙不帮，真忙不盲目帮。许多上当

5 慎重交友

受骗的人，就吃了太容易轻信别人的亏。

"君子以同道为朋，小人以利害为朋。"君子平时以心交、神交为主，虽表面并不火热，但关键时刻是朋友。而小人之交平时形影不离，酒肉不断，关键时刻，却不一定靠得住。

爷爷说的这些，前提是咱自己首先是好人，是值得别人交的朋友。这些"择友"的标准，当然也是我们自己处人的准则。你在选择别人，别人也在选择你。咱自己不是坏人，也没长坏心眼儿，不会坏人，所以看谁也不像坏人，觉得谁都不错，很容易轻信，这正是爷爷担心的地方。爷爷确实吃过很多这方面的亏，有了教训，才提出以上十条，让孙孙注意。

当然，真正像爷爷讲的这么十全十美的朋友，现实中很难找到。想找十全十美的朋友，就会没有朋友。只要基本面是肯定的，就可以交往。"水至清则无鱼，人至察则无徒。"在一些非原则性的琐事上，不必较真，也是结交朋友的前提之一。

有人告诫爷爷，你一味强调让孙孙做诚实的人，可是如今社会急功近利，人情淡薄，不讲信义，你的孙孙长大会吃亏的。是的，社会的现实是严酷的，但爷爷相信，社会上还是好人多，人类社会要延续下去，就必须提倡大家都做好人。即使是吃点亏，也不是坏事，可以帮你长经验。唯利是图的交往，只会导致朋友越来越少，导致社会越来越冷酷。

博友"孤独求隐"写过一段话："天下的事情本没有那么复杂，复杂的是人心。如果我们尽力保持一种本原的信念，保持人心的纯净，我们的惬意和欢欣会像机缘本身一样，足可以叫人惬意，足可以使人欢欣。"

是的，如果我们不把人类看得那么复杂，我们就不会活得那么累。

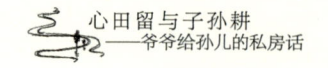

古人有句话说得十分深刻:"信人者,人未必皆诚,己则独诚矣;疑人者,人未必皆诈,己则先诈矣。"不管别人怎样,自己先做诚实的人。要相信人,要做好人,不去损害别人,但也要谨防被别人欺骗,这就是爷爷强调"选择"的原因。孙孙长大,一定认真研究一下诸葛亮的"观人七法"。

爷爷当年给你爸爸起名叫"大维",其中包含着"长大后多维人"的意思。但是,那时爷爷还不很懂慎重交友的道理,傻傻地认为谁都是好人,以为一切朋友都该交。结果呢,影响你爸爸好交好维,对谁都实心实意,也交了一些酒肉朋友,自己吃了亏,还被人笑话"太实在"。做实在人没错,但不分好坏地一律以诚相待,也是不对的,因为人群里确实有真情假意、好人坏人之分嘛。

现在,爷爷嘱咐你慎重交友,就是要你有选择地交一些为人品德好,真正有本事、干正事,积极上进,疏财仗义,急切时可以依靠的朋友。

"患难可见真情。"当你遇到困难,面临不如意时,常常是你辨别真假朋友的时候。

其实,孙孙的交友,从你入幼儿园时就开始了。在你成长的过程中,你会遇到很多人。在你未来的人生旅途上,你的成功往往不是因为你的聪明,而是取决于你认识了谁以及你和他的关系处得怎样。在学校里学到知识固然重要,而在学校里能结识几个有能力、有背景、有发展潜力的挚友,更为重要,那可能是你一生的贵人。所以,你一定要树立主动与别人结盟(搞好团结)的意识,建立健康的人脉网络,不放过任何有价值的人力资源。

慎重交友的难度,在于难以跳出所谓朋友既有感情的圈子来冷静客观地评判朋友。康熙皇帝认为"人于好恶之心,难得其正

(难公正评判一个人)。我所喜之人,唯见其善,而不见其恶;若所恶之人,唯见其恶,而不见其善。是故《大学》有云:'好而知其恶,恶而知其美者,天下鲜矣。'诚至言也"。可见,能公正客观评价朋友,又是选择朋友的前提。

当然,也不必对酒肉朋友拒之千里,也不必冷言冷语,更不要有轻蔑之心。人各有各的活法,无可厚非,只是自己掌握分寸,不要过分亲密,不要陷得太深就行。古人云:恩德相结者,谓之知己;腹心相照者,谓之知心;声气相投者,谓之知音。两个人的关系达到什么程度,自己要心中有数。俗话说交君子十个不多,交小人一个不少;得罪君子十个不多,得罪小人一个不少。我们何必一定为自己树立对立面呢?立身贵廉明,待士慕谦诚。我们保证自己是个好人就足矣。

20世纪90年代逝世的国学大师梁漱溟先生的处世原则是:在人格上不轻易怀疑别人,在见识上不过于相信自己。也属精辟的交友之道。

另外,还有一点,孙孙要注意的,就是:不但择友难,维持友谊更难。古人云"久交无狎语,绝交无恶言","君子交绝,不出恶声",讲的是交友的气度。宽容并不等于懦弱,饶人本是聪明,即便不是朋友了,也不必一恼百恼。即使是好朋友了,相互往来,也一定要把握分寸,也不可彼此过从甚密,毫无隐私。要根据彼此的禀性、身份、能力,选择适当的相处方式。"识不逾人者,莫言断也;势不及人者,休言讳也;力不胜人者,勿言强也"(《止学》语)。朋友间常常会因为话说得不得体、事情办得欠公正,而丧失友谊。"以责人之心责己,则寡过;以恕己之心恕人,则全交。""先淡后浓,先疏后亲,先远后近,交朋友之道也。"可谓经验之谈,孙孙细心体察之。

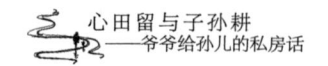

农民诗人马明才有诗曰:"人生处处有亲人,最亲难比最知心,无书才是苦中苦,无友真谓贫中贫",是评价友情的点睛之笔。

总之,高节人相重,虚心世所钦,做人要"和而不卑,强而不亢"。为人不交无义友,得时当报有恩人。为了走好自己的人生之路,要尽可能多交一些真正的朋友。

望孙孙能从这些教诲中,有所借鉴。

用刺保护自己的同时,也与别人拉开了距离

6. 提升人格的力量

一个人想找个生意上的合作伙伴,要先问:"这个人怎么样?"

一个人想找个生活中的伴侣,要先问:"这个人怎么样?"

两个人初次相见想交个朋友,内心要想:"这个人怎么样?"

如果想托人找个工作,人家要先问:"这个人怎么样?"

政府想提拔个干部,先要对候选人进行公示,让大家评议:"这个人怎么样?"

人啊,时时在揣摩别人,也时时在被别人揣摩。

看一个人怎么样,有一个被大多数人认可的标准,即良好的品德与出众的才华同时兼备。而品行是第一位的,其次才是才干。品行好,又有能力,可以成事;品行好,能力差,往往误事;品行不好,能力越强,越容易坏事。老子曰:"重积德,则无不克。"意思是能不断完善自己的品德,就可以无往而不胜。所以,一个人的品德如何,至关重要。

21 世纪之初,在齐齐哈尔职业学院大门的一侧,有两句话

"成大事靠品德，成小事靠才能"，说得十分精辟。一个缺乏高尚人格魅力的人，无论他多么有才能，尽管也可以做出一番成绩，但由于缺乏人格魅力，缺少人脉的支持，很难把事业做大、做久。而一个具有人格魅力的人，即使他自己缺少一定才能，由于有众多人才的支持，也会成就一番大业。如历史上的刘邦，本人的才能，文不如张良，武不如韩信，搞后勤不如萧何，而三人能实心实意地辅佐他，所以刘邦成了开国皇帝。而楚霸王项羽，虽有万夫不当之勇，却刚愎自用，拢不住人才，挤跑韩信，气走范曾，最终落得个惨败的下场。这就是对人格力量的诠释，这就是"得道者多助，失道者寡助"的道理。

其实，世界上没有品格无缺陷的人。武圣关老爷，因为傲慢丢了荆州；张飞因为暴躁，丢了性命；刘备因为执拗，丢了江山。改革开放以来第一批成长起来的企业家，有许多人后来"纷纷落马"，都是与他们品格的缺陷分不开的。所以，加强品格修养，是伴随每个人终生的课题。那么，阔阔可以反思，自己的品格有哪些缺陷呢？

阔阔，你小时的心灵，就像一池净水，像一张白纸，心地圆明，天性澄澈，在成长过程中会不会被邪恶污染，能不能画出一幅美丽的心灵图画，一切都取决于后天的养成。爷爷希望你做个品德高尚之人。那么，怎样才能成为一个品德高尚的人呢？你可以系统地读一读《弟子规》、《朱子家训》、《颜氏家训》、《曾国藩家书》，这对你青少年时良好习惯的养成、对你良好品格的形成，有奠基意义。再读一读《菜根谭》，是四百多年前明朝一位叫洪应明的人写的关于人生处世哲学的论述，格言体，短小精粹，言近旨远，见解独特，促人警醒，曾风靡世界，被誉为案头必备之书。参透此书就会深谙世事，进退自如。

6
提升人格的力量

　　当然，由于你年纪小，缺少社会阅历，一时还很难参透这些做人哲理的奥妙，有待于你用一生的时间，去品读，去消化，去运用，去验证。在这里，爷爷仅就自身六十年人生的感悟，向你提出如下忠告。

　　第一，你必须懂得限制自己。人生、社会是有规则的，不能太以自己为中心，自己想怎么样就怎么样。有限制，才有秩序，才可以保障人的尊严。"施行法治"是建立良好社会秩序的前提，而建立秩序，往往要以牺牲相对的自由为代价。你看大街上的汽车，有快慢道，有斑马线，有红绿灯等诸多限制，有交警监督，才既使交通顺畅，又保证了行人车辆的安全。在学校里有纪律，才可以保证大家有正常的学习秩序。正像社会上有法律法规的制约，社会才平安和谐。懂得遵守规则，大而言之，可以建立良好社会秩序，使人们最大限度享受到自由；小而言之，可以让我们自己少犯错误。

　　卢梭有句名言："人人生而自由，但却又处在无所不在的枷锁之中。"人的言行，也必须遵守道德规范的约束，接受法律法规的约束，而不是可以任意胡来的。人有脸树有皮，人在社会上，不能没有尊严，尊严是人格的支撑。如果违反基本道德，不仅要受到相应的制裁和谴责，而且，会失去尊严和人们对他的尊重。

　　规则的本质，是尊重他人。不懂得尊重他人的人，其实就是不尊重自己；不懂尊重自己，也不会得到别人的尊重。你越是尊重他人，你就越能赢得他人的尊重。限制自己，包容别人，往往就是对他人自尊的维护。

　　你们这一代，几乎全是独生子女，从小备受呵护和娇惯，几乎在潜意识中没有谁能违拗你们的意志，养成了骄横跋扈的性格，这是十分危险的。

你很小的时候，就表现出叛逆性，什么事不顺你意，就发脾气，这很让爷爷担心。这种脾气在长大后得不到改正，必然要在人际关系上面受挫折；若你这种潜质得不到限制，将会因为触犯社会规则而使自己终生蒙羞。所以，你一定要记住爷爷的话，时刻树立"规则意识"，凡事不可随意乱来。特别是在你十三四岁到十七八岁这个阶段，最容易表现叛逆，应该格外知道反省自己、约束自己的行为。

社会活动是有很多规则的（当然有些规则也会因为世事变迁，丧失存在的合理性），人生是不以个人的意志为转移的，必须懂得遵守，必须学会适应，在适应的前提下学会改变自己和改变社会（包括改变规则）。不要以为自己比别人聪明，耍小聪明者，别人都看得明白，不点破罢了。

21世纪之初，你正在上幼儿园的时期，社会上出现一些"官二代"、"富二代"、"名二代"飙车撞人、打架斗殴、寻衅滋事、仗势欺人，甚至轮奸少女的案件，社会影响极坏，他们的父母也十分伤心。这种现象，很发人深思。爷爷认为，原因之一，是这些富家、名家子弟，从小就娇生惯养，没有体验过艰难，所以也不理解父辈的辛苦；原因之二，是这些子弟不知道该干什么，没了生活目标，因为父辈已让他们应有尽有，他们没有了奋斗的动力；原因之三，也是最重要的原因，是缺乏教养，没有"规则意识"。父母宠惯，自己不读书，不明辨是非，不懂做人道理，导致骄横跋扈，为所欲为。

那些违法犯罪的青少年往往都是一些规则意识没有建立起来的孩子，当他们的个人需求得不到满足，个人行为得不到支持时，不是反思自己，不是调整自己，而是放纵自己，甚至以身试法，导致锒铛入狱。所以，爷爷希望孙孙能从他们身上汲取教训，

6 提升人格的力量

无论何时何地，要懂得"社会是有规则的"。一个有规则意识的孩子才能融入社会、适应社会，也才会有在这个社会施展抱负的可能。爷爷强调一个人品德是第一位的，品德的本质就是守规则，律己惠人。

或者说，孩子有时也不是是非不分，而是自律能力太差，一时冲动，就什么违法的事都敢干，结果一失足成千古恨。冲动是魔鬼啊！孙孙千万不要犯傻，凡事三思而行，一定要顾及后果。

即使在一些小事上，也不要放纵自己。

比如打麻将，看似生活小节，其实反映的是人格的大节。你可以偶尔玩一玩，放松一下心情，但一定不要迷恋、成瘾。社会上有些人玩麻将成"疯"，朋友间的感情越玩越薄，夫妻关系越玩越淡，身体越玩越差，工作没做好领导不满意，沉迷赌场，形象猥琐，耽误正事，名声会越来越糟，人格会大大掉价。有好多高官、大款，最终都栽倒在麻将桌上了。孙孙切切记住，在一些不良嗜好面前，一定要懂得限制自己。

"思立掀天揭地的事功，须向薄冰上履过"，就是说想建立大功业，必须时刻知道警惕危险，小心翼翼地如同踩在薄冰上一样，谨慎行事。希望你平时多注意学习一些法律法规，多注意一些社会上的正反典型案例，以警示自己，不犯错误。

第二，要学会爱别人，尤其是要懂得宽恕别人，懂得感恩。人的本质是一切社会关系的总和，人区别于其他动物的最本质的地方是人的社会属性，即人与人之间有着严密的组织，并充满着相互支持和关爱。人离不开别人的帮助。试想，你吃的、穿的、用的，目视所及的一切，都是别人（包括无数先人）创造的，你时刻在享受着别人的爱，那么你就应该以加倍的努力来回报别人。

爷爷就曾非常欣赏爱因斯坦的一段话："我提醒自己：我的精

神生活和物质生活都依靠着别人（包括活着的和死去的人）的劳动，我必须尽力以同样的分量来报偿我所领受了的和至今还在领受着的东西。"这是一种情怀，也是一种境界。核心是感恩，是博爱。

爱的方式多种多样，有物质的，有精神的，最难能可贵的是，能在别人最需要帮助、最困难时伸出援手。仁善是爱的高境界，爱的本质是对生命的尊重，是一个人基本教养的外在表现。至善者怜残，大爱者扶弱。"当厄之施，甘为时雨。"往往是舍给穷人一碗米，胜过送给富人一锭金。帮之所需，才更有意义。

还有一种爱是宽恕。只要有群体的地方，矛盾、纷争、误解、中伤就在所难免，如果你分毫不让，一味针锋相对地"以牙还牙"，那你就会陷入人际矛盾的泥沼，深受其苦。尖酸的责备和挖苦犹如利剑，可以刺伤人的自尊，换来的只能是对方的憎恨和反抗。适时"糊涂"是清醒，该当"模糊"莫较真。不去斤斤计较，大度一些，是一种胸怀，也是一种处事的智慧。做人要圆融通达，不要尖酸刻薄、锋芒毕露。俗话说："狗咬你一口，你还能咬狗一口吗？"跟疯子吵架的岂不也成了疯子？

不但要容忍、包容，而且还要有能力化敌为友。有的人总是喜欢批评和抱怨别人，而有的人却乐于欣赏和包容别人，两种不同的待人态度，实质上反映的是人格修炼的两个境界。前者将最终成为孤家寡人，后者积聚的则是热烈的人脉。爷爷在讲优质服务课时常说，当一个人做了对不起你的事时，是你增进或改善与他关系的最好机会，也是展示你的胸怀、展示你人格魅力的机会。原谅对方，在对方深感有愧于你时，给对方道歉的机会，安抚对方的心灵，反而会获得对方的友情。道歉是一种美德，道歉既不伤害自己，也不伤害别人。有时幽默机智，也是智慧，是能力，

提升人格的力量

不仅能化解很多矛盾，而且会给双方带来轻松和快乐。这就是宽恕的魅力。

当然，爱是有原则的，宽恕是有原则的。做人不要太计较，但不是不讲是非。在大是大非面前，要敢于表明态度，坚持原则。如果在是非面前装聋作哑，则会失去你自己的尊严，失去你真正的朋友。《格言联璧》有一句"处众以和，贵有强毅不可夺之力；持己以正，贵有圆通不可拘之权"，说的是既能与人和睦相处，又有坚定不移的处事原则；能以严格的标准要求自己，又圆融通达不拘泥刻板。与人相处，首先要看对方的人格、品性是不是值得你这么做。对于有的小人，赠予千金或反生害你之心；而君子者如韩信，"一饭之恩，终身不忘"。不以贫富贵贱待人，不要势利看人，仁恕之心是平等待人，但是，又要适当掌握分寸。倘能做到这样，不但自己会在人际关系中进退自如，更能增强自己的人格魅力。

孔子告诫子路曰："齿刚则折，舌柔则存。柔必胜刚，柔必胜强。好斗必伤，好勇必亡。百行之本，忍之为上。"即牙齿硬便容易损坏，舌头软则不能损伤。善于韬晦者虽然显得柔弱，却一定胜过刚猛好斗之人；狂妄、逞强者，必然不能自保。无论做什么事情，最根本的态度，应以能忍让为最高明。忍不是怯懦，忍是一种情操、一种胸怀、一种智慧，两千多年来一直被奉为立身处世的宝典，难道不该为我们所借鉴吗？

处世要方圆自在，待人要宽严得宜。面对纷繁世事，要能超然，淡定，以不变应万变。即无论别人怎样，相信社会主流是好的，相信社会上好人多，不必因个别小人的行径，不必因一时的丑恶现象，而动摇自己"做个好人"的信念。

生命不仅属于自己，生命还盈满人间的热望，承载着亲人的

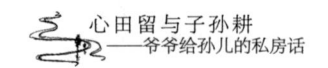

嘱托。

有一颗感恩的心，尤其体现在对父母的孝敬上。百善孝为先，人的一生，最不能等待的事情就是孝敬父母。"子欲孝而亲不待"！父母一天天变老，他们能享受儿女给予爱的时光，已经有限。父母健在的时候不能经常看望，甚至对老态龙钟、生活不能自理的父母表现厌恶，却在死后举行隆重的葬礼，有什么意义呢？说穿了不过是要做给别人看罢了，已经不是尽孝的本意了。古训"厚养薄葬"，值得深思啊！

阔阔，你能马上行动，去做一件让父母高兴的事么？比如去给父母洗一次脚……

第三，要勇于自责，能坦诚面对自己的错误。人非圣贤，孰能无过。人的成长、成熟，就是在不断地纠正错误中完成的。古人云："吾未尝闻吾过，吾亡无日矣，终日不见己过，便绝圣贤之路。"没有人指出自己的过错，恐怕不但成不了圣贤之人，而且自己离最终失败也不远了。而能有人善意地、及时地指出错误，是别人对自己的信任，更是自己成长中的一种幸运。如何面对错误，常常反映的是一个人的品质、胸怀、胆识和气度。错误并不可怕，可怕的是不能正确地认识和改正错误。

《十驾斋养新录》里有一句话："圣贤以改过为能，不以无过为贵。"即指有高尚修养的人，不认为自己没有过错才是最好的，而是把自己能知错必改作为最高贵的品质。"人生至愚是恶闻己过，人生至恶是善谈人过。"不喜欢别人的批评，是愚蠢至极；喜欢谈论别人的短处，是可恶至极！古人认为"人能反己，则四通八达皆坦途也"，讲的就是善于反思自己的不足，就会使自己不断进步，无论在哪儿都会很快适应，无论干什么事业都容易取得成功。

6
提升人格的力量

"恶恐人知才是大恶。"错误正如人脸上的污渍，会越抹越黑。爷爷的感悟是，一旦自己有了错误，千万不要强词夺理，不要狡辩、遮掩、逃避，甚至推托，嫁祸于人。那样不仅错上加错，更会失去人心。而应当在适当的时机、场合坦承自己的错误，勇敢地承担起相应的责任，深刻检视、反省失误的原因，这样，不但错误有了价值，也凸显了你的硬朗，会获得更多人的理解和支持。

孙孙从小自尊心就极强，脾气急，不让人说。作为孩子，不必怪罪，但长大后，不能虚心接受别人意见、不让别人批评就不是好事了。希望你能从爷爷的劝诫中醒悟，坦诚地接受别人的指导，感谢别人的批评，则你的进步会更快，也更招人喜爱。

第四，要重诺守诚，讲信誉。人无信不立。一个人一旦失去别人对他的信任，他就一辈子也难以再干成什么大事了。古人有"祸莫大于无信"之说。万善之首必曰信。诚信的重要性，自不待言。

依爷爷的感悟，要树立良好的诚信形象，必须要格外注意两点。

一是有求于别人时要实话实说，不能为获取别人的同情和帮助而说谎话。说了谎话，早晚会有真相大白的时候，那时就会为人所不齿，在瞬间失去友情。若是从别人处借钱、借物，一定及时送还，不能及时送还时要提前告知，以求谅解。若答应赴约，必须及时到场，如不能如期到，务必提前告诉主人请求谅解。爷爷一个初中时的老师，毕业后近四十年未见面，一日突然到爷爷办公室说儿媳难产手术急需用钱，找我帮助。我急忙从他人处挪借钱给他，他信誓旦旦，秋后必还。可我却再也没见到他。两年后，我见到同学时说起该老师，同学惊呼："哎呀，他正到处骗钱，说儿媳难产，没影的事，他孙子都上中学了。"我对该老师美好的印象瞬间垮塌,并为之悲哀,真有辱于"孔孟"家风啊!骗得一时之财,毁掉一生人格,堵死今后的路子,实在得不偿失。

二是有人求助于己时,不要信口答应,一定要量力而为。做不到的事情,你硬着头皮答应,不但事后为难,一旦真做不到,失信于人,祸莫大焉。朋友有困难,要尽力帮忙。有爱心,救助于水火,是对的,但是,做不到的事就要坦称做不到,以免耽误人家另想办法。《弟子规》中说"事非宜,勿轻诺,苟轻诺,进退错",实乃经验之谈。拒绝是一门艺术。即使能帮上忙,答应时也要留有余地,以免节外生枝,不能践诺。一时拘于面子,不好意思拒绝,而含糊其词,导致对方误解,最易造成信誉度的损害,甚至葬送了友情,生出事端。

并且,在助人之时,千万不要以救世主的姿态出现,不要高高在上、沾沾自喜、气势凌人。要懂得维护别人的自尊心,体谅对方的难处。况且自己也有求人的时候,今天有人求你,说明明天自己有困难时也有人可求。今天帮助别人就等于明天帮助自己。互相帮助是一种最自然、最纯朴的人际关系,要施恩不图报,平淡对待之,这才是诚信的更高境界。《菜根谭》中"施恩者内不见己,外不见人,则斗粟可当万钟之报;利物者,计己之施,责人之报,虽百镒难成一文之功",说得特别深刻、富有哲理。

一个人做事百个人看,对一个人的失信,可能导致失去周围的朋友。特别是在信息发达时代,诚信系统可以将一个人的言行均记入电脑,一处失信,就可能产生多米诺骨牌效应,不可不慎。

第五,要谨慎交友。在许多古代先贤的家书中都是一再强调这个话题。交个品质高尚的朋友,不但你自己受他影响,日有长进,也会让周围的人高看你。若交个品质败坏的朋友,即使自己

6 提升人格的力量

不学坏,周围的人也会认为你不是个好东西。正如古人云"与凤同飞,乃为俊鸟,与虎同眠,兽中之王"。物以类聚,人以群分,想了解一个人的品性,那就看看他都交些什么样的朋友就行了,因此,必须慎重,有选择地交友,绝不可出于所谓"仗义"之心,没有辨别,不分好坏,不论亲疏地一律"以诚相待"。

问题是,一旦交了朋友,有时自己反而跳不出自己的圈子,看不准朋友的贤与不贤了。诚如《菜根谭》里所言:"与善人交,如入芝兰之室,久而不闻其香;与恶人交,如入鲍鱼之肆,久而不闻其臭。"所以,有时父母一再告诫孩子:"你再也不许跟那个坏孩子一起玩了!"却拆也拆不开。因为他不认为那个孩子坏,这就是"久而不闻其臭"了。这就是说,初交之时要慎重择友,已交之友,也要考察、辨别。当然,这里有个分寸尺度问题。酷则失善人,滥则招恶友。交友的条件太苛刻,会失去该交的朋友,交友太随便,也容易交到坏朋友。孔子劝世人"无友不如己者",意思是说不要交品性不如自己的人,因为一旦交到恶友就会影响自己的声誉和前途。

交友的话题,爷爷已有专述,这里仅提示一下,引起注意。

第六,学会微笑。微笑可以提升人格魅力,是人生最好的名片。微笑可以在瞬间拉近两个人的距离。有一个阳光灿烂的笑脸,显示了自己的一种自信,也能给别人一种信心,更会增加亲和力。微笑是对他人的尊重,微笑是朋友间最好的语言,你对别人的微笑越多,别人越乐于跟你交往,你赢得人脉,得到发展的机会也会越多。保加利亚哲学家基里尔·瓦西列夫在《爱情论》一书中说:"爱的微笑像一把神奇的钥匙,可以打开心灵的迷宫,它的光芒会照亮周围的一切。"

微笑的实质是爱,是善,是宽容,是大度,是坚强,是感恩生活。微笑是对生活的一种态度，跟贫富、地位、处境没有必然的联系。你看，有些贫苦的人，不是也有迷人的微笑吗？只要心里有阳光，就能感受到现实的阳光。

爷爷一生不幸的是不会微笑，脸一沉，让人感到可怕。一个单位的同事在一起几年了，尽管爷爷心里是一种"博爱"的情怀，有些人仍不敢跟爷爷说话，爷爷感到很悲哀。令爷爷欣慰的是，孙孙天生有一张甜润的笑脸，这是你一生用不完的财富。但是，这种微笑只有发自内心，真实自然，才会感人。对微笑的修炼，实质是人格修炼的一部分。

将来，孙孙若有机会去服务行业应聘，你动人而甜美的笑脸肯定是一个非常有利的条件。如果你要为服务行业招聘员工，应聘者是否有个动人而甜美的笑脸，应该是录用的必要条件。

第七，要有一个良好的心态。从根本上说，好的心态，体现在包容度上。人之所谓善，不仅仅指乐善好施，更表现在有一种优游从容、平和宁静、随遇而安的气度。如果你只允许社会上有美丽存在，不能接受丑恶，整天怨天尤人，义愤填膺，不但会惹人烦，你自己也可能有一天会疯掉。能坦然地正视现实，能从容地改变现实，才是大气度，才是做大事的心态。

良好的心态，体现着真正的谦逊。低调，不是故意装出低眉垂首的矫态，而应是源于对人生的透彻理解，看透了无论怎样浮华绚丽，都终归要沉寂没落；无论怎样的才高八斗，都不过是人类智慧的沧海一粟。他不再认为炫耀是一种光彩的事，不再认为占有是一种荣耀，而从心底里不想张狂。于是，平和、淡定，不急、不躁，表现慈祥、谦恭，能从容地面对眼前的一切。而唯有这样，他才能眉波不涌，吐纳恒常，心胸豁达，朴实无华，才表现为大智若愚，才不会沦为虚荣狂傲、浅陋无知之辈。

6 提升人格的力量

有了耐心和专注，还怕没有收获吗

良好的心态，体现在无论做什么事都能有耐心。任何事的成功都要有一个过程，在进取的过程中经受得住时间的考验，经得起各种诱惑的干扰，抱定一个宗旨，不停止自己的脚步，就终会"采摘"到成熟的"果实"。如果急功近利，你的生活或许就充满焦虑和苦涩。

一个人有没有良好的心态，不但关系到他的人格魅力，也会影响他事业的成败。《三国演义》中"空城计"一节，诸葛亮以一座空城和区区数十老弱兵卒，吓退了司马懿的几十万大军，解了倒悬之危，成为千古佳话。其成功的重要原因之一，是诸葛亮的心态。戏曲中，诸葛亮还临阵抚琴，司马先生仔细聆听，也未听出孔明先生有半点慌乱，于是，断定城中定有埋伏，从而慌乱撤退。反过来，也是司马先生多疑、浮躁的心态，使他失去了一次制胜的大好机会。

曾经有一家著名的公司，要在上百个报名者当中，挑选一位能担当重任的管理人员。经过激烈的竞争，最后只剩下甲乙两个人选。公司约定二人明天接受总裁的亲自面试，以决定谁最后留下来。并且当晚，甲乙二人被安排在宾馆住下。服务人员一再嘱咐他们务必要休息好，准备迎接明天的面试，而且中途不时过来关照。但是第二天一早，服务员便通知甲不必参加面试了，因为公司已经决定留用乙。甲十分不解。服务员解释说："我其实是总裁的助理，昨晚就是在考察你们，您几乎一夜没睡，一直担心今天的面试。而乙从容不迫，睡得很香，显然他的心理素质比您好。我们公司聘请的是一位能担当重任的管理人员，在重要的岗位上工作，不可避免会遇到各种危机，如果心态不好，承受能力差，怎么能够胜任此工作呢？"

可见，能够具有良好的心态，对于努力追求成功者来说是多么重要。

有了健康的心态，思想就会多一份自由，心情就会多一份舒展，生活就会多一份情趣，生命就会少一些沉重。

如果人的心态、品性能像高山那样坚实，像白云那样飘逸，像泥土那样谦卑，像湖水那样平静，像大树那样朴实，像天空那样晴朗，那么，他可谓是真正读懂人生，真正融入了天地万物的怀抱。

第八，要确立正确的品格修养观。不仅孙孙长大要问，就是爷爷也常常遇到学生们提出这样的问题：你总是让我们提高品德修养，做一个好人，可是，我们常常以好心待人，却得不到好报，往往上当受骗，怎么办？爷爷认为，这是个普遍存在的社会问题。就像有阳光就会有阴影一样，社会上有好人也有坏人，出现这种现象，不足为怪。可以肯定地说，全社会绝大多数人不希望社会好坏不分、善恶颠倒，都渴望和谐、安定、公平、正义。那么，这样理想的社会靠谁来创造呢？是大家都破罐子破摔，以牙还牙，恶性循环下去，你不做好人我也不学好呢，还是极力扩大好人比例，树立正气，与丑恶现象做奋力抗争呢？答案当然是后者。否则，这个社会就与弱肉强食的动物群体差不多，甚至还不如动物"文明"，后果是不堪想象的。

追求个人利益，是人之常情，本身不存在对和错。所谓对错、善恶之分，在于追求的途径和手段不同。悲悯之心，人皆有之，但善恶之分，往往存乎一念之间。

于是，每一个人都面临一种选择，确立一种怎样的生存态度来融入社会呢？当然，都努力做好人，肩负起社会道义的责任，才会给好人们提供一个好的社会环境。每一个人，都有责任为净化社会人文环境、扶植正气，尽到自己的努力。

一个人不管有多聪明，多能干，背景条件有多好，如果不懂得如何去做人、做事，那么他最终的结局肯定是失败。

如果阔阔长大后身居高位，那就可以从治国的高度，从继承、光大中国五千年优秀传统文化的角度，考虑社会治理问题（爷爷始终认为，一个时期社会风气的好坏，与治国方略有关）。世界上的四大文明古国，只有中国还没有被新时代的浪潮"淹没"，这本身说明了中华文明的生命力，但是，是否也有保护、传承的危机呢？"导民以德，则民归厚；示民以利，则民俗薄"（《盐铁论》语），这句话应当引起国家决策者们的深思。爷爷的忧国忧民之情，于社会已力不从心，希望寄托在后人身上啦。若从一个普通民众的角度，爷爷认为，那就只能洁身自好，从我做起，自己保证自己先做个好人，而不能丧失对生活、对社会的信心，不能丧失对自己的信心。正是"余心之所善兮，虽九死其犹未悔"呀！

至于被坏人欺骗，提高防范意识就是了。我心坦荡，人心叵测，遇事不得不留个心眼儿。诚信不是愚笨，诚信需要智慧和品格做基奠。有位西方先哲说过："儿童和傻子永远说实话。"但是，以损人利己为目的的假话不要说，也不要信。有时善意的谎言是一种生活的艺术，并不影响人格。比如"会当媳妇两头瞒"，就是智慧。其实，哪有不说假话的呢？信誓旦旦说自己绝不说假话的人，本身就是假话。懂得这个道理，能够辩证地看待一个人，既可以洞彻恶意的假话，也可以避免误判朋友的好意。拿捏这个分寸，要靠丰富的人生经验和圆熟的处世艺术。

顺时而为，顺势而为，随机随缘，就是聪明。聪明的本意是指人的天资高，记忆和理解力强，而现时的聪明一般是指世事洞明，人情练达。该聪明时聪明，该糊涂时糊涂，永远不被聪明所累所误，才是真聪明。

总之，害人之心不可有，防人之心不可无。诚信到糊涂的地步，也就失去了诚信道德的价值。

相信吧，人间正道是沧桑，社会的主流是好的，历史的主流是好的，邪恶永远是不得人心的。人格的力量拯救的不仅是自己，而且能拯救社会。只有做个品格高尚的人，才活得踏实、活得磊落、活得阳光、活得快乐！

唐太宗李世民说过，"富贵广大，守之以约；睿智聪明，守之以愚。不以身尊而骄人，不以德厚而矜物"，是对做人高尚品格的很好概括。很多人之所以一辈子都碌碌无为，那是因为他活了一辈子都没有弄明白该怎样去做人做事。

第九，关于品德修养的二十个细节。

品德修养，不是一个空泛抽象的概念，它具体表现在生活的一些细节中。在大事件中，由于他自己注意，往往不能反映他真实的本质。一个人的品质，往往就是从他平时不注意的一些细节中表现出来。这二十个细节，希望阔阔认真揣摩、遵守。坚持数年，必有成效。

（1）坚持在背后多说别人好话，绝不在背后讲别人的短处、说别人的坏话。

（2）绝不在众人面前排斥别人，不做"某人如何无能"的表态。

（3）有了过错，主动承担责任；有了功劳，学会与别人分享。

（4）被人误解、嫉妒时，多想《将相和》。

（5）不打听别人的隐私。

（6）说话要温和、舒缓，不声嘶力竭，不污言秽语，不强词夺理。

（7）遵守职场规则。不迟到，不早退，不敷衍，不弄虚作假。

（8）工作尽职尽责，不拒绝加班，对额外工作不讲价钱。

（9）认真听别人陈述，不打断别人的发言。

（10）打扰了别人或伤害到别人，主动道歉。

（11）常跟有恩于自己的人打个电话，或看望一下。

（12）戒烟，限酒。

（13）衣着整洁。不奢华。行为举止得体，温文尔雅。

（14）单位搞福利分东西时，先人后己，不抢先挑拣，不计较优劣。

（15）不顶撞父母。经常回家看望父母。夫妻不在儿女、父母面前吵架。

（16）不要总阴沉着脸，脸上常挂自然的微笑。见到别人，主动上前问好。

（17）不私自翻动别人的东西。

（18）借别人的东西及时归还。

（19）需要表态时，要态度坦诚，观点明朗，言简意赅，不故作深沉状。

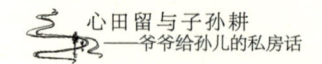

（20）不轻诺，诺必信。

"不矜细行，终累大德"（《尚书》语）。不拘小节，往往会损害自己的人格。上述细节只是体现一个人教养的一部分经常性的行为规范，当然还不是全部。为完善人格，就要兼借古人智慧，博采天下方略，探赜索隐，见微知著，崇实黜浮，兼收宏富。爷爷推崇力行几千年的仁、义、礼、智、信，温、良、恭、俭、让，主张加强诚信、善良、孝顺、和谐、勇敢、勤奋、节俭的传统教育。爷爷认为，追求现代的民主和自由，是需要"秩序"作保障的，而古人对人的行为的"规范"，有利于人与人之间和谐关系的建立。因而，借鉴传统文化优秀部分，对我们今天有一定积极意义。如果摒弃古人智慧，一代代人都是自己摸索了几十年后，才知道是非对错，这个民族怎么会持续强盛呢？继承先人优秀的文化，是社会发展的大智慧呀！至少，希望你能在青少年时期细细品读《弟子规》、《童子礼》等书，书中对一个人的言行举止、进退定省，都有详细的介绍，对完善你的品格修养，大有借鉴价值。

君子如酿，品而后馨。一个人的品格，不该是偏执的，也不该是单颜色的，而应当是内外兼修、刚柔相济，是丰富而多侧面、多色彩的统一。识时务，通机变，乃为俊杰。如率真又不世故，浪漫而不失理性，淡定而不消沉，激越而不莽撞，既是聪明的白兔，也是勤奋的乌龟。一句话，上善若水，当你具备了全部水的特性，便进入了人生修炼的高境界。

水无所不包容；水无坚不摧；水变化灵活；水执着奔向大海；水谦卑地流向低处；水性格至柔，善于保全自己；水牺牲自己以滋养万物、洗涤污垢。所以，古人有"大道似水"、"上善若水"、"金以刚折，水以柔全"之说。老子、管仲都对水有精辟的论述，你可以找他们的著作认真品读，从中感悟一个高尚完善的人格应该具有哪些魅力。爷爷的博客之所以取名"水韵风痕",正是出于对水的崇敬,有人戏称爷爷为"水韵先生",爷爷也因此乐而受之。爷爷曾写过一篇《四字水铭——"大道似水"解》,抄录如下,或许有利于你对"水德"的理解——

涓涓之水	生命之源	百丈泉心	万顷波澜
萦回崖谷	惊涛拍岸	疾徐舒霎	奇幻万端
滋养生灵	涵盖天地	千用不竭	百变如一
浩淼无涯	深广难测	泱泱水德	万言难喻
河洛相撞	衍生太极	清浊分明	阴阳相济
遍予无私	何其仁德	其流卑下	无所不及
百川归海	能容乃巨	泉流无声	深邃含蓄
循微赴下	甘居低洼	处下不争	谦卑有礼
断石裂谷	无坚不摧	盈不求概	公平正义
止水静明	旷怀致远	绵弱微达	贵贱无欺
万阻必东	百折不迷	千仞之壑	奋身赴义
涤垢纳污	洁清以出	善化弊俗	包容巨细
水性至柔	水性至曲	水性至坚	水性至毅
大智大勇	弛张有序	德披万代	功高环宇
上善若水	人心向仪	大道似水	极尽玄机
观山悟仁	近水知义	甘为水者	人我无欺

……

总之,良好的教养是一笔无形的财富,是一个人获取丰厚人脉的通行证,是走向成功的助推器。良好的品格,概而言之,就是"骨宜刚,气宜柔,志宜大,胆宜小,心宜虚,言宜实,慧宜

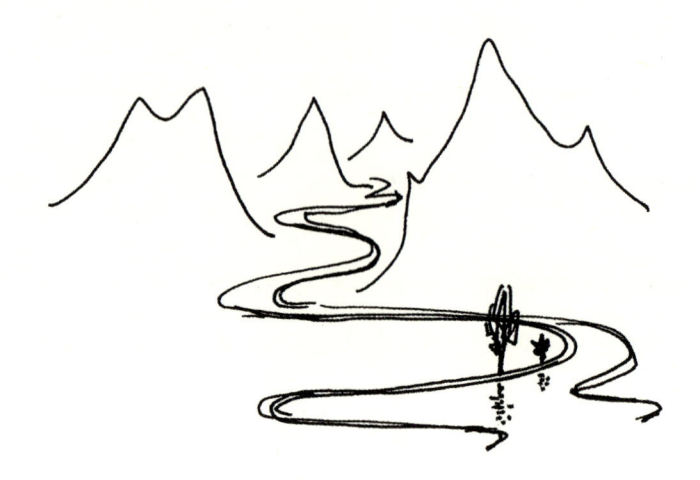

因为它要流向大海,所以大山也阻挡不住它前进的脚步

增,福宜惜,虑宜远"。品格修养,是一辈子的事。一个良好的信誉形象,是靠几十年的努力建立起来的,但是,这一切美好的东西却可以由于自己一时的放纵、一时的冲动、一时的昏聩而毁于一旦。这正如雕刻一件工艺品,千琢万磨,历经数载,日臻完美,却可能因一时不慎失手而前功尽弃。

说这些,是想告诫孙孙,品格的提升、人格力量的凝聚,是点点滴滴、日积月累的功夫,是相伴终生的心灵路程。良好的品格犹如一泓清水,只有用它来洗涤世人心灵的污浊,才更有价值。品格修养,没有什么捷径可走,读好书,交高人,做善事而已。

孙孙不必急于见到显效而刻意为之,也不可因为不易见到显效而不为,更不能因为功成名就之后而妄为。一切都会因为你饱读诗书、广闻博览、历经磨难、人生阅历丰富,而顺其自然地达到人生品格的高境界。

人,一旦达到这个境界(或正向这个境界努力),便会赢得尊重,赢得信赖、赢得支持,从而在人生和事业上左右逢源,倍道而进。

7. 善待老师

学生对每个老师，都有自己的评价。

一个学生对某个老师，从心里或崇拜，或钦佩，或讨厌，或蔑视，或抵制，或对抗，或暗恋，真是什么样印象的都有。

其实，处于孩提时期的学生，还不能客观、全面、准确地评价老师，往往带有孩子的偏激和好恶，在他们眼中，一个老师好，就好得了不得，一个老师"坏"，就"坏"得不得了，有着很强的个人感情色彩。

比如一个老师批评他一次，可能态度生硬一些，或者批评与事实有所偏差，他就会认为这个老师很坏。比如一个老师跟家长"告了状"，就对这个老师"恨之入骨"。比如碰见某个老师在跟恋人逛街，就对这老师表示不齿。如此等等，都让人哭笑不得。

作为孩子们，正是处于刚刚开始学习认识周围事物的时候，有这样的偏颇、成见，表现出幼稚、单纯，也是可以理解的。

问题是，在校学习期间，处理不好师生关系，会有很大害处，

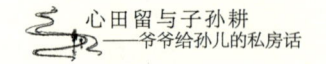

甚至会影响到该学生一生的发展。

由于师生关系不好，或由于对某科老师印象不好，很容易影响自己的学习热情，甚至会赌气"不给老师学"，这自然会影响学习成绩。因为学习成绩下降，又受到老师的批评，这种对立情绪又会增加，就更学不好。如此恶性循环下去，可能就使一个原本很优秀的学生走了下坡路。

与老师关系不好，也不会受到老师的喜欢。老师也是人，也会有自己的情绪、偏爱，对好学生自然会多亲近、多提问、多指导，主动多传一些"真经"，而对那些不爱学习、顶撞老师、看不上自己的学生，自然会有所疏远，有敷衍了事的时候。而越是这样，师生关系越冷淡，越紧张，会严重挫伤师生合作的积极性，因而使双方的教学质量、学习质量大打折扣。

师生关系不好，在学生心里也时时是块心病，是笼在心头的一个阴影，学生会苦恼、焦躁，甚至玩世不恭，放弃学业。长时间内得不到调整，会在学生心中形成无形的压力，甚至导致学生性格的偏执、自闭、抑郁或厌世，对学生心理的健康成长十分不利。

学生看起来最不值得爱的时候，恰恰是学生最需要关爱的时候。

因此，营造良好的师生关系，对孩提时期学生的成长，是十分重要的。爷爷写这个题目，就是希望孙孙在学生时代，能处理好师生关系。

良好的师生关系，首先，取决于能正确地看待老师。

老师也是平常人，也是血肉之躯，也都有各自的脾气、个性，老师的品质、修养、见识、教学能力、胸怀、气质，相互会有很大差异，确实存在着优和劣，甚至不乏不称职的老师。所以不能

7
善待老师

把老师神化,不能把老师太理想化,要求老师过于完美,往往会产生更大的失望和反差。

爷爷曾当过八年中学老师,深切感受到由于老师的格调不同,对学生的影响也不一样。爷爷当老师时,常常想自己当学生时的感受,所以,非常理解学生的心理,有许多与别的老师不同的做法。

首先,爷爷绝不在学生面前"装大",没有那种老师就高高在上的优越感,而是满腔和气。我跟学生说:"我只不过是比你们先学了几年,你们到我这个年龄会比老师更优秀。"这是句大实话,然而却一下子与学生拉近了距离,他们也有了信心。比如爷爷尊重每个学生的自尊心,批评时总会给学生留面子,点到为止,让他自己心里产生自励的风暴,学生会说"不好好学习,都对不起老师"。

其次,"高师无教"(指教育者不刻意要求学生如何如何,而是"润物细无声",潜移默化以自身的表率行为影响学生),爷爷要求学生做到的,自己先带头去做。给学生布置作文,爷爷自己也写一篇,与学生们共同讲评。带学生去劳动,跟学生一样分任务。有一次带学生去挖一条两米多深、六米宽的水渠,爷爷跟学生一样分段干。当时爷爷小臂处还有一个小火疖子,结果押着了,整个胳膊肿得很厉害,差点没酿成大疾。自己带头干,不用去号召,我们班的任务会比别的班完成得又快又好。这就是榜样的力量,这就是为人师表的魅力。

可是,有的老师不这样,在求教的学生面前趾高气扬,批评学生时连怨带损,劳动时只顾跟别的老师在旁边闲聊,像个工头一样在那大呼小叫地监工。于是,有一些学生私下里跟我说:"我若能调到你们班多好啊!"

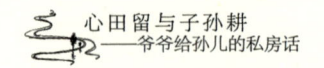

爷爷得到学生的喜爱和尊崇，感到很幸福。

一个真正好的教师，不仅传授知识，更重要的是教学生学会做人，让学生掌握生存能力，教授学生掌握学习的方法，从而让学生学会自己去发现真理。授之以鱼，不如授之以渔，就是这个道理。只传授知识，常常培养出来的都是书呆子；而传授学习方法和善于激发学生创造性思维，常常培养出来的都是开拓型社会精英。

学生对于老师的好和不好（假如看法基本正确），是无力改变的，甚至是一种无奈。就像一个婴儿来到人世，睁开眼睛一看，是生在一个普通贫困家庭还是生在高官家里，是无法选择的。老师的不断提高、老师的自我完善，是校长操心的事，也允许老师有个提高的过程。关键是，面对这样一种实际，对于"这一班"的学生，如何能使师生的教与学产生良性互动，获取最大的学业收益。

对此，爷爷的建议是：

第一，要正确理解老师，善待老师，看到老师的主流是好的，理解老师有缺点也是正常的。不要要求老师太理想、太完美，相信老师也时时处在不断地提高之中。要理解、原谅老师偶尔的失误，并在这个基础上尊重老师。

"道在者尊"。尊重老师，是中国几千年的文化传统。过去讲"一日为师，终身为父"，学生见到老师要让路，要施礼，连家长都要对老师表示尊敬。孔子这样的大师，还要躬身施礼，向十三岁的孩子讨教；毛泽东作为新中国开国领袖，还要对老师徐特立毕恭毕敬。何况我们呢？

爷爷不敢想象，现在有的家长破马张飞地拉着学生到学校找老师吵闹，会给自己儿女怎样的影响。不懂得尊重老师，是一个

7 善待老师

民族的悲哀呀！爷爷一想起"十年动乱"时期，就心痛不已。那时候，老师成了"臭老九"，鼓励学生造反，批斗老师（当年在我念高中的学校，造反派贴出第一张批判老师的大字报时，让我参与签名，被我拒绝，因此得罪了造反派，后来还开了我的批斗会），这是需要我们几代人不断进行反思的历史。清朝王晫在《今世说》中讲："人冀子孙贤，而不敬其师，犹欲养身而反损其衣食也。"遗憾的是，我们今天有多少为父母的人还不懂这个道理呢？

老师辛辛苦苦、尽心尽力地教导你，无论如何不该对老师不满，而是应该怀着一颗感恩之心、谦卑之心，善待老师。

"亲其师方能信其道"，师生的感情不融洽，彼此缺乏信任，老师即使讲得对，他也听不进去，而学生的心不在焉，又使老师的热情不高。如此恶性循环，最终是误人子弟。要学习古人谦恭拜师的心态。假如张良面对在桥上三番两次往桥下扔鞋子让他捡的老者，表现出不恭不敬、不耐烦，老者怎么会赠书给张良呢？或许就没有了后来张良辅佐刘邦做皇帝的故事。假如刘备不是三顾茅庐，而是两顾，或表示不尊敬（孔明先生午睡，刘备立在廊下恭候先生半日，的确有诚意），说不定三国历史会是另一个样子。

所以，记住学生的大方向是尽一切可能学习知识，不要计较老师的对与错，不要太挑剔，哪怕他教你学会一个"一"，那也是老师，应当尊敬他，感谢他。多看老师长处，学习老师的长处，用心做好功课，这才是学生应有的态度。

第二，关键是自己要做个好学生。没有哪个老师是愿意与学生搞僵的，没有哪个老师是不喜欢好学生的。作为学生，应当主动与老师沟通，多亲近老师，多主动向老师请教学问。一个老师回答得不理想，可多向几位老师请教，一次没听明白，可以多请教几次。主动向老师提出疑问，跟老师展开讨论，学习得才扎实、透彻；而作为老师，除非他是疯子，否则不会不喜欢这样的学生。

师生关系好坏，学习成绩好坏，首先要从学生自身检讨，找原因，而不要一味地只埋怨老师，埋怨学校，甚至埋怨家长没给找个好学校、好班级。

有一个企业界流传的故事，可以借鉴一下。有一个人跟朋友抱怨，说老板不喜欢、不重用他，也不给涨工资，工作没劲头，想离开这家公司，另谋一个单位。朋友对他说："你可以离开，但离开之前，为什么不把老板管理企业的经验、营销策略学到手再走呢？这是一个知名的大企业，一定有管理上的成功之道，'偷'到自己手里再走，岂不更划算？"于是，这个人开始暗下决心，要把这个企业的经营管理经验学到手。他开始每天早来晚走，埋头钻研，十分勤奋。半年后，他又跟那个朋友在一起小聚，那个朋友问他："学得差不多了吧？要不要我给你介绍一个新的企业去就职？"这个人不好意思地笑了，说："我不想跳槽了，我家老板现在十分重视我，又提我当副总，又加薪，我为什么还要走呢？"

你看，是这个老板改变了吗？不是，是这个先生先改变了自己的态度，变得勤奋起来，自然获得了老板的青睐。

学生也一样，师生关系的好坏，很大程度取决于学生本身是不是勤奋，是不是懂事。自己先做个好学生，没有哪个老师会不喜欢你，还是多反省自己为好。

第三，要主动地帮助老师调解好与同学的关系。一个充满爱心的教师，会把爱洒向每一个需要关怀的心田，能在课内课外和学生和谐沟通，构建良好的师生关系。有时师生关系紧张，老师

7
善待老师

心里也不畅快，也很想改善，但由于关系不睦，很难坦诚沟通。这时，同学的规劝，往往能让与老师有矛盾、隔阂的同学更容易接受。

同学之间，没有不议论老师的，这种时候，应在同学间多替老师做些解释工作，促进师生之间的团结，尽可能为班级营造和谐上进的氛围。这样，不但老师、同学会喜欢你，更会锻炼自己的人际协调能力，甚至可以培养自己的"领袖"素质。而在这个调解中，自己的思想、学识、沟通能力等综合素质也会得到锻炼。这也是善待老师的一个"偏得"。

当然，学生时期，若遇到一个好的、真正懂得教育、有责任心的老师，那是学生一生的一大幸运；遇到一个不懂教育、缺乏责任心的老师，可能一个人才就被耽误了。教育的生机和活力，就在于促进学生个性的健康发展。善待老师，就是要寻求好的成长氛围。父母有必要为孩子选择一个好的学校、好的老师，但有时这又不是家长可以做主的。好在人生会换许多老师，还是有弥补机会的。

其实，老师、学校的好坏，毕竟是外因条件，关键还是自己要努力。一个孩子将来怎样，是主客观因素共同作用的结果，而主观上的努力尤其重要。在秦皇岛第七中学的院里有这样的标语："不比阔气比志气，不比聪明比勤奋，不比基础比进步"，就说得非常好。孙孙自己若能坚守住无论怎样都不懈怠、不消沉、不放弃努力的底线，那就在哪里都可以成才。你看，有许多重点学校的学生，不是也没考上大学吗？而有的很一般的学校，也培养出了高才生。关键还是主观的努力起决定作用。

善待老师，营造良好的师生关系，毕竟有利于学习。

善待老师，才会有一个快乐、幸福、成功的学生时代。

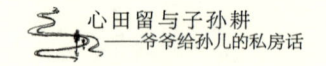

善待老师，实质上就是善待自己。

当然，善待老师，不仅仅是指在学校学习阶段，而应是一个人终生的品质。爷爷几十年，对曾经给我重要影响的老师，都一直念念不忘，退休后，还经常去看望他们。阔阔长大后，一定会比爷爷做得更好。

爷爷希望阔阔在学生时代能处理好师生关系，为你一生的发展实现一个良好的起步。

8. 交际力是最重要的生存能力

人的一辈子，需要各种各样的生存能力。

有些知识和能力是属于专业性的，比如计算机、机械、医疗、财会、金融、建筑、农牧、航天、教育、艺术，等等，你精通其中一个方面即可赖以生存。爷爷年轻时也是这样认为的，因为老一辈常讲，家有满斗黄金，不如薄技在身；一招鲜，吃遍天，学好一门技术足可以养家。

但是，当爷爷到六十岁时，太多的生活经验改变了这种看法，感悟到人生还有一种比专业能力更重要的能力，那就是人际交往、沟通能力，处险不惊的应变能力和行动的组织、协调能力。说得通俗一些，就是人的说话办事能力。

交际力的实质是一个人融入社会的能力。说人的交际力比专业能力更重要，大体有三方面的"理论"依据。

一是人生在世无论做什么事都首先必须跟人打交道，因为人就生活在群体中，这是人的本质属性——社会性决定的。每个人都是这个"社会关系网"上的一个"结",如果你不懂怎样跟人打交道,不能跟大家搞好关系,没有人缘,没有人脉,你的专业再厉害,得不到别人支持,也难以把事业做大做好。

二是根据目前企业界流行的"情商"、"智商"说,认为一个企业家要想成功,他自身的能力条件,情商比重占70%,而智商占30%。情商就主要表现在人际关系上,说话得体,办事公正,口碑好,有人格魅力,特别是有组织协调能力;而智商主要表现在业务能力上,懂专业,有办法,长于技术攻关。也就是说即使一个顶尖的业务高手,若人际关系处理不好,成功率也较小。

三是根据卡耐基的一个公式,也强调交际力的重要性。1999年时,有一天爷爷用午休的时间到书店看书,偶尔翻到一本《卡耐基妙语》,在开篇中,卡耐基讲到他研究世界上许多成功的企业家,如日本松下幸之助、台塑大王王永庆、美国比尔·盖茨等一些成功人士,虽然学历不高,大都是初中文化,却都成为世界级的精英。为什么?卡耐基总结了一个公式,他说:一个人事业的成功,85%靠人际关系的协调能力和遇事的组织应变能力,15%靠专业技能。爷爷当时看到这段话,沉吟良久,认为确有道理。

说到这里,爷爷挺欣慰,我孙孙从幼儿时,就表现出这方面的潜质。①你从小就挺闯,不惧场。大人抱你出去玩,人越多你越欢实,谁抱都行,不像有的小孩一见生人就躲。从小就这样闯,长大后也会有胆量。②你半岁时,手里拿着吃的东西,谁要都可以,还主动往别人口里送。自私是人的本能,可你却显得很大气。有的大人惊呼:"这孩子一点不抠,大气,以后一定有出息。"③你的微笑挺迷人,无论走到哪,都有很多人喜欢。有一个甜美的微笑,是上天赐给你的人际通行证,是你走向人群最好的"介绍信"。④你转弯快,一岁左右时,不顺你意你便又打又挠,见大人哭了（故意逗你），你会立刻去搂大人的脖子，在脸上亲几口，直到大人破涕为笑。⑤你不到一周岁大，就会主动去求助大人。什么东西拿不动，够不到，就来拉大人的手，让大人去做。善于求助别人，是成功人生必备的重要潜质。⑥你一岁左右大时，知道小心，懂得保护自己。你没吃过的东西，怎么给也不吃，直到大人吃一口，做出样子，你才肯吃。穿衣服带绒毛的，你不穿，说"怕"。高压锅喷气时，你自己就知道躲到一边去。从小就有"辨别"和"自卫"意识。⑦你从小就知道关心人。你两岁时，看你太爷躺在那里，头上蒙个毛巾，你跑过去，把小手伸到毛巾下，摸摸太爷的额头说："太爷，你感冒了？去医院吧！"一会儿，太爷睡着了，毛巾掉地上了，你赶忙跑过去，捡起毛巾，轻轻给太爷盖在头上。看到谁睡在沙发上，你就会找件衣服，给盖上，还说："感冒了咋办哪！"小模样儿非常可爱。⑧你知道替别人考虑。你刚两岁，一次你妈妈要领你到室外玩，快出门时，让你返身把电视关闭，你跑到电视跟前刚要闭，回头发现你太爷坐在床边，你又跑到太爷身边问："太爷，你看吗？"你太爷说："我没看。"你才返身去闭电视。⑨你有担当潜质。有时自己不慎摔倒或哪里碰破，虽疼得龇牙咧嘴，也不哭，反而安慰大人说："没事、没事！"在幼儿园有小朋友不小心碰到你，你也能大度地不和他一般见识，不还口也不还手。⑩你有一定自制力。你喜欢看动画片，即使看得正高兴，大人提醒你"到时间了"！你会立刻关闭电脑。有时不用提醒，自己看着钟表，到约定时间，会主动跟爷爷摆手再见，回自己房间写字或看书。俗话说"三岁看老"，是有一定道理的。孙孙的这些潜质，如果得到发扬，对于一生交际力的养成，是十分有益的。

如今，你长大了。爷爷不知道你在看到这段文字时，你的思想、性格是处于一种什么样的状态。或许你在小伙伴的群体中品学兼优，俨然像个"小领袖"，深受大家的喜爱和拥戴；或者由于你先天条件较好，聪明又帅气，被大家娇惯，捧得不知天高地厚，变得傲慢、专横，谁也管不了，正让亲人感到痛心和无奈。阔阔，无论如何，你还是个孩子，你的漫长人生之路才刚刚开始，你现在接受爷爷的劝告，一切还都来得及。总之，爷爷认为，你一定要注意养成自己良好的交际力，这是你一生事业成功的重要条件之一。

那么，主要应从哪几个方面来养成自己的交际力呢？

依爷爷六十年人生的感悟，可以给你提供一些参考。

第一，学会主动"推销"自己。扩大或融入新的交际圈，必然要通过自己主观上的努力才行。人一多了不敢上前，躲在角落里一言不发，引不起别人的注意，当然也引不起别人的重视。在有很多生人的场合，不要畏首畏尾，要大大方方，十分得体（不是大大咧咧，要不急不躁、温文尔雅）地主动自我介绍，互通姓名，表示欢迎或致以敬意。当然，这时"会说话"就十分重要了。如果语调铿锵、口齿清楚、妙语连珠、风趣幽默、活泼机敏，自会给人以良好的印象。但也不要太张扬、太自负，弄得整个场面上大家看你一个人的表现。要动静相宜，张弛有度，有制有节，不失分寸。有时，学会适时向别人请教，也是交际场合的一种智慧。抓住各种机会让大家认识你，你也尽可能结识新朋友，是扩大人脉资源的必备素质。

第二，学会主动关心别人。"感人心者，莫先乎情。"人是不喜欢跟一个冷漠、缺乏爱心的人打交道的。应当有一副热心肠，看到别人有难处，力所能及地主动上前帮忙。人在难处，一句亲切的问候鼓励，就足以令人感动。当然也不必一定做自己力所不及的帮助。俗话说"没有钱还可以帮个人场"，人到不了，打个电话问候一下，也是必要的。千万不要幸灾乐祸，不要取笑别人的短处，不要漠视别人的尊严。要学会欣赏他人，每个人都有优点，善于发现别人的优点，本身就是一种优秀品质。欣赏他人，不需要成本，只要有开明的理性和慷慨的态度就够了。有时，一个理解的眼神，一个赞赏的手势，就足以令人感动不已。能欣赏他人，自己获得的不仅是进步，更会获得一份珍贵的友情。你可以认真领会孔子的"己所不欲，勿施于人"和"当厄之施，甘为时雨；伤心之语，毒于阴冰"等古训的深刻内涵。

第三，要懂得感恩。古人讲"滴水之恩，当以涌泉相报"。人的一生离不开别人的帮助，每当得到别人的帮助后，必须学会感恩。节日去看望一下，平时多问候问候，特别是恩人有难处时，挺身而出，主动帮助。虽然能力有限，关键是要有这个心情。如果一个人不懂得珍惜互助的情感，不懂感恩，周围的人看了，也会推人及己，自然会疏远你。你看《水浒》中的宋江（宋江人品好坏另论），他的人脉为什么那么好，值得深思。

第四，处世要公平、正直。人际交往，有亲有疏、有远有近、有薄有厚是正常的，但是，在公理面前，要表现出正义。不能因为谁跟我关系好，错也是对；跟我关系不好，对也是错，这样一来，人就没有了正义感。当然，人也是有感情的，对亲近的人，在公理面前又要不失情义。诸葛亮挥泪斩马谡，包拯斩包勉，还要代亲人的赡养之责。既讲情，又讲理，情理兼顾，有情有义，才会得到更多人的认可。

第五，要学会与别人分享。大胸怀者，不仅可以容人之过，更要有"富贵不相忘"的豪气。自己有了成功，一定要明白，那不仅仅是你个人因素所致，必然是众多条件帮你促成的。所以，你成功了，不要居功自傲，贪天之功，据为己有，要与大家共同分享。如共同玩一次，吃一顿儿，把奖金拿出一部分大家分配，等等。别人不在乎分享多少，关键看你有没有这个心意。当你痛苦时，也可以找个知心朋友倾诉，寻求指点和安慰，这也是分享，这样，可以展示你有血有肉、有爱有恨，更鲜活更可爱的一面。如果自己深藏不露，跟谁都不交心，冷峻高深，甚至把自己打扮成一个居高临下、鹤立鸡群、白璧无瑕的"完人"，反而会让人感到你工于心计，深不可测，会敬而远之。当然，所谓分享也体现在两个朋友挤一张床睡，把自己的衣服借给朋友穿，自己的车借给别人开，两人分一块地瓜，主动把好菜推到别人跟前等一些琐事上。好的人脉，就是靠这些小事日积月累而来的。

　　第六，面对亲朋同事之间的矛盾，不推波助澜，不添油加醋，不卷入其中。人际矛盾纷争在所难免，是生活中的必然现象。人与人的关系，也是在变化中的，今天香了，明天臭了，后天又好了，如果你卷入其中，无论偏向哪一方都会令另一方感到不快，而有一天他们两人和好了，你又成了什么人？所以，不能乱传话，不能当甲说乙，当乙说甲，当甲乙和好一见面时，你就成了挑拨离间的坏小子，那时，你浑身是嘴都说不清。所以，调节矛盾时，要公平，要正直，多讲道理，以化解情绪，绝不能火上浇油。"恭可平人怒，让可息人争"，没有不退的潮水，没有不见面的朋友，考虑周全，顾及后果，说话注意分寸，事后不但能获得别人的理解，也能获得友谊。

　　有时自己也难免卷入人际误解、纷争，你也不要着急。有人刁难、排挤、嫉妒你，最初可能对你是一种伤害，而最终却可能是对你的成全。因为，每一次的被刁难、排挤，都会教会你如何与人相处，去接近或透视生活的本质，从而实现自己在人际社会中的游刃有余。

8
交际力是最重要的生存能力

第七，遇事有主见，临危不惧，急切时可以成为大家的主心骨。平时大家在一起显不出谁高谁低，只有在突发事件面前，在困难面前，才能考验一个人，见出一个人的能力。急切时，人们都会有无所适从之感，都盼望有人带大家走出困境。如果此时一个人沉着冷静，能清楚地分析形势利弊，找出解决问题的办法，自然会得到大家的拥戴，这就是一种"领袖气质"的展现。

当然，能做到这一点，不是凭一时的灵感，功夫还在于平时的学习积累。没有真才实学，想当"领袖"也是枉然。这就如爷爷在《蕴蓄生命的地力》中讲的，看你"生命的地力"是否深厚。这种危难时刻的"智慧之花"，只有在肥沃的知识的土层中，才能绽放。

第八，有良好的生活习惯。平时衣着得体，整洁、利落，温文尔雅的外表，举止文明大气，从容、自然，平易近人的话语，是一个人走近他人的最好介绍信。习惯的话题，爷爷后面还要提到，这里就不细说了。

第九，应用心理学知识（而不是仅仅学一点心理学知识），指导自己更好地把握人性本质，理解别人心理，循着别人心理的渴求，尽力满足别人的愿望，你就会在群体中如鱼得水，左右逢源。东西方社会文明程度的差异，与社会文明教育的效果有关。西方重视心理学的应用，而在中国人们往往把心理学作为学术研究课题，而忽略对心理学应用的价值。为什么在中国一些经常性"思想教育"不能深入人心，就是没能从心理学角度"有的放矢"。人的行为，会因为对心理学的有效应用，而使事情事半功倍。

学习是对知识的积累，才能是对知识的应用。没有知识便一定不会有才能，而有知识却不一定有才能。关键是对所学知识能灵活掌握，用于人际交往的实践。爷爷还给你准备了曾仕强的

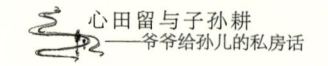

《齐家三部曲》和金正昆教授的《商务礼仪》讲座光碟，读一读，对你成长会有启迪。

　　总之，交际力的养成，实质还是一个人综合素质的外在表现。爷爷在其他篇章中强调的个人修为，也都关系到交际力的养成。交际的魅力，首先决定于个人自身的品格、才能、修养方面的功力。"人际关系"只是"事业之舟"的一支桨而已，或者说，用卡耐基公式，只是85%而已，只有再加上15%的专业能力，个人的事业之舟才会倍道而进。

　　阔阔先天的潜质，让爷爷感到你长大后在交际力方面会有卓越的表现，但必须依靠你后天的不懈努力才行啊！

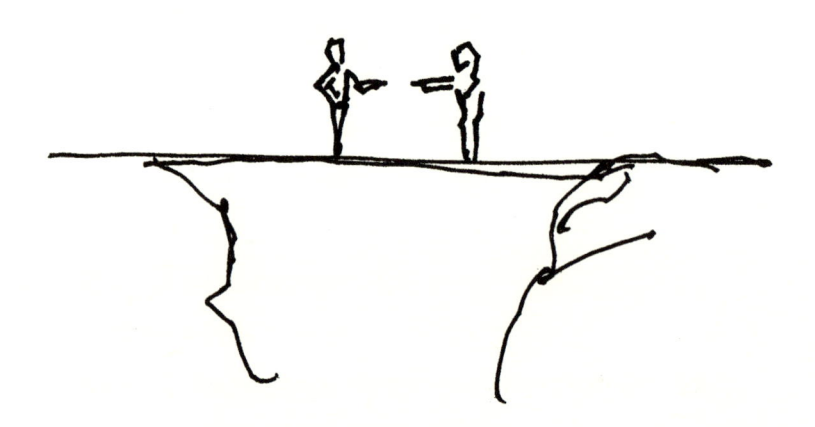

独木桥上，最先转身让路的往往是大智者

9. 习惯的力量

每个人都有自己的习惯。

习惯是一个人在长期成长、生活过程中逐渐养成的,不容易改变的行为特征。

习惯分好的习惯和坏的习惯。习惯往往反映出一个人的基本素质。

习惯可以造就性格,而性格又往往影响命运。

如果一个人有很多的好习惯,则对这个人好的性格养成、对他建立良好的人际关系、对他形成良好的人格形象,包括对他提升自己的生活质量,都有很大的帮助。爷爷在单位上班时,读过的报纸,要整整齐齐摞起来,放在卷柜顶上,边沿像刀切一样齐。为此,领导竟然不止一次在大会上说:"你们看看老房读过的报纸,摞成那样,就说明一个问题,他对单位的管理也一定是一流的!"给领导这样的印象,是我当初没想到的。但它给我一个启示:良好的习惯,就是一个人的"品牌"。

可是，也许是由于人的天性懒散的原因，或者是由于缺乏良好习惯养成教育的原因，坏的习惯，不用培养，有时不知不觉就形成了，而且纠正起来还很困难；好的习惯，却需要花费很大力气，耗费很多时光，才能养成。

不好的习惯，常常表现在一些习以为常的细节方面。比如喜欢睡懒觉，早起不叠被子，不爱洗漱，脱的衣服随手乱扔；比如不爱看书，一拿起书本就犯困；比如好大喜功，不喜欢别人给他提意见；比如喜欢打听小道消息，喜欢打探别人隐私，喜欢撒谎；比如说话带低级口头语，说话像吵架，冲别人脸上直喷唾沫星子；比如随地吐痰，随手乱扔垃圾，吃饭时用筷子在菜碗里乱撅乱翻，挑来挑去，夹起放下地折腾；或者坐无坐相，站无站样，东倒西歪，左顾右盼，挤眉弄眼，抠鼻子挖耳朵，有失大雅；比如偏食，不爱活动，沉迷赌场，刻薄挑剔，铺张浪费不节俭，公共场合大声喧哗，等等，这些都是不良习惯。

爷爷一辈子讨厌抽烟。你小时，有人一身烟味地抱你、亲你，爷爷都心疼。吸烟有害无益，连不吸烟的人都深受其害。希望孙孙长大以后一定不吸烟。酒少喝点，对身体有益，但一日最多不超过二两为宜，千万别贪杯。只有缺少教养的人，才会成为酒鬼。古语讲，若要断酒法，醒眼看醉人，你看看那些醉酒人的丑态和痛苦，你就相信爷爷的话了。认为能喝酒是一种能耐，纯属是无聊之人的一种自嘲。说酒喝多深，感情就有多深，更是骗人的鬼话。老婆孩子是真感情，才千方百计地怕你多喝。所谓"够哥们儿"的朋友，还要出去炫耀自己，某日把谁灌醉，以嘲弄酒友，这实在可笑、可悲。另外，不要在酒桌上声嘶力竭，大吵大叫，咄咄逼人地强行劝酒，这种霸道行径是一种无理，是一种粗野。这些小事也反映着一个人的教养。

9 习惯的力量

而且这些坏习惯几乎在人人身上都不同程度地存在着。虽然没有立马就表现出能使人致命的严重性，但是，有这种坏习惯的人，肯定不会讨人喜欢，也会明显地影响个人的形象和魅力，甚至影响婚姻，影响家庭和睦，影响事业发展。

一个青年人的专业能力很强，爷爷曾想给他介绍对象，可是到他家里一看，很惋惜地打消了给他介绍对象的念头，因为他的家里杂乱无章，哪个姑娘会喜欢这种环境呢？可能是他的母亲就不利索，使他从小就习惯了这种环境，儿子三十多岁还处不成对象，不知他的母亲是否反思与家庭的不良习惯有关？

阔阔，你一岁多刚会走时，大人就注意培养你的好习惯，只要告诉一次，就会记住。每次吃剩的果皮，或发现地上有个纸屑，你会蹒跚着送到纸篓里。见到地上有污渍，必须也得擦掉才罢休。脱下的鞋子，也不让乱扔，得放到指定地方。奶奶不让你往墙上划铅笔印，你就从来不划，有一次无意中在墙上划出一个道道，你急得不行，非让奶奶擦掉才肯罢休。地上放的电源线，不让你碰，你从来不碰。大人擦地，你抢拖布跟着擦，大人擦玻璃，你也跟着擦，还能自己洗手绢，你才一岁半，真是十分可爱。可是也有坏习惯，比如吃饭时不老实，到处乱跑，把饭糟蹋得哪儿都是（当然这是大人的错）。这说明，好习惯、坏习惯，都在于大人的启蒙引导。但是，习惯的养成，却从这时就开始了。

如今你成大孩子了，这些好的习惯还保留吗？大人说的话，你还听吗？不管你现在做得怎样，爷爷写这篇文字的目的，是让你明白，你逐渐长大了，也在逐渐养成属于你自己的行为特征。你不要放纵自己，像个小树似的随便长，任意想长成什么样是什么样。必须有意识地自我修枝，也要请大人帮助修枝，这样，你这棵小树才能成材。

说到习惯，爷爷要特别嘱咐你，你自立后，每日三餐，一定不要有剩饭剩菜的坏习惯。宁肯每顿饭菜有不足，也不要剩。剩饭剩菜，既浪费，吃了又有害健康。这虽然是常见的小事，却是关系一生的大问题。

小时候养成好习惯，会一辈子受益。一旦养成坏习惯，会影响终生的进步。

好的习惯的养成，一要靠教育，二要靠自律。

家长、老师、社会，有责任教育孩子养成好的习惯。可是，现在人们却忽视良好习惯的养成教育。特别是父母身上的习惯，小孩儿成长的氛围，对孩子习惯的养成至关重要。孩子是爹妈的影子，想让孩子有个好习惯，必须从父母做起。为什么爹妈不利索（脏、乱、差），他的儿女也不利索？为什么爹妈爱干净，儿女也爱干净？是和环境影响有关啊！学校只重视传授知识是远远不够的，应该设立"习惯养成课"，会让孩子终身受益。如果都有"孟母择邻"的眼光，有"岳母刺字"的胸怀，有"陶侃搬砖"的毅力，有"司马睡枕"的意志，说不定中国人的素质会有多么大的提升呢！

古今中外，许多伟人、名人，都是从小就能严于律己，培养自己良好的习惯。比如毛泽东，一辈子喜欢读书，无论是学生时代，还是在战火纷飞的年代，直至当了领袖，都一直坚持读书。他平时就是书房卧室不分，甚至晚年双目失明后，还要别人读给他听，这也是他能成为伟大人物的原因之一。宋代大诗人梅尧臣，无论走路、吃饭，还是游玩，身边常带着一支笔，时而在一张纸条上写点什么，装进随身的一个布口袋。有人打开他的口袋看，原来都是一些随时想到的佳句。难怪梅尧臣满腹锦绣，出口成诗，是注意积累的习惯成就了他啊。美国先哲富兰克林，从十几岁开始，就有个习惯，要求自己每天反省自己，至少要一天改掉一个缺点，并且要用本子记上，他这样坚持了一生，这也是他能成为伟人的原因之一。

再说说咱们平常人吧，你老姨奶虽是个普通家庭妇女，但喜欢看报、剪报，每次看报后把好文章裁剪下来，并分门别类装订成册，厚厚的几大本子，爷爷曾多次读过，非常受益。比如我有个同事，一直十分注意个人和家庭档案资料的积累，把平时发表过的文章、往来的书信、就医的资料、儿时的作业本子、各种证书等，凡是有保留价值的东西都精心保管，像正规档案局归档资料一样装订起来，从没间断，为自己一生保留了清晰的脚印。你老姑奶过了不惑之年开始写博客，看图配诗，坚持不辍，往往情由衷发，妙句天成，想不到竟有了那么丰厚的收获，成了一名优秀的女诗人。

如果阔阔你也能像他们那样，长年坚持，聚沙成塔，集腋成裘，不知不觉中，你就会攒下一座知识的"银行"。

爷爷也曾深信一位老师说的"好记性不如烂笔头"，平时喜欢用一个本子，把随时发现的好诗句、好文章、好事例、好人物，或一时的疑难问题，或千虑之一得，随手记下来，也记了几大本。平时翻阅一下，就像小学生温习课本一样，对文学功力的养成大有裨益。

爷爷多年还有一个习惯，就是做什么事都认真，只要承担下来的任务，就会尽最大努力去完成，就没有了休息的概念，会殚精竭虑完成为止。爷爷也因此提升了自己的执行力，树立了"敬业"的好口碑。

以上说的这些好习惯，你要学习借鉴。你还可以创造性地探索出新的学习方法，并形成习惯，成为你自己的特色，这就主要靠你自觉来养成了。习惯也有个与时俱进、吐故纳新的问题。好习惯可以提高生活质量，可以提高做事效率，但是只有不断更新的习惯才能适应不断变化的社会。

四百多年前英国大思想家培根说过："习惯真是一种顽强而巨大的力量，它可以主宰人生。因此，人自幼就应该通过完美的教育，去建立一种好的习惯。"这话值得你认真思索。

小孩子五六岁前，主要是定性，为养成好习惯打基础。到十一二岁阶段，主要是定心，上学能用心、专一，为以后学习打基础。到十八九岁阶段，主要是定行，行为举止要端庄、得体，给将来做个什么样的人定型。二十岁以后，主要是定向，选择将来的从业方向，有目标地发展自己的事业。希望孙孙清醒自励，好好把握住自己的人生这几个阶段。

总之，你不要小看习惯对一个人一生的影响力。习惯是一个人综合素质的外在表现，通过一个人的习惯，可以认识一个人的本质。你若想成为一个受大家爱戴的人，想不虚度自己的一生，想有高质量的生活，那你就该从现在开始，认真反思自己，注意养成自己更多的好习惯。

奥斯特洛夫斯基说过："人应该支配习惯，而绝不是习惯支配人。一个人，不能去掉他的坏习惯那简直一文不值。"可怕的是，坏习惯一旦养成，很难克服，不亚于戒毒之难。爷爷曾咨询过儿童教育专家，问他："想改变一个孩子最难的是什么？"他说："是改变他的不良习惯。"也许，孩子们也想改变不良习惯，但他对自己没有清醒的认识，没有改变不良习惯的坚强意志，就难以坚持到底。

古罗马的加图认为："聪明人能恰当地使自己的习惯随着时势的变化而变化。"阔阔，如果你意识到自己有了不好的习惯，就要断然克服掉它。

  据说东汉时期有一个少年叫陈帆，整天埋头读书，一心要干大事儿，可是却懒惰、邋遢，屋子里乱七八糟也不整理，大人让他把屋子打扫一下，他说："我的志向是要干大事业，怎么能做打扫屋子的小事情呢？"有人尖刻地批评他："一屋不扫何以扫天下！"就是呀，连整理屋子的小事都干不来，还能指望他干出大事业吗？这个故事，可以给人两点启示：一是无论长大做什么，都要从小养成勤劳、整洁的好习惯；二是无论多高的理想，都要从眼前的一点一滴小事做起。而"一屋不扫何以扫天下"这句话也成了人们讽刺那些好高骛远、好吃懒做者的代名词。你小时候的照片里，有一些是爷爷特意记录下你劳动的场面，就是想鼓励你从小养成勤劳、务实的好习惯。爷爷不希望你成为陈帆那样的人啊！

  有时懒散、拖延的恶习，比玩物丧志和放荡不羁更可怕。正像"温水煮青蛙"一样，在"来得及"（逃跑）的期待中，一点点耗掉了自己的希望和生命。

  做，是一个比想和说都艰难百倍的过程，也是一个战胜自我各种惰性的过程，然而，它又是最富魅力的人生过程。

  好习惯的养成过程，就是你意志力的"淬炼"过程。

  好习惯的养成过程，就是你走向人生辉煌的过程。

10. 文化素养的养成

  有没有文化素养,是人区别于动物的根本特征之一。

  有没有文化素养,是一个人内在修养如何的外在表现。

  文化素养是一个人在学术水平、文化艺术、兴趣爱好、气质风度、礼仪教养等方面逐渐养成的行为特点。

  具有文化素养的人,表现为在行为举止、谈话办事方面展现出的一种高雅从容的精神气质;在琴棋书画、歌舞礼乐方面有着一定的专业知识和技能特长。

  文化素养的高低,是区分人的品位高低的标志。

  假如一个人除了劳作、吃饭、睡觉,再无别的爱好,那就近乎一种动物式的生活了。人,毕竟是高级动物,人应该有更高级的精神享受和更文明的行为举止。于是,养成较高的文化素养,就成为一个人追求高质量人生的必修课。

  爷爷曾经是一个文化工作者,曾从事过文化艺术工作,深切体会到文化艺术活动、文化艺术成果,能给一个人带来思想上深刻的启迪和精神上巨大的快慰。

爷爷希望孙孙从小就有意识地养成自己在文化艺术方面的才能，培养对文化艺术的鉴赏力，逐渐养成自己高层次的文化素养。

第一，要勤奋好学，博览经典，养成读书的好习惯。"至乐无如读书"，"腹有诗书气自华"，"人不学不知义"，"能读书，才必博，能养气，量必宏"，这些古人的经验，都强调了读书的必要性。因为爷爷对读书已有专述，这里不多赘述。

第二，一定要会写文章。写文章是对所学知识的最好整合，是对思维、语言、观察力、思考力、联想力、创造力的综合训练，是一种极好的学习方式。而且，写作会"逼迫"一个人随时进入思考状态，能使人思维精确。通过写文章，可以提炼生活，透视生活本质，使自己对人生有更深切的理解和感悟。

写作虽然是一件辛苦的事，也是一件充满乐趣的事。"两句三年得，一吟双泪流。""读书破万卷，下笔如有神。"读和写是紧密相连的，为文者，一定要熟诵《声律启蒙》。爷爷是二十多岁在生产队劳动时，偶然从朋友处发现残缺不全的《笠翁对韵》，如获至宝，恳请人家借来抄录。读的多了，写的多了，也会找到一定的创作规律，或诗或文，写起来洋洋洒洒，思如泉涌，大笔一挥，文不加点，恣意纵横，"磨墨直倾东海水，放笔能写青天容"，何其惬意、豪放！

写作有天赋成分，但关键在勤奋。"欲赋生来惊人语，必须真下苦功夫"。经过苦心磨炼，写多了，慢慢就入门了。一旦捅破了写作这层窗户纸，就一点神秘、畏惧感都没有了。

要想写出好文章，还必须有丰厚的生活积累，有对生活的感悟力。陆游说："汝果欲学诗，功夫在诗外。"即文章之势，不在于驾驭文字的功夫，而在于为文者的见地、胸怀和气度。鸿鹄一飞，便有千里之志，胸怀大气度，方能写出雷霆万钧、气势磅礴的文章。"操千曲而后晓声，观千剑而后识器"（刘勰语），阅历和对生活的洞察力至关重要。必须心中有大气度、大格局，有境界，有见地，否则，"文字"便是无源之水。正所谓"精神到处文章老，学问深时意气平"，写作的基础，是人格、内美的修炼。写作功底，是个日积月累的过程。写一手好文章，不但是人生一种重要能力，也会增加一个人的个性魅力，更是文化素养的核心要素。

"行文载道，作字扬光"，爷爷曾经写过十六句人生箴言，那是爷爷对人生深入思考的结果，是对高素质人生品格的概括，不妨抄录如下，供你慢慢体悟——

厚仁者无忧

智深者不惑

大勇者知惧

怀义者得众

慈善者感恩

懂忍者常安

旷达者能容

情躁者有祸

和合者聚财

诚信者致远

自尊者人敬

自胜者必强

勤勉者乐业

知止者少累

10
文化素养的养成

性痴者艺良
淡泊者长寿

"文章千古事，得失寸心知"（杜甫语）。爷爷为你写的这篇"家训"，在有些人看来，不过就是一番家常话罢了，没有什么精彩之处。其实，爷爷崇尚为文要平实质朴、通俗易懂、观点鲜明，反对卖弄文笔、故作高深，这也是爷爷几十年"修炼"得到的感悟呀！南北朝时期的刘勰在《文心雕龙》中就讲过"文约为美"，"文以辨洁为能"。启功先生有联"行文简浅显；做事诚平恒"，这正是爷爷努力要达到的境界！

但是，爷爷也不认为给你的"家训"就一点文采没有，行文中我力求文思若平原牧马，散而有束；笔势效高山泻瀑，畅而能达；语言求真水无香，俗而见真，你在阅读时是可以品味到的。至于爷爷的"家训"有些地方写得细琐，甚至有重复，那是因为期望你能在更小的时候读得懂，记得住，如果到你四五十岁才读得懂，就太晚了！当然，如果爷爷把内容"嚼"得太碎，你"吃"得会没滋味，因此，爷爷在篇章中也故意留一些"深奥"的地方，供你慢慢体悟。阔阔，你理解爷爷的苦心吗？

文章的优劣，不仅取决于文字是否优美，更应强调通过文字让读者感受得到那"力透纸背"的浓烈情感和畅达的思绪，能感染和激励读者的文章才是好文章。古人云"书出于无意乃佳"，放下"刻意为文"的架子，如平时说话一般娓娓道来，"天然去雕饰"，这是写作入门的"诀窍"啊！

阔阔长大学习写作文，可以借鉴爷爷的经验。

第三，要有一个好口才。谈话可以使人机敏。你看战国时期的苏秦，凭一副好口才，在各国之间游刃有余，曾挂六国相印。

晏子使楚、唐雎不辱使命、触龙说赵太后、诸葛亮舌战群儒、张松反难杨修、风流才子纪晓岚等故事，举不胜举，都是凭一副好口才而名垂千古。口才，口才，张口就要表现出自己的才干才行。

天生口齿伶俐，还要言之有物，有见地、有思想、有创意，出语不凡。特别是在紧要情况下的语言应变能力，更能彰显人格魅力。爷爷从博客中为你收藏逾千篇的好文章，其中有周恩来总理在国际交往时表现非凡口才的故事，孙孙不可不看。

如果口若悬河，却空洞无物，甚至粗俗、丑陋，谬误百出，则还不如没口才的人了。好口才，可以让人羡慕，增添人的交际魅力，提升人的品格。朋友聚会，难免叙旧，你会发现，很快那个口才好的人会成为场面上的焦点人物。如果在会议上讨论什么问题，口才好又有见地的人，很快会得到大家的器重和拥戴。但是，千万不要浅薄地卖弄"口才"，更不要尖酸刻薄，出口伤人。"伤心之语，毒于阴冰"啊！口才，也是一个人综合素质的外在表现，是文化素养的核心要素之一。

第四，要写一手好字。中国的汉字，虽然复杂，却姿态奇逸，流美生辉。信笔写来，挽横引纵，缓按急挑，奔则惊雷激电，顿则悬流注壑，似奇反正，若断还连，左牵右绕，漪澜成文，或俊朗飘逸，或端庄秀美，或刚健遒劲，或朴拙浑厚，"形立而势奔，意足而奇溢"，可谓字里生金，行间玉润，波澜推荡，各得玄妙，实乃真正的艺术品。

会写字的人多，但技法易得，笔理难求，要写好必须下一番苦功夫。字是人的"第二仪表"，人群中一出手，字写得漂亮，立即会让大家羡慕。字写得如何，其实反映着人格内美的修炼程度。披封睹迹，字如其人。南怀瑾在《书议》中说："翰墨及文章至妙者，皆有深意以见其字，览之即了然。"即书法既有本身的力量和神采，又蕴含着治书者的丰富感情和深厚的人生积淀。古人云"心正则笔正"，字写得潇洒、大气、雄浑、舒展，人的性格也一定豪放、仗义，字写得怪里怪气、抠抠搜搜，人的性格往往怪僻，难以相处。明代项穆在《书法雅言》中说："书之相，旋折进退，威仪神采，笔随意发，既形之心也。"即讲书法与人的秉性、心情是相通的。可见，写字与修身是相伴终身的一种历练，没有最好，只有更好。

想写好字，必须在师承前人遗泽的基础上，有所创新，才会有新建树。爷爷不是书家，不得技法之要，不敢妄论，有待孙孙长大向大师请教。

让爷爷担心的是，计算机的应用，让许许多多孩子不会写汉字，许多大学生的字像一二年级小学生写的。中国人写不好中国字，实在遗憾。

有时，写字也是一种天赋，字好坏不在书念得多少。在咱家，你上四代老人，字都可以。在我的记忆中，我的爷爷每年春节都要给乡邻写春联，我则在旁边帮着磨墨。你太爷八十多岁时，还每天练习默写唐诗，我特意给你留下许多篇，让你长大后看。你爸爸的字也很好，他小学时字写得非常工整匀称，有发展潜力，可惜没坚持。从基因上看，阔阔你会有写字的天赋，但是，"文经百读初明意，字历千书始见功"，还必须肯下苦功夫，才会有一笔好字。

第五，要有一定的艺术鉴赏力，学会一两样琴棋书画的技能。艺术是精神、智慧的结晶，艺术有助于人的内在心灵的成长和发展。艺术素养也是人际交往的名片。群体活动时，有的人十分活跃，或演奏乐器，或表演歌舞，或临场作画，或现场书法献技，多才多艺，这自然会赢得大家的喜爱。而从享受人生的角度看，

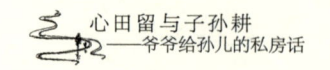

这样的人也生活得十分快乐。

"情灵自高远，浮物任飞沉"，"堂前花满树，砚中墨盈香"，"满目云山俱是乐，一毫荣辱不须惊"，何其畅达、雅致！

20世纪20年代的北京大学校长蔡元培曾说过："纯粹之美育，所以陶养吾人之感情，使有高尚纯洁之习惯。"他认为美育教育是进行世界观教育最重要的途径。一个人如果具有高雅而富有创造性意义的个人情趣，他的天赋就会得到激发，他的生活就会丰富多彩，就会摆脱平日乏味的困扰，就会给身心带来舒适和愉悦，就会有机会欣赏和创造美，就会陶冶自己高尚的情操，提升自己的精神品位，从而提高自己的生活质量。

大科学家爱因斯坦、钱学森、袁隆平等，都喜欢音乐，他们是把科学与艺术完美结合的典范。孙孙从小对音乐就很敏感，大人没有特意教就会跟着电视唱歌。你两三岁时，常常自己信口哼出旋律，竟然很像那么回事。爷爷希望孙孙能在音乐方面有自己的爱好。

爷爷当主抓业务的文化馆长时，经常要审阅刊物小样，审看美术展览作品，研究文艺节目，欣赏歌舞演出。为了更好地具备鉴赏品评能力，爷爷读《文心雕龙》，读《诗品》，读《美术史》、《美学》、《戏剧史》，专业论文等理论文章，这对提高爷爷的综合鉴赏能力十分有益，也为后来从事各项工作、享受文艺精品，奠定了基础。而且，通过文艺美术等活动，结交了一些书画界、文艺界的朋友，不仅扩展了人脉，更有利于从这些真正的文化人身上得到艺术熏陶。

阔阔无论将来从事什么职业，不仅自己能钟情艺术，还要结交一些有品位的文化界的朋友，正所谓"近朱者赤"，你会从他们身上体悟到很多在别处体悟不到的东西。

第六，在交际、礼仪、行为居所等方面，也时时体现一个人的文化素养。

举个简单的例子：请朋友吃饭时，约好时间地点，主人应提前到达，在门前迎候。有新朋友光临，应主动趋前握手，自我介绍，表示欢迎。入宴应让客人先行，入座应让客人中的长辈先入座。应先给主宾斟酒，主宾不动筷子、不举杯，自己不要自行先吃。别人讲话时要停筷子，看着对方的眼睛，表示认真聆听，自己不随意打断，自己必要插话后，表示致歉。凡此等等，看似极平常的举止，却反映着一个人的文化素养。

比如一个人办公室或家里，应当布置得高雅、有书卷气，画轴、书柜、兰竹、古董，均不可缺。"食可以无肉，居不可无竹。"环境的格调，也反映着主人的兴趣、爱好和欣赏品位。爷爷在年轻的时候就向往有个自己的书房，然而为生计奔波，日子拮据，直到五十多岁，才有了自己的一块天地。躲在一隅，展开书卷，醉心大千世界，神驰古今中外，探精索微，物我皆忘，有一种说不出来的惬意。"水能性淡为吾友，竹解心虚即我师。"而自己的文化素养，正是在这种时候潜移默化地得到了强化和提升。

爷爷没有什么浮财可以留给你，那些书，那个书房，就算爷爷留给你的遗产吧。思无定契，理有恒存。希望你能珍惜这些书，并不断充实它，继承爷爷"喜欢读书"的品质。

年轻人爱美，无可厚非。但是，爷爷不喜欢在衣着上追求奢华，以得体整洁为好。不喜欢浓妆艳抹、珠光宝气，提倡"里"仁为美（指心灵美），以恬淡为宜。一个人最大的资本是教养，如果缺乏教养，则无论他怎么打扮，也不能掩饰其本质上的丑陋。"何须浅碧深红色，自是花中第一流。"真正有思想的人，绝不会刻意追求外表的粉饰。

一个人的价值，不是"包装"决定的，关键看有没有内涵，有没有"文化"。得体的举止，爽朗的笑声，洋溢着快乐的面孔，自信与从容，是一个人有较高文化修养的体现。

社会上有多少人挖空心思，极尽打扮之能事，却胸无点墨，言语粗俗，举止猥琐，岂不滑稽？

一个空面袋子，是无法挺立起来的，只有装满了粮食，才会丰满、厚重且挺直。人也一样，没有知识，就是一个"立不住的空袋子"，只有装满知识，才会成为一个站得起、立得直的人。

以上啰唆的这些，过二十年、三十年，或许有的会不合时宜，但是，无论社会怎样变迁，一个人的文化素养是必不可少的。文化素养，是一个人深厚的知识积淀、长期的约束养成、综合素质的自然表现所形成的特殊气质；是以思想深刻、知识广博、心灵纯净、胸怀豁达、技艺创新为前提的。

希望孙孙能了解并重视文化素养的重要性和必要性，从青少年开始，为一生高品位的生活、为一生高素质的养成，作出努力。

未出土时先有节　已凌云处仍虚心

11. 创造性才能

　　一个人可以饱读诗书，满腹经纶，学富五车，但他却不一定是个有能力的人。

　　而有能力的人中，那些最优秀、最拔尖的人才，当属具有创造力的人。

　　爷爷见过许多，也听说过许多有知识的人，却没能力，迂腐得可爱，成为名副其实的"书呆子"。

　　在你祖太爷那辈儿，房氏族门里，就有一个绰号叫"老状元"的，爷爷小时候也曾见过。据说他满腹诗书，对许多经史倒背如流，却木讷得很，刻板、内向，甚至有点笨拙，一辈子务农，不曾有任何建树，"老状元"成了人们取笑他的绰号。其实，现实生活中，这种人爷爷不止见过一个。按理说，在多年前，识字的人很少，有满腹诗书，本该成为那个时代的佼佼者，但是，由于他们缺少能力，特别是缺乏创造性思维能力，而使自己平庸、困顿。

　　创造性能力，就是打破常规、逆向思维、平中见奇，能想到前人（或别人）未想到的东西，能做出前人（或别人）没能做出来的事情，尤其是在情急危难之时，有办法找到思路，解决问题。

有创造性能力的人，一定是一个有积极探索热情的人，无论在什么情况下，他都喜欢琢磨，问个"为什么"。

苹果落地，是千万年来的一种自然现象，可是只有牛顿，从这个自然现象中发现并总结出了"万有引力"。爱迪生一生有一千多项发明，充分显示了他非凡的创造力。过去小学课本中的"司马光砸缸"、"曹冲称象"，都是个性创造力的表现。

有创造性能力的人，无论做什么，都不墨守成规，喜欢独辟蹊径。

爷爷非常赞同海尔集团的一个创业理念："不在于我自己有多少资源，而在于如何去整合别人的资源。"这句话的核心思想体现着非凡的创造力。有个流行在企业界的故事，很能说明这个道理。说有一个人跟一个贫困的农民说："我给你儿子介绍个对象，她是世界首富盖茨的女儿，你同意吗？"农民认为是不可能的事情，因为他的儿子不但贫穷，而且连个体面的工作也没有，世界首富的女儿怎么会看上自己的儿子呢？那个人找到世界银行行长问："我介绍世界首富盖茨的女婿做你的副行长好吗？"行长正想找机会寻求盖茨的支持，便一口答应。然后这个人又找到盖茨，说："我介绍世界银行副行长做你的女婿好吗？"盖茨认为自己的女儿嫁给一个有这样地位的人很合适，于是答应了这门亲事。当然，这是一个近于荒唐的寓言式的故事，但它在逻辑上有其合理的一面。难道这不是一次绝妙的"资源整合"吗？难道这不是"创造性才能"无中生有般的巧妙应用吗？

比如企业界里流行的"向和尚卖木梳"的故事：某公司为考察应聘员工的创造力，让三个应聘者去向和尚推销木梳，而且以七日为限。第一个人一把也没卖出去，回来说，因为和尚没头发，根本不梳头。第二个人回来，卖了十把，他说是自己费尽口舌让主持勉强买十把，用来给香客们备用梳理头发的。第三个回来说卖了一千把，而且后期还要陆续订货。原来，他与寺庙合作，在木梳上刻上"积善梳"三个字，作为吉祥物回赠给每一个香客，每天香客络绎不绝，几乎一天就需要几百把，而且那个寺庙香火因此更旺。你看，同样一件事，为什么结果不同？是创造性思维力的差异呀。

据说，第二次世界大战结束后，战胜国在一起磋商，决定在美国纽约成立一个协调世界事务的机构即后来的联合国。美国洛克菲勒财团闻讯后，果断用八百七十万美元在纽约买下一块地皮，无偿赠给联合国，做联合国大厦的建设用地。对洛克菲勒家族这一做法，许多美国财团感到不理解，嘲笑这是蠢人的举动。精彩之处在于洛氏财团同时悄悄地把与赠地毗邻的大面积地皮以低价买了下来，待联合国大楼耸立起来，四周的地价立刻飙升，结果，相当于数倍八百七十万美元的财富涌进了洛克菲勒财团。当别人都明白过来时，只能惊叹洛克菲勒的精明。应当说，洛克菲勒极具创意式的远见，为他出奇制胜的决策奠定了基础。

我们古人的"田忌赛马"、"西门豹治邺"、"草船借箭"等故事，也都充满创意的智慧。

有没有创造性的思维联想，常常是能否形成一个精彩决策的前提之一。

大凡卓越的人物，都具有极强的创造力，或者说，是创造力造就了卓越人物。改革开放的伟大设计师邓小平先生，就极具创造性思维能力。他说的"一国两制"、"发展是硬道理"，就饱含创造性思维。特别是"发展是硬道理"，爷爷理解，这个"硬"，

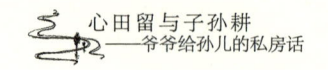

就硬在敢于打破常规，敢于冲破条条框框，敢为人先，敢于为发展承担责任，承担风险，并且有思路、有得力措施，来改变现实。

当然，仅有良好的创造愿望远远不够，还必须和科学的思维结合起来。

创造性的智慧之花，必然要生长在知识的土壤上。创造力，绝不是凭空想象，不是把过去的一切推倒重来，而是建立在丰富的专业知识和生活经验的基础上，通过辩证思维，对已有知识活用、融合、反诘、借鉴和研发，从而获取新的灵感，有新的发现，产生新的想象，并通过大量的、艰苦的、反复的摸索、实践来完成的一种调整和升华。

从道理上说，没有丰厚的知识做前提，创造力便是无源之水。但是，创造力往往又不是"丰富经验"的产物，而是更需要突破经验"桎梏"的想象力。在一定意义上说，想象力比知识更重要，想象力是创造力飞翔的翅膀。没有想象力，人类哪来的飞机和汽车？没有想象力，哪来的改革开放？

无论孙孙长大干什么，一定要有意培养、发挥自己的想象力。但想象力不是胡思乱想，想象得是否合理，要靠"批判"力。批判力也是创造性思维能力，即总能找到"问题"，总能有新发现，能判断出想象的合理性，这往往比知识更重要。这种能力的养成，将决定你一生的事业必然走向辉煌。

从遗传基因上来说，孙孙应该具有想象力。你的太爷，年轻时一天学徒没当过，一伸手就是出色的木匠，而且在大跃进年代搞技术革新，得过十几项发明奖，奖状贴了满墙。爷爷一辈子换过很多工作（都是组织调动的），在每个岗位都想"别人这么做，我能不能不这么做"，常常要"创新"，而且每每得到意想不到的成功。你的爸爸、姑姑都极其聪明，常常别人有办不了的事，他

11 创造性才能

们能琢磨出解决办法。从孙孙幼儿时观察，你的想象能力特强，观察力也很强。十几个月大时，有一天你自己吃煎饼，拿着像纸一样的一片，咬了几口，铺在桌上，自己竟然兴奋地大叫"马"，并把煎饼立起来，在桌上"嗒嗒嗒"地往前走。然后再咬两口，又高举起给大人看，喊"鸭"。给你看一本《中国书画拍卖精品册》时，那些写意的鱼、鸟、兽，不论怎么抽象，你会一眼就看出来，准确无误，很让大人惊讶！而且球滚到沙发底下，不用大人告诉，自己找棍，趴在地上往外扒拉。你也就不到二十个月大，就表现出很强的创造力，着实令人惊喜。相信，你会比祖辈、父辈更强。

当然，努力培养创造性能力，不是为了卖弄自己的小聪明，而是要把自己的创造力应用于实践，让生活和工作常常有精彩之笔。

有一个"犹太人存包"的故事。在美国华尔街某大银行，一个衣冠楚楚的大老板要借款一美元，并且从公文包里取出一大堆股票、国债券等价值五十万美元的东西，作为贷款的质押物。银行的工作人员十分不解，在办完了一美元的贷款后，把一美元交给来人，终于忍不住好奇地问："您有五十万美元的家当，为什么只借一美元呢？你若借四十万美元，我们也很乐意为您服务的。"那犹太人老板笑着回答："我想找个地方替我保管这五十万美元的证券，但租一个保管箱很昂贵，而放在你们这里，我不但放心，而且放一年的利息才六美分……"这就是犹太人的智慧，这就是创造性思维的运用。

一位工程师在古董市场上发现一只黑色的玩具猫，标价五百美元，卖主是个老妇人，说这玩具猫是祖传宝物，因急用钱，才拿出来卖。工程师看那个猫黑黢黢像是铁铸就，很重，并不漂亮，只有那一对眼睛很有神,是用珍珠做的。于是工程师用三百美元买下了猫的两只眼睛。工程师感到很合适,把自己的收获立即告知自己的朋友一位逻辑学家,逻辑学家立即赶到市场,用二百美元把那个猫身买回来。工程师嘲笑他用二百美元买个没眼睛的铁猫。逻辑学家坚信,用珍珠作眼睛的猫,猫身一定不会是用不值钱的黑铁铸成,而应是黄金。结果,逻辑学家对了。原来,当年铸猫的人怕金身暴露,便故意用黑漆涂盖。正是逻辑学家丰富的联想能力,让他获得了一次发财的机会。

阔阔,难道你不能从他们的精彩创意中得到一些启发吗?

此外,创造、发现,还有一个必要的条件,那便是百折不挠的钻研精神。

创造是一项艰苦的事。比如首先要对占有的资料、信息,进行精心筛选、类比、分析、归纳,这就是一项耗费心神的事。就像从前提炼一公斤紫色染料,需潜入深水海底采集八千个海螺;获取一公斤胭脂红,要在仙人掌和霸王树上捕捉十四万只细小的胭脂虫;没有广博的"积累"、"提炼",是难以有创造的。

正如爱迪生说过的,"天才就是百分之一的灵感,加上百分之九十九的汗水"。天才尚且如此,何况缺乏创造天赋的人呢?居里夫人也说过:"在成名的道路上流的不是汗水而是鲜血;他们的名字不是用笔,而是用生命写成的。"可见,创造力的养成,不仅是占有知识,更需要具有一丝不苟、精确、严密的探求精神,需要具有"忘我"地去"运用知识"的能力。

但是,话又说回来了,谁不想有创造力呢?然而,为什么有人成功率高,有人成功率低,甚至是平庸无奇呢?这就又有个天赋问题,人的创造力在同样刻苦的条件下,还会有很大区别。比如让一个五音不全的人去当歌唱家,是不可能成功的。人都或多

11 创造性才能

或少会在某个方面表现出自己的兴趣、特长。往往兴趣、爱好，就会激发一个人在这方面的潜能。比如有人爱机械，有人爱天文，有人爱文艺，这除了儿时外部环境因素影响外，也还有一个从祖辈那里继承下来的基因，也就是"天赋"吧。

但是，即使有了天赋，如果缺乏思考力，也难以有成功的创造。一个人的创造力取决于他的知识、能力、思考和行动的相互作用和有机整合，而其中的思考力最为关键。创造力的实质，是思考力的体现。不是肯动脑就够了，重要的是会动脑。知识是能力的基础，思考是行动的先导。思考力体现在思维深度、思维广度、思维速度和思想高度等几方面。从应用的角度说，就是无论面临什么样的问题，要养成多侧面、多层次、动态地、发展地看问题的习惯，将零乱的知识和思想努力清晰化、条理化、系统化，既要正视它的存在，又要分析它存在的合理性和不合理性，洞彻事物的发展方向，努力实现决策和行为与主客观条件的高度契合，这样的行动力往往就更具创造性，更容易有新突破。

当然，有时候，逆向思维也使我们能迅速找到解决问题的捷径。

一个缺乏思考力的人，注定是一个平庸的人。

一个甘于平庸的人，一定是个缺乏创造力的人。从励志的角度讲，这种人习惯于既有的生活，不想失去既有的满足，难以在新生活的转机面前做出"变革"的抉择。平庸像一杯带毒的糖水，可以在温馨中耗掉你的生命。想摆脱平庸，首先就必须敢于挑战你既有的生活方式，大胆尝新。

至于孙孙将来长大会干什么，爷爷不能预知。但爷爷预感，你很适合搞艺术，所以，这里就艺术创造力问题，再说几句。

在众多创造中，可以说，艺术创造力，属思维和精神层面，是一种特殊的能力。除了才能、悟性、激情、灵感，尤其要有天赋。比如就绘画来说，它是视觉记忆力、观察力、色彩分析鉴别力、造型想象力、实际操作能力，特别是思想的深刻度等多方面素质的有机结合。具有感知某种对象的高度敏感性，能把握准生活现象的本质和特点，进行概括和典型化，才能创造出有个性又不失新颖、简约而又有价值的作品。

当然，后天的学习、培训，本人的兴趣，环境的陶冶，无限的热情，执着的钻研等，都是发展一个人文艺创造性才能的必要条件。但天赋，对于艺术人才来说，尤显突出（比如当代天才的抽象艺术画家钱铃戈女士）。所以，1921年诺贝尔文学奖获得者法朗士说："庸才累得汗毛出血，也只能创造出垃圾；天才不费举手之劳，便可以创造出奇迹。"（这话说得有点太绝对了）这也是爷爷不敢"规定"你该向哪方面"定向"发展的原因之一。你可以自己体会，自我定向，自我发展。你在哪方面最有灵感，便向哪个方向努力。

但爷爷要接着法郎士的话补充一句："无论怎样的天才，也不会生而知之，都必须经过刻苦努力才能成功；无论怎样的庸才，他刻苦努力的过程，不但本身值得我们尊敬，而且，他本人已经享受到了奋斗的快乐。"

创造力，不仅会结出事业上的成功之果，更让我们体会到了创造的乐趣——人生的乐趣。博友"男人如树"有一段精彩描述："采取新的行动的勇气，使生活的每一个阶段都得到满足，并为丰富下一阶段的生活，去不断寻求新的答案，从而使生活充满了春天般生机的力量。"爷爷很是欣赏。当然，不是为了创新而创新，创新的能力再强，用不到正地方也是徒然，只有有用的创新才有意义。

11 创造性才能

人类的进步，需要持续的创新，需要对传统与习惯提出挑战。而现实中往往正是那些表现"叛逆"的人，是最具创新精神的人。孙孙从小就表现有主见，喜欢"叛逆"，如果把"叛逆"用于拒绝学习，会毁掉你自己；如果把"叛逆精神"用于创新，孙孙或许会做出不平凡的业绩。

在本篇文字里，爷爷仅是从感性认识和普遍意义上讲了创造性思维的重要性。爷爷不希望你做毫无主见的"乖孩子"，无论将来做什么工作，都希望你有意发掘自己的创造性潜能，能在纷繁复杂的情况下，展现自己解决问题、处理危机的非凡才智。

也只有这样，才不失为卓越。

12. 管理好自己的人生

虽然每个人的人生都不相同,但大体可划分为两大类。

一类就像随手滑落到水中的一块木板,没有航向,没有目标,任意浮沉,任凭风浪的推移、浮萍的牵绊和漩涡的阻滞,自己毫不做改变,不做挣扎,一切听天由命,消极而无奈。

另一类,初始也像落入水中的一块木板,但它不想由风浪来主宰自己的命运,它要有自己的目标、自己的快乐、自己的价值。于是,它奋力将自己(木板)打造(学习,提高)成一艘小船,并且要装上风帆(借助外力),安上双桨(内力),加上舵轮(把握方向),乘风破浪,闯险滩,绕暗礁,搏激流,向着理想的天际进发。它是自己命运的主宰,活得理智,活得硬朗,活得充实,活得自我,活得有价值。

这两类人,一类是对自己的人生不加任何管理;另一类懂得并努力去管理好自己的人生。一个人的命运是由他现在所做的一切决定的,能时时注意做好当下最好的自己,人生自然会有精彩的未来。那怎么能做好当下最好的自己呢？就是需要做好人生过程的管理。人生的管理，可以分为"自我管理"和"他人管理"。比如历史上帮助秦始皇统一中国的李斯，年轻时因见到仓中鼠和厕中鼠两种截然不同的命运而顿悟，主动去"从荀卿以学帝王之术"，从而改变了自己的命运。他是很好的自律（自我管理）的典型。

人除了自省、自律，主动向成功的方向努力之外，还必然地要接受社会管理，如从小上学，长大当兵，参加工作要遵守规章，有了违法行为要入监狱接受改造等，这是"被动"地接受管理。而在同样的社会管理条件下，自我管理能力越强，越会出类拔萃。

人的一生很短暂，也因此更可贵，更需要珍惜。同样是人，大成功的人生如老子、孔子、鬼谷子、荀子、孟子、孙子、管子、司马迁、李时珍、毕昇、蔡伦、王羲之、李白，如爱迪生、诺贝尔、培根、海伦，如周恩来、邓小平、钱学森、鲁迅、聂耳、徐悲鸿、齐白石、雷锋、路遥、吴冠中、吴阶平、张海迪、钱铃戈……他们不也跟平常人一样地在世上活了几十年么？为什么他们会如此成功？这就是对短暂的人生管理还是不管理的区别。

爷爷若是在年少时期就明白这个道理，能对自己的人生早作规划，精心管理，爷爷绝不至于如此平庸。可惜，爷爷直到要给孙子留下一点文字时，才悟出这个道理，实在太晚了。

那么，怎样才算管理好自己的人生呢？

这实在不是几句话就容易说得很透彻的问题。爷爷仅从如下几个方面，谈谈自己粗浅的想法吧。

第一，要掌握好自己的人生之舵，把握住命运的航向。活着，是一种生命的形式，怎么活才是生命的意义。目标决定命运，目标有多远，志向有多高，心胸有多宽，往往就决定了一个人的成

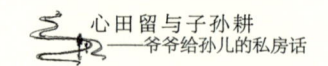

就有多大。成功的人生，活得不迷茫。写了《悲惨世界》和《巴黎圣母院》的著名法国作家雨果说："天才与凡人的区别在于，前者少有迷茫的时候，总是目标明确且坚定不移。"迷茫，是因为缺少目标，既不知道想干什么，也不知道自己能干什么。而一个高尚的追求，一个切合实际的理想，一个明确的奋斗目标，不是躺在床上想象出来的，而是大胆尝试，从实践中摸索出来的。

一颗充满希望的心灵，具有极大的创造力，这种创造力会激发人的潜能，实现人的理想。对于个人，没有理想便是堕落，对于社会，没有理想便是颓败。一个人年轻时没有理想，浑浑噩噩，很可怕，很悲哀，他的一生就注定平庸。许多名人、伟人，大都在青少年时期就有理想、有志愿。阔阔读到这里，可以找几个例子，来证明爷爷这个观点。

把握人生目标，首先要坚定地做个好人。的确，这个世界由于存在不同程度的分配不公，由于资源匹配失衡，由于忽略对人性的关怀，由于社会调控机制的乏力，由于社会教化功能的弱化，导致人们信仰缺失，道德沦丧，常常有欺骗，有凶杀，有冤屈，每天会有人饥饿而死，也会有人消极厌世，出现了一些阴暗、卑鄙、龌龊、丑恶的现象，确实让人痛心，甚至悲愤无奈。纵然如此，爷爷仍然认为，我们没有任何理由宽容那些为非作歹的社会丑恶现象，我们也没有理由宽容自己去与他们同流合污。

爷爷坚信，这些阴影与阳光比，仍是一个指头与九个指头的关系。社会阴暗面，永远会有，会随着当时社会治理宽严度、科学性、有效性而表现程度不同罢了。由乱到治，由宽到严，或者由清平到混乱，由衰败到繁盛，历史的车轮就是这样时曲时直，时快时慢，但是，它不会停止前行的脚步。中华民族数千年历史长河里，无数次出现过兵荒马乱、瘟疫盛行、邪恶当道、外侮内

12
管理好自己的人生

患、民不聊生的黑暗年代，但这些现象并没有吓倒有识之士们，也没有挡住社会发展的脚步。正义终将战胜邪恶，历史始终向前迈进。

人心向善，是社会的主流价值观。古人姚信诫子曰："怨一人则众人疾之，害一善则众人怨之。"一个人做事百个人看，人心犹如一杆秤，损人利己，毁掉的是自己的名声，而善举则可以得到众人的拥戴。

所以，孙孙不要凭一时一事、一人一言，就给社会、给历史下个"穷途末路"的结论。偏激和绝对化，不仅会造成对社会认识的偏差，更容易扭曲自己的心灵，黯淡了自己的人生。永远不要对人类、对社会失去信心，永远不要让灰暗的心理占据上风。也只有这样，你才会坚定地做个好人，你才会生活在心灵的阳光里。

永远不要埋怨社会，不要强调客观，一个人在任何社会条件下，都可以追求智慧和美德，都可以追求理想。追求理想，不是空想，倘若你只想将来多么伟大、高尚，却不能摒弃眼前的卑琐、慵懒，你将永远不会有伟大、高尚的一天。理想是需要立刻行动的，即使你是一个天才，不专心也不会有好的成果。

成功的欲望是创造和拥有财富的力量源泉。信心对于成功至关重要。人一旦有了信心和强烈的想要成功的欲望，就会经由自我暗示和潜意识的激发而转化成一种"积极进取的激情"，继而释放出无穷的热情、智慧和精力，进而帮助你获得财富与事业上的巨大成就。

在为理想奋斗的过程中，也要时时掌好自己的人生之舵。人生往往会在最得意的时候忘乎所以，铸成大错。人的通病是往往经受不住小试成功的考验，会在成功后迷失自己。比如一些晚节

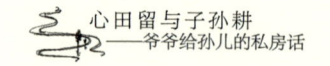

不保的官员、老板们，就是关键时刻没"管好"自己的方向。"智不及而谋大者毁"（《止学》语）。因此，一个人一定要懂得量力而行，一定要有政治头脑，有远见卓识，有辨别力，有决断力，关键时刻才把握得住。

像写诗的功夫在写诗之外一样，掌舵的功夫也在掌舵之外，主要是政治头脑要清醒。所以，孙孙一定要做个有理想、有思想、有见解的人，千万不能糊里糊涂、游戏人生。特别是在面临各种诱惑，面临多项选择的重要时刻，要能审慎抉择，掌好自己的人生航向，不迷失，不昏聩，不出人生败笔。

第二，要把握好自己前进的双桨，不断提升自己的两个能力。这两个桨，一个指专业能力，一个指人际沟通能力。两个能力，就像人生之船的两支桨，缺一不可。一强一弱，即使很努力，也划不出多远，只会在原地兜圈子。要提升这两个能力（发挥两支桨的作用），就必须管理好自己的学习过程。平时不爱学习，不爱思考，不能挤一切时间来读书，不能坚持不懈地努力，都是自我管理的失败。爷爷认为，一个人有没有终生持续学习的能力，是决定一个人有没有出息的关键因素。如果一个人走出大学校门后，长出一口气，认为自己从此不用再学习了，那就注定他不会有大发展。为此，孙孙应当有一个终身的学习规划，并且把大目标进行合理划分，分解成一个一个可以操作的小目标，通过循序渐进地实现一个又一个阶段目标，达到人生的理想境地。

1983年，有个叫伯森·汉姆的美国人徒手攀登上当时世界最高建筑——四百米高的帝国大厦。而他原来却是个恐高症患者。当记者问他为什么有这么大的勇气登上四百米高楼时，他说：向上攀高一米，每个人都能做到，而且也不需要勇气。我不过就是攀好眼前的每一步、每一米，便攀上去了。积小胜为大胜，这就

12 管理好自己的人生

是成功的秘诀。

人生之路也一样,每一个阶段,每一年,每一个月,每一天的事情做好就行了。人一辈子三万多天,把每一天"管理好",一生就是成功的。让每一天都有收获,人的能力就在与日俱增。

如果我们每天晚上上床时能想一想:过去的一天,自己是否还像早上醒来时一样,没有任何收获?如果没有,那么马上下床,即使是找一张地图,查一查好望角在哪儿,然后再安心躺下,也不算是虚度这一天。倘能养成这样一个习惯,"每天多知道一点点",我敢断定,他一定会成为一个知识的巨人,甚至成为一个时代的骄子。

有了明确的目标和强有力的双桨,还怕自己的人生之舟不能远航吗?

第三,要管理好自己的事业。成功的人生,无论是自己创业,还是为别人打工,都要把事业做得很好,并应该有所建树。事业上的成功,是人生成功的主要标志之一。而成功的事业,不是等来的,也需要"管理"。想管理好自己的事业,一定要围绕既定择业方向设计好自己的人生事业规划,根据既定的规划努力有意识地创造条件。比如知识的储备、经验的积累、专业能力的形成,不会一蹴而就,要像积累干柴一样,日积月累,积少成多,一旦时机成熟,便可以熊熊燃烧。机会永远青睐有准备的头脑,机会加才干加努力才等于成功。双手插在口袋里的人,永远爬不上成功的梯子。准备是长期的,是辛苦的,而机会带有偶然性,但有了充分的准备,能抓住机会又成了一种必然。有人抱怨没有抓住机会,其实是自己准备不足。

有许多年轻人,不是好高骛远,就是逃避社会责任,根本就没有做一番事业的远大抱负。或者以沉醉在"远大志向"里为满足，不肯把眼前的事情做好，就难免最终沦为空想。特别是现在社会上出现的"啃老族"，老大不小了，还躲在家里，靠父母含辛茹苦供养他。有相当一些大学生，因害怕就业（害怕找不到工作），就不顾家庭经济状况，没完没了地念书（逃避就业），几乎把父母的血汗都榨干了！爷爷认为，一个孩子只有懂得自立，懂得不该给父母增加负担的时候，才真的长大了（但要说是"成熟"还有些早）。相信孙孙长大绝不会这么没出息！

人们常常不能全力以赴地去做一件事情，也因此导致半途而废或不能成功，这种失败，不仅表现为事业上的挫折，更表现为心理的脆弱。爷爷认为，一个人无论是默默无闻，还是轰轰烈烈，衡量他成功与否，还有一个很重要的指标，就是看他平时对自己、对他人持一种什么样的心态。他活得真实、坦荡、从容，不伪装、不做作，不欺骗自己，也不迁怨他人，他就是生活的"胜利者"；反之，他即使身份显贵，如果缺乏一个健康的心态，也不能说他具有真正成功的人生。因此，爷爷希望你在无力改变"客观"条件时，你还可以"管理"自己去做"主观"上的改变。

所谓人生管理、事业管理，关键就是对这个准备过程的管理。就像农民把春种夏锄秋收做好，才有一年的好收成。

当然，面对社会上众多机遇，众多行业、专业，哪个机会、岗位是你最佳人生突破口，是需要审慎评估、比较，才能确定的。选对方向比努力更重要。选择是对一个人鉴别力、决断力的考验，是自我管理能力的体现。关于对专业的选择、对事业的管理，爷爷另有阐述，这里不多说了。

第四，成功的人生管理，还包括对家庭、亲情的管理。家和万事兴。成功的人生，应该有一个美满的家庭。首先是婚姻管理，择偶要慎重。每一个成功的男人（或女人），背后必然得是一个优秀的女人（或男人）在支持着。婚后还涉及对婚姻的后续管理、经营问题。婆媳关系、夫妻关系、老人赡养、子女教育、兄妹间的关照等，常常会因为一笔钱、一句话、一件小事，而闹起家庭纠纷。正如"清官难断家务事"的古训所言，是个相当让人头痛的事。但是，家若管不好，还能到社会上去干事业吗？所谓"修身、齐家、治国、平天下"，就强调了管好一个家的重要性。

爷爷成家后，在家里跟你奶奶曾立三条"规则"（爷爷戏为"三条高压线"），一是在孝敬双方老人身上，不许争争讲讲与弟兄们攀比，要无条件尽自己的孝心。忠厚、孝道，是咱们家族的门风。而事实上，你奶奶，你的姑奶、姑爷、二爷、二奶以及你的姑姑伯伯们，你的爸爸妈妈，做得也很好，这很让老人们知足。二是对农村来的亲友，一律要高看一眼，不许怠慢。三是夫妻不在儿女面前吵架。这些年来，虽偶尔也有"触电"的时候，但总体上比较平静。这些年，爷爷没打过你奶奶一下，没骂过一个脏字。爷爷认为，真正的男人，要大度、包容，有责任心，能担当事。

爷爷年轻时认为孝敬老人就是"顺者为孝"，听老人话，在生活上照顾老人。当爷爷老了，认识到，真正孝敬老人，子女还要通过自己努力自立、成才，老人年纪大了不再为儿女的生活和事业操心。所以，孙孙要做个孝子，就要懂得自律、自强，做个有志气、有成就的人。

在管理家庭方面，爷爷最大的教训，是忽略了对子女的成才教育，只知道埋头工作，为了事业多次辗转迁徙，没有抓好他们小时候的学习，这是爷爷时时痛心的地方，也是爷爷感到人生最不成功的地方。爷爷自己从小到大，没用人督促过，自己努力到今天，总认为"成人不用管，管死不成人"，认为"树大自然直"，而这正是"不加管理"的失误啊！你的爸爸、姑姑非常聪明、勤奋，各方面的素质都不错，就是念书少，影响了他们的发展。所以，痛定思痛，想在孙孙身上弥补，爷爷才写了这本"家训"。

阔阔一定要记住爷爷的教训，成功的人生，应该有良好的家风，有成功的子女。

第五，成功的人生，应该有一个良好的人际圈子。亲朋圈子、同学圈子、同事圈子，虽然会有亲有疏，有远有近，但都要尽量保持良好的关系，不要让人感到冷漠和疏远。无论谁提起你，都说"这人行"，有个良好的口碑，就是成功。更主要的是，有一个良好的人际圈子，人生会更丰富，更踏实，更快乐，更有成就。交友话题，爷爷已有专述，这里不再多说。

第六，人生管理，还有一个对自我欲望的控制问题。人不能没有欲望，欲望是人的天性。荀子说"人生而有欲"，无可厚非。健康的欲望，是一个人生存的动力，也是社会进步的原始动力。没了欲望，也就没了乐趣，没了美丽，没了追求。但是，欲望却又是坏东西，欲而无度，失去理智，欲望又会成为洪水猛兽。遍览人间百态，因纵欲无度而导致亡身败家的例子举不胜举。《吕氏春秋》有"欲不正，以其治身则夭，以其治国则亡"的说法，特别发人深省。管理好自己的人生，必须能理智地节制欲望，把握尺度，坦坦荡荡，从从容容，当行则行，当止则止，才不失为明智。

司马光云："君子多欲，则贪慕富贵，枉道速祸；小人多欲，则多求妄用，丧身败家。"故"侈，恶之大也"。纵观古今，有多少达官显富，因为缺乏清醒自持，没把握好"欲望"的度，骄逸豪侈，而最终倾家荡产！也有多少平民百姓恨家不起，恣意妄为，而自取其祸。人啊，既不要否认功名利禄的存在，又不要为功名利禄所累。

《贞观政要·慎终》篇有言:"嗜欲喜怒之情,贤愚皆同。贤者能节之,不使过度;愚者纵之,多至失所。"——咦!欲望者实乃人品位之试金石也!

或许,阔阔在年纪小时,对这一点的体会还不会太深。长大以后,耳濡目染,细忖人生百态,就会对爷爷的话慢慢有所领悟啦。

第七,人生管理,还有一个贯穿人生全过程的管理,就是对时间的管理。时间是生命的尺度,所有的行为,都是在一定的时间内完成的。不懂得管理时间,其他一切管理都不会成功。时间给勤勉的人留下智慧和力量,给懒惰的人留下懊悔和空虚。善于利用时间的人,永远可以找到充裕的时间,时间就像海绵里的水,只要挤就总会有。

每个人每天都会面对许多事,你该先做哪一件?能否做到科学筹划和合理安排顺序?这将时时考验着你的智慧。培根说:"合理安排时间,就等于节约时间。"或者,珍惜时间的最好方法就是把时间运用到有价值的事情上。能分清轻重缓急,能把握快慢节奏,做到顺势而为,劳逸结合,忙而有序,忙而有效,就会提高利用时间的效率。

屠格涅夫说:"没有一种不幸可以与失掉时间相比。"时间就是生命。一寸光阴一寸金,寸金难买寸光阴,寸金丢了有处找,光阴一去无处寻。把宝贵的时间用于无聊、无益的事情上,无异于慢性自杀。时间不以人的意志为转移,一分一秒地无情流逝,滴答、滴答,那就是生命的脚步啊!清代魏源讲过:"壮士惜年,贤人惜日,圣人惜时。"对时间利用得越充分,成就就越大。不要以为年轻就什么都来得及,岁月流逝中所错过的一切将无法补救。

没有时间，只是懒人的借口；真正的努力，首先就是学会利用时间。

今天是明天的准备。只有抓住今天，不断完善事业，持续超越自我，才有明天的成效。每一天过得充实，整个人生也就饱满了。眼前的时光才是最真实的，输掉了对今天的管理，就等于输掉了对人生的管理。

爷爷在六十岁就急于给两岁的孙孙写这些东西，就是因为有一种紧迫感。一个人一生有多少时间，是上帝说了算。怎么利用时间，是自己说了算。或许我们掌控不了自己的前途和命运，但是我们却可以掌控自己的时间。而能不能真正做到掌控时间，又决定于一个人的信念和品格。做什么，做个什么样的人，在于自己的选择。所以，爷爷希望孙孙不要在年少时过于贪玩，不要泡网吧沉迷电脑游戏，不要游手好闲、无所事事。一定从小时候懂事时就学习管理自己的人生，安排好自己的时间。当然，人生不必太"刻板"，你可以偶尔游乐、懈怠，或睡个懒觉，适时"恣意"一下，可舒展身心，让生活充满情趣，但不可"妄为"。恣意妄为，过度放纵自己，反而有害。什么事都说"赶趟"，等到"明天"再说，最终就什么事都难以做成。

爷爷在另一个留给你的本子里，记有《今日歌》和《明日歌》，你应当用心体会，熟记在心，作为座右铭，指导自己的人生实践。

没有彻底的自我管理，就不会有成功的人生。

能够实现自我控制、自我管理，能够抵制本能的冲动，是人与动物的本质区别，是一个人坚定、磊落、硬朗品格的具体表现，是一个人可以被委以重任的基本素质。

哈佛有句校训："谁也不能随随便便就获得成功，成功来自彻

12 管理好自己的人生

底的自我管理和坚不可摧的毅力。"你应当时刻铭记在心。

孙孙对自我人生的管理，觉悟得越早，行动得越快，在成功的路上就会走得越远。

双手插在裤兜里的人，永远爬不上梯子

13. 懂得谦卑

年轻人最容易犯的毛病之一，是自以为自己什么都懂了。因此，常常表现出对别人教导的不屑一顾，对别人的能力表示不服，甚至在群体中表现出傲气十足的样子，好像自己是多么了不起，理当得到众人的艳羡。特别是一时小有成绩时，受人夸奖、受人追捧，更容易忘乎所以。

爷爷不能断定孙孙长大就是这种轻狂的人，但这种轻狂的阶段，几乎人人都会经历的，只不过表现的程度不同，醒悟得有早有晚罢了。

谦卑是一种智慧，是为人处世的黄金法则。懂得谦卑的人，必将得到人们的尊重，受到世人的敬仰。

年轻人容易轻狂，不懂谦卑的根本原因之一，就是因为他知道得太少。正因为他知道得太少，才会认为自己无所不知了，才傲慢、才自负。越是知道得多，越会发现自己原来知道得那么少。换言之，越是不学习的人，才越容易满足；越是无知的人，才越

懂得谦卑

觉得一切都无所谓。

正如爷爷在另一篇文字里提到的，没见过大江时，以为河是最大的，见过海洋后，才知道江也是渺小的。当借助科技手段，能从太空角度看地球，原来地球又是那么小。人就是随着知识、阅历的增多，才不断意识到自己原来的孤陋寡闻。没有爬出井的蛤蟆会坚持说，天只有井口那么大，你怎么解释它都不信，只有当它跳出井口，见到更广阔的天地，它才服气。

年轻人，凭机智、凭热情、凭新鲜感，学到一些知识，见到一片天地，就坚信自己已经"看透"。把老师、父母的劝诫当成耳旁风，甚至逆反，坚持认为自己已经长大，拒绝好心的教诲。就像一匹刚刚上路的小马，会惊呼天地的宽广、空气的清新、花草的繁茂，它以为世界就是这样的。怎么会不是这样？明明是亲眼所见嘛。可是，当秋风来临，当冰雪肆虐，甚至有地震突发，有江河变迁，它历经了挫折和磨难后，才知道，当初的想法太天真了。

年轻人的心理历程，和小马差不多。当他在不断探寻、积累的过程中，在突发的变故和磨难中，开始审视并怀疑自己，噢，原来世界并不像当初认为的那样啊！于是成熟了，开始小心自己的行为，收敛自己的傲气，学会谦卑。

可是，回首来路，自己已近不惑之年，开始懂得恃才傲物是做人一大忌，开始为自己年轻时的轻狂感到悔恨。但是，回头一看，那后成长起来的年轻人，却还在轻狂的年龄段，仍然拒绝师长的教诲，恣意浪费着自己的美好年华，轻狂得让人心痛。像个奇特的怪圈，有些人就是走不出"自惑"的迷宫。对于一个个体人来说，谁能走出这个"怪圈"，理解了这个道理，能理智地认识到这个年龄段容易"轻狂"的弱点，能收敛自己的傲气，能潜下心来，认真汲取知识充实自己，那么，这个人就一定是同辈人

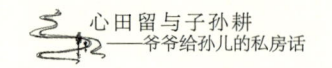

中杰出的那一位。然而，由于无知，他们还没有学会谦卑。

不懂得谦卑，至少有四种妨害。

其一，不懂得谦卑，以为自己无所不知，则会停止学习的脚步，堵塞了自己继续提高的心路。孔子观欹器的故事，可以形象地说明这个道理。孔子在周王的祖庙里看到一个欹器，自己不认识，就问庙里的人这是什么东西。庙里的人告诉孔子，这是一种被当作警示人们不要自满的祭器。欹器的奥妙在于，盛满水时就要翻倒，而水很少时又要歪斜。只有不满不浅时，才会端正。孔子长叹一声说："哪有满而不翻的呢？"孔子的学生子路问孔子，怎么样用欹器警示自己呢？孔子说，德高望重的人，用谦卑来保持平衡；财富多的人，用节俭和慈善来保持平衡；官高位显的人，用卑贱来保持平衡；知识渊博的人，用虚心好学来保持平衡；孔武有力的人，用谨慎小心来保持平衡；精明外向的人，用平实拙朴来保持平衡。其实，孔子这些话的核心思想就是人在得意成功的时候，要用谦卑的心态来保持自己不迷失。年轻人不懂"满则倾"的道理，为自己懂得一点点知识便自满起来，于是，便不肯虚心接受别人的教导。因此，便失去了许多提高的机会，甚至会"翻倒"。

汉朝开国功臣张良，年轻时在桥上遇一老者（黄石公），三次把鞋故意扔到桥下让张良去捡，张良虽不高兴，还是下桥去捡，并跪地给老人穿上。老人说："孺子可教矣。"于是把自己珍藏的书籍赠给张良（有传说那本奇书是《太公兵法》的，也有说是鬼谷子的著作，爷爷没有求证），张良也因此成就了一番大业。假如张良不肯谦卑地对待老者，会怎样呢？

其二，不懂谦卑，表现自大、狂妄，会遭人妒忌，无意中在群体中树敌。"荣所众羡，亦引众怨"（《罗织经》语），此之谓也。

13 懂得谦卑

嫉妒是最卑劣最堕落的情欲，嫉妒是一种狭隘，它容不得别人超过自己。妒火往往让一个心胸狭隘的人失去正义、公平的理智。嫉妒虽然使自己最先受折磨，但是，这样糊涂的人却到处都有。我们不做这种人，却又不能不防这些小人的伤害。聪明的人有时宁愿低调，宁愿受一点委屈，来"安抚"嫉妒。对于那些表现很"牛"的人，人们有一种逆反心理，这也许是人性的弱点。但不管怎样，现实生活中就是这样。有的人办事张狂或举止傲慢，一副目中无人的样子，有人就偏不肯买账，能行的事也不行，该帮的忙也不帮，甚至有的人会无端遭到别人（更目中无人的狂妄少年）的痛打。强中更有强中手，莫向人前满自夸。屈己者，能处众，好胜者，必遇敌。吹牛、装大，是人生最拙劣的表演。在换取某些人当面"捧"你的同时，其实，他们内心隐藏的却是对你的不屑和鄙视。

古人云"以畏怯为务"，即常怀敬畏之心，为人不可张狂，才是智者所为。三国时的杨修，有点才干，却不肯收敛，不懂谦卑，总好在曹操面前表现自己，曹操就十分忌恨他，终于找机会把他杀了。帮助刘邦打天下的三位功臣，萧何后来被下狱、韩信被诛杀，皆是功高自显的结果。而张良深谙"满则倾"的道理，功成之后，退隐林泉得以全身。"满招损，谦受益"，说的就是这个道理。在《菜根谭》中有"天贤一人以诲众人之愚，而世反逞所长以形人之短；天富一人以济众人之困，而世反挟所有以凌人之贫，真天之戮民哉"，说的也是"逞能"、"炫富"为人生大忌！

在《劝忍百箴》里有这样的话："舜之命禹，汝惟不矜。说告高宗，戒以矜能。圣君贤相，以此相规。人有寸善，矜则失之。"告诫人们，无论多高职位，都要懂得谦卑，不能炫耀自己。否则，即使已有的一点优点，也会因为骄矜而丧失掉。我们的祖先几千年前就认识到了这一点，我们为什么就做不到呢？不读书，肯定是原因之一。知书则达理嘛！

其三，不懂谦卑，会伤害很多朋友，绝了真朋的进言之路。逞强斗狠、张扬独断、自命不凡、自以为是的人，往往都听不进别人的意见，而朋友看在眼里，急在心上，常常要满腔热情地提出忠告。可是不懂谦卑的人，不但听不进去，还会冷言相向，时间长了，朋友自然会避而远之。比如楚汉相争之时，本来韩信先在项羽帐下，曾多次向项羽进言，可是项羽根本瞧不起受过胯下之辱的韩信，不但不听，还冷言相讽。这才有韩信又投刘邦，反而打败项羽的变化。倘若项羽不那么"牛"，当初礼贤下士，重用韩信，历史也许会是另一种版本。遗憾的是，项羽临死还没意识到自己的错误，仍认为"天欲亡我，非战之罪"。楚霸王项羽恰好就亡在一个"霸"字上，亡在不懂谦卑上。

有一些年轻人，不懂谦卑的道理，表现傲慢狂妄，甚至喜欢贬低别人，喜欢嘲讽别人，这样往往严重伤害了他人的自尊。《格言联璧》里有句话"肆傲者纳侮"，即讲骄傲放肆的人容易招致侮辱。自尊是一个人人格、立世的底线，对自尊的伤害会痛入骨髓。"马加爵事件"的诱因，就是他的自尊被漠视了。孙孙切记：贬低别人并不能显出自己的伟大，反而显露了自己心胸的狭隘和人格的卑鄙。真正品格高尚的人，懂得将心比心，懂得谦卑，能虚心纳谏，从来不会嘲笑别人的短处，在任何时候都不伤害别人自尊。这些应是我们为人处事的底线。这样，我们就会有热烈的人脉。

其四，不懂谦卑，狂妄自大，必然导致事业的损失，甚至败亡。以上说的项羽就是一个例子。武圣关老爷的"大意失荆州"，也是因为孤傲所至。《三国演义》中张松献西川之图，本意是先献给曹操，倘曹操能谦卑一下，礼遇张松，可不费吹灰之力，西川之地唾手可得。但曹操就是没看起张松，傲慢待之，致使张松转投刘备。《经世要谈》里告诫人们："刚愎自信，即是自绝。"可惜，有多少今人不懂得这个道理，小有身份，就志得意满，到处张扬、显摆，该是多么浅薄愚蠢啊！爷爷也在自身的经历中，见到几个这样的朋友，有点钱，有点权，就忘乎所以，认为什么都无所谓，甚至自命不凡，拒绝来自周围的善意规劝而一意孤行，最终导致身败名裂，事业尽毁。

懂得谦逊的人，乃是一个真正懂得积蓄力量的人。回头看历史上盛世时期的汉武帝、唐太宗，莫不是小心翼翼谦恭礼贤之人。因为他们头脑十分清醒，知道自己的智力是有限的、能力是有限的、所知是有限的，所以必须要竭力争取有能力的人对他的辅佐。还有齐桓公提拔几乎用箭把他射死的管仲为相国，终成霸业。秦穆公聘只值"五张羊皮"的百里奚为上卿，三国时刘备三顾茅庐，又何其谦恭，这些人也因此大业有成。

在《资治通鉴》里有个故事：魏文侯的儿子太子击路遇他父王的老师田子方，太子击下车伏地拜见，田子方故意表现傲慢，并不还礼。太子击很是恼怒，问田："是富贵的人该骄傲对人呢？还是贫贱的人该骄傲对人？"田子方回答："只有贫贱者敢于骄傲待人，富贵的人不敢。因为，贫贱的人本来就什么都没有，他不怕再失去什么；而国君一旦骄傲待人，就会失去江山；大夫骄傲待人就会失去爵位；富贵的人骄傲待人就会失去财富。而且，不会再重新得到这些东西。"于是，太子击立刻向田表示感谢。这个故事不是很发人深省吗？爷爷还要说一句，为什么古往今来许多有才华的知识分子都不得志，都穷困潦倒，都很难自己开创一片天地（事业），固然有社会制度方面的原因，但是，不是他们的孤傲、他们的自命不凡、他们的骄傲待人毁了他们自己吗？田子

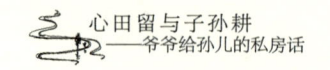

方的教诲,就是无论谁骄傲待人,结果都必然是"失去"他正追求的东西。

《三国志》里有句话:"圣人不以智轻俗。"就是说有知识品德的人,不会因为自己有才智而瞧不起普通人。《易经》有云:"人道恶盈而好谦。"就是讲讨厌骄傲自大的人、喜欢谦卑低调的人,乃是人之常情。荀子主张"身贵而愈恭",即地位越显贵,行为应当越谦恭。这都是古人的大智慧呀!

但是,年轻人的"轻狂",并不可笑,也不可怕,怕的是不能醒悟。人不是为了谦卑而谦卑,谦卑与虚伪不同。真正的谦卑,是从内心真正认识到自己知识的有限,知道无论多么伟大的人物,充其量也只是在某个方面有建树,而不会无所不能。况且自己是平庸之辈,有什么可自命不凡呢?因此,才老老实实地承认自己应该"谦卑"。而虚伪是口头上谦逊,而内心自命不俗,仅是装样子而已。所以,真正"著作等身"的教授、专家、学者们,才懂谦卑,才是真谦卑。

然而,也有两种人对轻狂者给予鼓掌。一种是跟这轻狂者同样无知、同样浅薄的人,会羡慕他的"派头",狂呼是他的"粉丝"。还有一种人,就是从内心对轻狂者不屑和不满,喝倒彩,故意去"捧杀",这实际是很阴毒的。

面对轻狂自大的青年,有两种人着急。一种是他的亲人,为他的浅薄无知感到羞愧,极力想规劝他。还有一种是慈祥的长者,真正有内涵的人,看出了孩子的浅薄,急于想引导他走向正路。

爷爷的一辈子,应该说从年轻时就懂得谦卑的道理。虽然在事业上起步较晚,但因为爷爷总是怀着一种"自己不行,还要努力"的心态,所以始终没有骄矜自满,也因此,能不断进步,而且,总能得到大家的拥护和领导的器重。或许,这就是谦卑的魅力吧。

13 懂得谦卑

做事要独到，做人要低调。"名德不昭，毁谤无损其身；义仁莫名，奸邪不以为患"（《罗织经》语）。谦卑不是低三下四，不是软弱可欺。懂得谦卑，在处理人际关系时，常常表现出一种大度和包容。人总会遇到一些缺乏教养或自己讨厌的人，甚至会无端遭到野蛮无理的斥责、攻击，这种时候，常常是检验和考验我们自身教养的时刻。我们不必急于回击，也不必以牙还牙，而应保持自己的君子风度，温文尔雅，谦逊平和，不失礼、不失态。因为，他没教养是他的问题，他没教养不是我们失礼的理由。无礼地"回击"那些该轻蔑的人，也会把自己降低到跟他一样无礼的程度（当然，对超过人格尊严底线的污蔑，应另当别论）。

爷爷啰唆这么多，就是要孙孙坚信"学然后知不足"，懂得"虚心使人进步，骄傲使人落后"的道理。

当然，也不要言过其实过度谦虚，对人热情也不要表现得太虚假，那样反而让人讨厌，以为你不诚实。

《诗经》有云："温温恭人，维德之基。"讲的就是温和谦恭之人，一定会以良好的品德作为自己的立身之本。懂不懂得谦卑，实质是由一个人的品格决定的呀！

"慎在于畏小"（《尉缭子》语）。强调谨慎行事的关键在于注意细节方面的缜密，细节上的疏漏往往会导致全局的失败。《逊志斋集》云："人之持身立世，常成于慎，而败于纵。"也告诫我们，人一旦自负、骄纵、轻率，就会失败。

《书·大禹谟》：舜命禹曰："汝唯不矜，天下莫与汝争能。"意思是说，你只有不骄矜自大，天下才没人能和你竞争。心胸的格局大到可以包容天地时，才可以主宰天下。越是有功劳有才能的人，越应该谦虚谨慎。矜功自傲，不会长久。这是古代大贤的智慧啊！

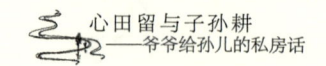

老子曰:"吾有三宝,持而守之:一曰慈,二曰俭,三曰不敢为天下先,故能器长。"可谓人生的经验之谈,孙孙务必要慢慢参透其中玄机。

印度大诗人泰戈尔有一句名言:"当一个人愈是大为谦卑的时候,便是他愈近于伟大的时候。"列夫·托尔斯泰说:"一个人就好像一个分数,他的实际才能好比分子,而他对自己的估价好比分母,分母愈大则分数的值愈小。"这话说得多么有哲理呀(爷爷在二十岁时,就把这句话挂在自己家里的北墙上,躺在炕上就可以看见,用以自警)!这真是一句胜过爷爷一万句。望孙孙时时

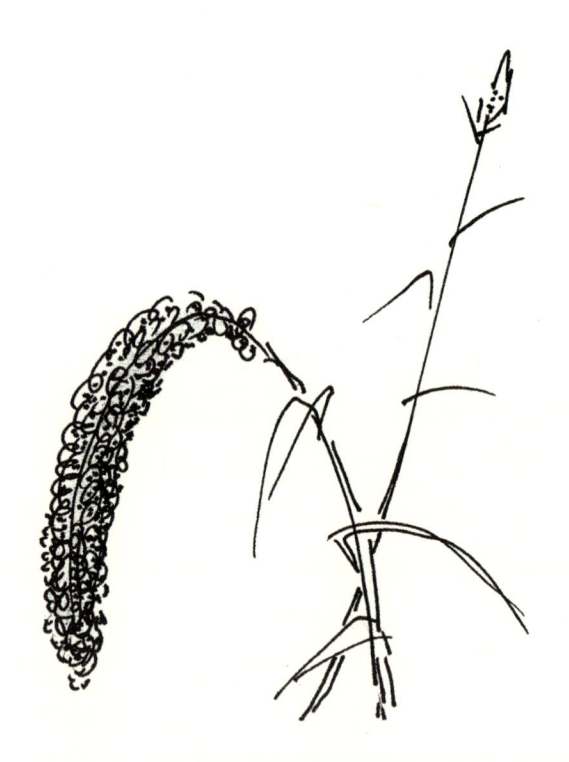

成熟了,才懂得谦虚

牢记，并认真品味。

真正的武林高手，绝不会到处张扬自己的武功；真正有大才华和大智慧的人，必定选择低调做人。孙孙可能要到四十岁以后，才能理解这些。当然，能早一些理解，说明你思考力强，并且会早受益。

还有一句古语"老要张狂，少要稳"，是说到爷爷这把年纪时，可能由于沉重的经历和经久的磨难，对生活已失去了激情和活力，所以，要有点张狂劲，以平衡生命的沉闷。而年轻人，正由于前面说过的道理，才要稳重。切不可谬以为，老都要张狂，何况我们年轻人呢？不要误解就好。

总之，当孙孙能用惭愧心看自己，用感恩心待他人，能真正懂得谦卑，并很自然地表现出谦卑气质时，便是孙孙真正有了深厚思想内涵、趋于成熟的时候。

14. 学会说话

话,谁都会说。可是要说得恰当、得体,并不容易。

人与人之间的沟通、交流,主要靠语言。如果一个人不说话,或不会说话(说话难听),就很难与人交往,很难融入群体,很难得到别人对自己的认同。

会说话,是人生最重要的能力之一。会说话,也是最能表现人格魅力的要素之一。

爷爷小时候就不爱说话,直到十八九岁,邻里来家串门,爷爷当时也不知道说句话。你太奶当时总是批评我:"这么大了,来人也不知道说句话。"我说:"说不说,人家不也该来来,该走走么,有啥说的。"而且还自认为自己很实在,不弄那些虚情假意的应酬,气得你太奶直叹气。现在回想起来,过去四十多年了,爷爷很为自己当时那么不懂事、那么幼稚、那么不会说话,感到汗颜、感到可笑。

爷爷讲这段往事,是想说明,一个人对说话重要性的认识,

学会说话

一个人会说话,不是天生的,也有个学习成长的过程。你现在还小,爷爷把六十年的人生体验告诉你,让你重视说话,注意把话说好,让你少走弯路,会对你成长大有好处。

有那么一个笑话,说一家请客,直到要开席时,还有客人未到。主人急了,说:"唉,怎么该来的还不来呢?"有一名先来的客人听主人这么说,就有了想法:"噢,你说该来的还不来,那我们先来的是不该来的呀!"于是饭也不吃,起身走了。主人情急之下,赶忙说:"嗨,不该走你怎么走了呢?"那两位本来没想走的客人一听,噢,不该走的走了,那我们该走的没走呗。于是也气呼呼地起身走了。请客本来是一件好事,结果由于主人说话不当,弄得不欢而散。这虽是个笑话,但说明,要把话说得周全得体,的确要考虑好才能说,可不能信口开河。

其实,生活中说话不当的事,无处不在。比如同学给你来个电话,妈妈在旁边问:"谁的电话呀?"你眉头一皱,不耐烦地回一句:"谁,你也不认识!"或者说:"你别瞎操心!"这会让妈妈很伤心。本来是一种关心,反被你呛一句,难道这就是养大儿女应该得到的么?这是说话情绪不当。比如有人正在一个场合上侃侃发言,你突然冒出一句:"行了,别说了,烦不烦!"这是说话时机不当,更是极不礼貌的行为,显得特没教养。比如在酒桌上,几个朋友或几个同学聚会,你端起酒杯跟其中一人说:"咱俩关系最好,咱俩干一杯!"这就让旁边的人听了不舒服,噢,你们俩关系最好,我们就不好呗,这是说话的分寸不当。你可以说:"今天兄弟们聚在一起,十分高兴。只有你是从外地赶回来的,辛苦了。咱俩偏过大家一杯,碰一下,怎么样?请各位赞助。"如果这样说,既突出了单独碰杯的心情,又照顾了整体氛围,会皆大欢喜。

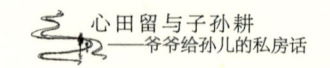

有句古话"好马出在腿上,好人出在嘴上"。看历史上,孔子教书的故事、晏子使楚的故事、苏秦以雄辩口才挂六国相印的故事、触龙说赵太后的故事、蔺相如"完璧归赵"的故事、诸葛亮舌战群儒的故事等,都是凭自己的好口才,成就了一番大业。新中国的第一任总理周恩来就有极好的口才,留下了许多经典外交故事。有一次,一位美国记者看到周恩来总理桌子上有一支美国产的派克钢笔,便不怀好意地问道:"请问总理阁下,你们堂堂中国人,为什么还要用我们美国产的钢笔呢?"周总理当即从容地回答说:"这是一位朝鲜朋友的抗美战利品,作为礼物赠送给我的,为抗美胜利留个纪念。我觉得有意义,就留下了这支贵国的钢笔。"周恩来总理的机智应对,不但使美国记者处于尴尬境地,更巧妙地捍卫了国家的尊严。

当然,历史上,也有因一言不当而获罪被杀头的。比如三国时的杨修,就因嘴太"浅"而被杀。1957年毛泽东时代的反右扩大化,许多有识之士,因说了当时不该说的话(有些是真话,但不看时势地说,也不行),而被打成右派,被管制,二十年不得自由。你长大后,学习了这段历史,会有更深入的了解。好在现在的时代不一样了,人民有了言论自由,一般不会因政治歧见获罪了。但言论自由,并不等于什么话都可以说,关于民族习俗、爱国立场、政治原则、该保密的问题,就不能乱说。特别是在官场、在职场,说话更要谨慎,尤其不能背后讲别人的坏话,不能乱传小道消息,不能议论领导人的是非。如果逞一时之快,炫耀自己口才,反而会令自己陷入麻烦或尴尬境地。这些,都是政治上不成熟的表现。

古希腊的一位哲学家说:"控制自己的嘴是人类必须学会的第一美德。"

14 学会说话

据史料记载，几千年前周朝太庙前就有尊铜人，背上刻着一行铭文："无多言，多言多败；无多事，多事多患。"清朝康熙皇帝也说过"夫一言可以得人心，而一言可以失人心也"，真乃古人的经验之谈，高度概括了"说话"与成事的利害关系，很值得深思。几千年前的古人就认识到"说话"的重要性，难道我们今天的人还认识不到吗？

从上面的一些例子可以见出，会说话是多么重要。

通观古今中外，凡是有作为的人，都把"会说话"作为必备的修养之一。有位哲人说："世间有一种成就可以使人很快完成伟业并获得世人的认识，那就是说话的能力。"美国人提出人类赖以生存的"三大法宝"，占第一位的就是"口才"，并且在各个中学开设这方面的必修课。在中国，"口才"虽然为人们所重视，但对"口才"能力的培养方面，却做得不够，基本处于"自然成长"的状态。"口才"是现代智能型人才的基本素质，是一个人综合能力的体现。所以，孙孙有意识地锻炼自己的"口才"，学会说话，是你一生都需要努力的事。

为啥给你取名叫"阔"呢？"阔"是门里加个活字，让房家门里从此活起来。怎么活呢？"舌"头上沾点"水"为"活"，即要口才好，会说话才能活起来。你小时还不会说话时，一着急自己就哇啦哇啦喊，像讲外语，而且声音清脆，可以看出将来在说话上不会怯场，也会有话题说。关键是，能否做到在恰当场合、在恰当的时间，掌握恰当的分寸，把话讲得得体。

提升自己的口才，有一本书孙孙必看，就是《鬼谷子》。《鬼谷子》是讲求处世术、揣摩术、说辩术、决策术，极尽权谋韬略的一本奇书。据说苏秦、张仪、庞涓、孙膑都是鬼谷子的学生。战国同时期有七国的宰相，都是鬼谷子的学生，真实与否爷爷不得而知,但鬼谷子的纵横捭阖关于"讲话"的艺术,可谓旷世经典,是值得高度重视并潜心领会的。爷爷读《鬼谷子》有三点体会:一是说话时要顾及听者的感受,掌握听者的心理脉络,循着听者的心理不断变换话题,不可自顾自地滔滔不绝;二是所说的话要于对方有益,对方感觉到你是帮助他,是关心他,是尊重他,他才乐于倾听;三是养成欣赏和赞美别人的习惯,不要张口就指责别人、否定别人,不要居高临下地教导别人,平等地、讨论式、互动式地交流,更易于被人接受。而这些正是对心理学的有效应用,说鬼谷子是心理学的鼻祖,一点也不为过。如果你能结合心理学来读《鬼谷子》,或许会有更深刻的感悟。爷爷没有认真研读过《鬼谷子》,肤浅之见,仅供参考。

语言是思想的外衣,你有什么样的学识,有什么样的人品,就会说什么话。别人也常常会根据一个人的讲话水平和风度来判断其学识、修养能力。俗话说:"狗嘴里吐不出象牙",就是指什么人说什么话。是流浪汉、是泼妇、是学者、是武夫,一张嘴就显现出来。所以"说话"的功夫远在说话之外。该说话时说话是一种修炼,不该说话时不说话是一种聪明,知道什么时候该说什么话是一种成熟。

爷爷认为,想把话说好,一是要加强自己的品德修养,能经常换位思考,说话前先想到听话人的感受,做到"己所不欲,勿施于人",则不容易说出伤害别人的话。二是有知识,通晓的事情多,在场合上有话说,不至于像鸭子听雷,啥也插不上嘴。三是有见识,能看出来事情的本质或问题症结,能抓住事情的关键,突出主题,紧扣中心,这样说话才有分寸,有分量,不至于东拉西扯,说了半天不得要领。有一句俗话"下笔千言,离题万里",是用来形容某些人写文章抓不住中心,废话连篇。如果讲起话天马行空,信口开河,胡侃一通,别人听起来如堕五里雾中不知所云,则非但不是口才好,简直是坏习惯!

有想把话说好的愿望还远远不够,还必须有意识地加强口才训练。口才好,有天赋的一面,更重要的还是后天努力。据说曾任日本首相的田中角荣,念中学时是结巴,但他不放弃训练,积极参加学校的演出,每天到树林里对着大树练习讲话,以致后来成了日本一个重要的政治人物。

有资料表明,有的中国人跟西方人物交流,有时显得木讷、忸怩,与中国五千年深厚历史文化的滋养极不相称,原因就是有些太古老的理念,束缚了人们在"口才"上的发展。有句古语叫"贵人语话迟","敏于事而讷于言",成了一些人不爱说话的借口。其实,依爷爷的理解,这并不是叫人少说话,"迟"、"讷"是告诫人们要想好再说,不要急于表达。也许,正是由于我们缺乏对口才综合能力的训练,才让我们的"口才"跟人家比有些相形见绌。

中国还有一句古话叫"与君一席话,胜读十年书",说明良好的语言(思想)不但可以带给别人愉悦和启迪,更可以增长知识,激发热情,增进感情。

会说话,是艺术,是技巧,是学问。如果一个人在谈吐中,能熟练运用各种修辞方法,幽默机智,旁征博引,简练明快,跌宕紧凑,激情飞扬,铿锵有力,自然会受到别人的赞许,这就是"会说话"的魅力。

会说话,是分寸掌握得好。古希腊哲学家德谟克利特有句名言:"聪明人不外三点:一是说话得体,二是行为公正,三是思虑周到。"其实这三句话是互相关联的,思虑周到,行为公正,是说话得体的前提。说一个人有没有水平,其实就看他说话、办事分寸掌握得是否恰当。有时不让说而不说,是无奈;不必说而不说,是默契；不敢说而不说，是怯懦；不便说而不说，是修养；不该说而不说，是分寸；不屑说而不说，是傲慢。用哲学术语讲，是"度"把握得好。过一分为多，少一分为少，恰到好处就是水平。

能把话说好，要经过长时期的积累训练，有个逐步提高的过程，爷爷这里仅从五个方面做点强调。

第一，什么时候最容易说错话？就是在急迫、盛怒、特高兴的时候，最容易说错。人在激动、紧张、冲动的情况下，往往会失去理智，失去分寸，或者不知说啥好，或者说得不得体，不计后果，只图一时痛快，啥高兴说啥，结果"一入人耳，有力难拔"，惹出是非，悔之晚矣。得意时要少说话。说话时不可伤害他人自尊，讲话要有分寸，莫逞一时口头之快，而得罪于人。"片言必谨，福之基也"，口出狂言者祸必至。得理要饶人，礼让不是人际关系上的怯懦，而是把无谓的攻击降到零。

没话说或说错话的病源至少有两个：一个如鲁迅先生所说："急不择言的病源，并不在没有工夫想，而在于有工夫的时候没有想。"平时对自己将面对的或可能出现的问题，准备不足，没有做到事先心中有数，所以临场时，不知说啥好。二是平时知识准备不足，阅历短浅，思考能力弱，逻辑能力差，腹少诗书，胸无点物，临场时自然没话说。这就要求孙孙从这两个方面加以努力了。

第二，要把"会说话"与做人的"油滑"、"刁钻"区别开来。"会说话"与"耍嘴皮"是两回事，见到人八面玲珑，四面见光，看风使舵，甚至谎话连篇，虚情假意，这不属会说话，是做人太世故。世界上没有傻人，别人不点破罢了，这种人只能让别人唾而远之。若说话太咄咄逼人，尖酸刻薄，质问怨损，气势汹汹，得理不饶人，甚至强词夺理，去揭别人疮疤，这种人就更缺德了，最终会失掉友情，失去爱情。

会说话是指说话得体，但本质上要诚实率真，坦荡大气。能指出别人的缺点，是一种真诚；若恭维别人的缺点，就是不怀好意。该直率则不隐晦，能委婉而不虚伪。说错了，当即坦诚道歉。这样，会使自己永远处于主动，博得别人的尊重和信任。

第三，要学会倾听。会倾听，也是会说话的一个重要方面。你在和别人交流时，必须要掌握对方心理活动的脉络，你的话才会恰到好处、深入人心。而倾听，是了解对方心理的前提。会倾听，大体表现在三方面。

一是要集中注意力，努力听明白。不要没听明白就乱点头，这样往往会造成误解。爷爷农村有个儿时的小伙伴，当时是生产队的电工，二十二岁那年，在准备爬高压线杆断线时，告诉他爸爸"把电闸拉下来，看着点"，他爸爸点头示意知道了。可是他爸爸却听成"我把电闸拉下来了，看着点"。儿子当然充分相信爸爸不会大意，放心地爬上高压线杆，刚一伸手操作，一道火光，人一头栽下来。爸爸此时正忠实地守在有电闸的屋门口，目睹了儿子惨死的一幕。爸爸肝胆俱裂，痛不欲生，也无力回天。教训何其惨痛！为什么有些部门对重要命令往往要让执行者复述一遍呢，就是怕听错。

二是听别人讲话，要目不旁视，看着对方的眼睛，表示恭敬聆听。不可左顾右盼，交头接耳，也不要贸然打断别人的讲话。有疑问确需插话时，要举手示意，得到允许的表示再发言。特别是面对别人的嘉许，应谦逊有礼、颔首示谢，不可趾高气扬，洋洋得意。这样才能表现出自己的君子风度，淡化别人对你的嫉妒心理，维持和谐良好的人际关系。

三是对别人的话是好是坏要进行分析，不能不加思考地做出反应。"轻信轻发,听言之大戒也"(《格言联璧》语)。不要轻信谣言,不要让那些毫无意义的"闲话"消耗你的时光,败坏你的情绪。对一些玩世不恭、权势争斗、男女绯闻、耍小聪明之类的话,都要让它随风而逝,你才能保持秋水无痕、素心如玉的心境。

说到倾听,爷爷要特别嘱咐你一句:因为你小时候大人说你的时候,你总好随口找些"理由"为自己辩解,这是很不好的苗头!小孩子或许因为顽皮、好胜,可以理解,但长大后听到别人意见的时候还这样,就令人担忧了。爷爷告诫你:面对别人的意见,一定要耐心、虚心、诚恳地倾听,千万不要立即给予"反驳"。有则改之,无则加勉,何必逞口头之快,要压住别人三分点呢?这是耍小聪明啊!是很令人讨厌的!总喜欢找个"理由"为自己辩解,这种"有理没理都要辩三分"的习性,不但给人不开明、不虚心、不成熟、好强词夺理的不良印象,更会降低你的人格,损害你的人际关系,影响你的发展。孙孙切切注意!

第四,平时一定要有意识地加强口才训练。有很多孩子不敢在众人面前讲话,越是不讲,越不会讲;越不会讲,越不敢讲。爷爷非常喜欢看电视里大学生演讲比赛节目,他们的机敏、博学、善辩,很让爷爷羡慕。我想,这些口才好的大学生,一定是在平时就注意口才的训练。好的口才主要是后天练出来的。孙孙两三岁,大人就注意培养你的表达能力了,尽可能和你做语言交流,让你讲在幼儿园的事情。你小时候就表现出很好的口才潜质。爷爷希望孙孙一直努力,不放过任何可以锻炼口才的机会。比如课堂发言、班级演讲、当班干部、组织班级各种研讨会、到街头宣传、参加文艺演出、当节目主持人等,你都应该积极争取机会。也许开始很窘迫,紧张,语无伦次,不得要领,但这是人人必过的一关,大胆向前,不断总结经验教训,慢慢就会从容潇洒、发挥自如。

第五，学会必要的沉默。有时"沉默"也是一种修养。"言而当，知也；默而当，亦知也"（《荀子》语）。即该说时讲得恰到好处，是明智；不该说时，保持适当的沉默，也是一种明智、聪慧和力量的表现。博友刘良适也对"沉默"有很精辟的论述："沉默，是恪守美德者的选择。沉默也是一种语言，它在无声中传递着力量和真实的情感。人们应学会在沉默中调整情绪，获取轻松和宽容；在沉默中梳理和按摩心理，赢得信心和勇气；在沉默中排除劳顿和烦闷，享受恬静和洒脱。沉默使人变得豁达，它像一剂抗生素，使人们有了抵抗外界污染的能力。"的确，生活中总会有一些无聊、令人讨厌的场面，你不屑参与进去，当然也不必表现出"愤世嫉俗"的样子，这时候的最好选择就是沉默。

爷爷这里特别要强调一句：一定不要背后议论别人的隐私或短处！这是最容易招致祸端的。如果能帮别人"维护一下"，不让有缺憾的人难堪，当然更好；如果不便多言，最好就是"沉默"。《格言联璧》有云"事属暧昧，要思回护他，著不得一点攻讦的念头"，就是这个意思。

"沉默是金"，不是不分时间场合地一律沉默，只有在该沉默的时候沉默，才是真正的沉默，否则就是故作高深，反而让人讨厌。有良好的语言表达能力，不仅是指"口若悬河"的能力，更重要的是掌握讲话的分寸，当言则言，不当言不言。一个人如果喜欢炫耀自己的口才，不分对象、时间、场合地呱呱起没完，就有些烦人了。

总之，沉默是一种优秀的内在品质。但是，睿智而采取的沉默与愚钝的缄默还是有着本质差别的。"沉默"也有真假的机辨，是一种容易与浅薄无知混为一谈的修为。孙孙从小就在口才方面表现出优秀的潜质，相信长大后一定错不了。但是，不要做从早

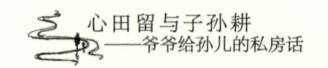

到晚喋喋不休的呱呱鸟。

还有一个讲话的细节，孙孙要注意：说话时的语速和声调，一定要抑扬顿挫，或舒缓轻柔，如潺潺流水；或似珠落玉盘，悦耳动听；或是高山泻瀑，激越清扬；或是雷霆万钧，振聋发聩，要跌宕起伏，动人心魄。表情也要丰富，但不要过分夸张，以得体为宜。有没有感染力，有没有说服力，是衡量讲话好坏的根本标准。记住，"有理不在声高"，不要强迫别人接受自己的观点，只有让别人能信服的"说服"，才是"口才"。爷爷对那些讲话像吵架，像放机关枪，高声大嗓，唾沫横飞，脖子上青筋凸起，咄咄逼人的表述方式，非常反感。怎么就不能文明一点儿呢？其实，这就是一个人文化修养欠缺的结果呀！

总之，话品即人品。血管里流出的是血，而不会是水。关键是自己先要腹有诗书，胸藏锦绣，才会口吐珠玑，言之有物。深厚的知识积累是卓越口才的基础。关于品格、知识的修养，爷爷在别的篇章已谈到，不再赘述。

看《红楼梦》，里边有两句"世事洞明皆学问，人情练达即文章"，说得非常好。只有"世事洞明"、"人情练达"，才会懂得怎样把话说得得体。薛宝钗这个人物，爷爷非常喜欢，认为她的言行最具体地诠释了这两句话，孙孙可以在阅读时慢慢体会。

爷爷还建议你，读一些口才修养方面的书，学学周恩来在外交场合的一些精彩文献，系统地提高自己。当然，最重要的还是练习，要创造机会，勇于从实践中锻炼自己的口才。

是人才者必有口才，没口才的人才一定是一个不完整的人才。而会办事、口才好的人，则必定是人才，而且是不可多得的通用之才。

爷爷热切地期盼着你，不愧对"阔"字。

15. 苦难是人生的老师

怕吃苦，是人的天性。

做长辈的，没有谁愿意自己的孩子吃苦受罪，爷爷也一样，怕你冻着，怕你饿着，怕你磕碰着，真比呵护自己的眼珠还重要。有人取笑爷爷："看看，老房有了孙子，自己倒像个孙子了。"

是啊，全家人拿你当心肝宝贝，你就像全家的"小太阳"，大伙围着你转。可是爷爷最担心的也在这里，从小就这么娇惯着、宠着你，不让你吃苦，不让你受罪，你没有痛彻的心理挫折，没有生存压力方面的影响，甚至不知道什么是苦难，这对你长大成才，对你将来能适应充满"苦难"的社会生活是十分矛盾、十分不利的。一个没有经历过困苦磨炼、没有艰苦卓绝精神的人，是很难成为生活强者的。

事实上，没有谁可以一辈子一帆风顺，身心务必要经受一些磨难。古训常说人生如意只占十分之一二，不如意占十分之八九。爷爷年轻时不相信人生会有这么多的不如意，但回顾六十年的经

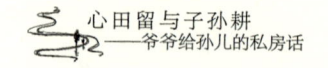

历,爷爷活得很苦、很累,身心经受了无数几乎令人难以承受的打击。可是,爷爷还是从苦难中挣扎着走过来了,而这种生存的动力和勇气,又恰恰是"苦难"的功劳,是苦难教会爷爷逐步懂得了如何生存。

一只蝴蝶蛹在化蝶时,想将臃肿的身躯从茧蛹小孔挣脱出来,十分痛苦,且久久也不能挣脱。有个人决定帮它一把,用剪刀将蛹剪开,蝴蝶很容易就出来了。可是,这蝴蝶的体态肥肿,翅膀又细又弱,永远失去了飞行能力。原来,蝴蝶用它孱弱的身体挣扎着从小孔钻出来的过程,可以将身体里的体液压进它的翅膀里,它才能飞行,尽管艰难,却是它"化蝶"时不可"省略"的历程。人也一样,生命里缺少了"挣扎",我们也许就不会变得坚强,也不会成长。所以,碰到苦难,遭遇逼迫时,就让我们想想"化蝶"的故事吧。

怕孙子吃苦,又担心孙子没吃过苦,怕孙子面对将来必然要面对的生活苦难时,承受不住,战胜不了,而败下阵来。爷爷急呀!

阔阔,你在青少年成长阶段,或许不会经受很多苦难,身心上也不会经受严重的挫折。可是,从小到大处处受捧,事事顺利,反而会导致你缺乏勇于面对挫折与失败的胆识;而从小若备受磨难,反而有利于塑就越挫越勇的品格。爷爷提醒你,如果你真因为大人们从小对你的溺爱,养成了任性、怕苦的习惯,则你必须痛下决心,改变自己!

曾国藩曾说:"吾生平长进全在受挫受辱之时。"还告诫子孙一旦遇到屈辱和挫折,"务须咬牙励志,蓄其气而长其智,切不可自馁也"。

爷爷希望孙孙明白一个道理,就是既不要把生活之路看得太

15
苦难是人生的老师

平坦，也不要惧怕困难，要相信一句真理：苦难是人生最好的老师。困境并不是绝境，当巨大的压力、非常的变故和重大责任逼得一个人走投无路时，隐伏在他生命最深处的种种潜能，就会突然爆发出来，并促使他创造出非凡的业绩。

这也是爷爷积六十年人生经历的切身体会。

20世纪60年代初，全国三年困难时期，饿死过很多人。那时爷爷是十一二岁，吃草根，吃树皮，后来你太奶为了不让孩子饿死，把发霉的、里边满是粪尿的、丢弃好几年的"瘪谷"挖出来，用水淘洗，晒干，打成糊糊当饭吃，黑灰色，一闻霉味都呛鼻子，要憋一口气才能咽下去，当时爷爷还喝也喝不够。正是这种经历让爷爷感到生活需要节俭，要珍惜粮食，有了时刻防备不时之需的忧患意识。可是，到你爸爸妈妈他们这辈儿，因为没有爷爷这样的经历，所以他们花钱大手大脚。你十几个月时，任凭你拿饭糟蹋着玩，衣服、玩具一批又一批，爷爷看了真是百感交集。爷爷不是心疼那几个钱，而是对这种不知节俭的态度感到痛心，深深感到"没有经受苦难的一课"对一个人人格的完善是多么难。

爷爷二十岁高中毕业回乡务农，每天十几个小时繁重的体力劳动，手上的血泡和老茧，一茬又一茬，对一个从没干过重活的大孩子，是一种难以承受的磨炼，但别人这样生存，咱也这样生存，还可以承受。让人难以承受的是政治上、人格上的歧视。因为你太爷的历史问题，爷爷在当时属于"可以教育好的子女"（爷爷当时对这种说法很难接受，好像我天生就是坏人），是"狗崽子"（当时对"地富反坏右"分子子女的流行叫法），在咱家破败的茅草房前外墙垛上挂个白茬大木牌子，上面用黑笔写着"历史反革命家庭"几个大字，告诉别人这是一个另类家庭，别走错门。

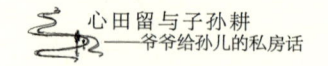

爷爷跟别人一样出工，却只给记二等工分（一天挣不到一角钱），就因为家庭政治问题，再能干也不给一等工分。有人给爷爷介绍对象，她的亲属说："咱贫下中农家的姑娘怎么能往火坑里推呢？"而且生产队开会时还要跟着大家一起唱革命歌曲，歌词是专门针对我们这种"狗崽子"写的，其中有这样的词："龙生龙，凤生凤，老鼠生儿打地洞"（借指地富反坏右家庭的孩子永远不该有出息）、"老子革命儿接班，老子反动儿混蛋，要是革命你就站过来，要是不革命就滚他妈的蛋"，这歌词不单粗俗无礼，更是对人格的蔑视。当时，爷爷是一个二十来岁的热血青年，面对社会这种歧视、打压、摧残，心里承受的屈辱、愤懑、痛苦和压力，是你今天无法想象的。

于是，爷爷当时暗下决心，一定要改变自己，改变这个家的命运。无论怎么累，爷爷兜里永远揣着书，挤一切时间看书、学习。在农村家家都有仓房，我就在咱家院里的土仓房里用土坯垒起桌子那么高，上面放块破门板当桌子，木板不平，我找块玻璃放在上面。地方有两平方米那么大，仓房举架太矮，还要猫腰进去，爷爷就在那里读书写字，无论干活怎么累，每天都要读书到深夜。邻居常常悄悄过来偷看，那表情很复杂。当时，也不知道怎么样才能改变命运，但是知道不学习没有知识肯定不行。这也是爷爷三十四岁时才挣扎着进了县城（当时农村户口进城变"红本粮"特别难），三十八岁还要考大学的生存背景。

爷爷切身体会到，一个人不是被逼到绝境，潜藏在自己身上的巨大能量就不会爆发。圣严法师说："唯有体验了艰苦的境遇，才会有精进奋发的心。"压力能够激发出人们平常难以显现的智慧和创造力，但前提是，这个人必须有超常的意志力。如果是个懦夫，就会在重压下向困难投降。有些人在极度危险的境地所表现出的力量，连他自己都会感到不可思议。比如飞将军李广雾中射虎的故事。李广把一块巨石误认为老虎，情急之下，一箭射去，箭镞竟深深嵌入巨石。李广也为自己的神力吃惊。当他知道不是虎时，却无论怎么用力，都无法再射入巨石。

据科技资料载，人类平时只利用了大脑10%左右的功能，即使爱因斯坦那样的大科学家也只用到大脑的14%，如果充分开发潜能，一个人可以学会四十种语言。不管这种说法是否科学可信，人人有潜能是确实的。阔阔，你那处于"闲置状态"的智慧潜力，是你的一笔巨大的、待开发的财富啊！

一个人要做出非凡的业绩，必须有逼迫自己"绝处逢生"的勇气和毅力！

在农村老家，没有几个像爷爷这样走出来的，倘若没有那些苦难，或许我也不会有这么顽强的生存动力。之所以爷爷要跟你说这些，就是告诫你，千万不要因为时代的不同，因为一时条件好，而认为"一切都会一帆风顺"的。事实上，不同时代、不同年龄段、不同环境，都会有不同的人生苦难。你应当有充分的心理准备，并且勇敢地去接受"苦难"的教诲。

苦难是人生的老师，苦难让人深刻，苦难教会人们懂得生活。这不是爷爷个人的观点，是古往今来许多成功人士的共识。

两千多年前孟子就说过："天将降大任于斯人也，必先苦其心志，劳其筋骨，饿其体肤，空乏其身，行拂乱其所为，所以动心忍性，增益其所不能。"意思是说，上天想要把重大使命放到某个人身上，一定要先苦恼他的心意，磨炼他的筋骨，饥饿他的肠胃，穷困他的身体，让他的行为总不能如意，这样就可以磨炼他的意志，坚韧他的性情，增加他战胜各种困难的能力，从而担当起重要的责任。

纵观古今，多少名人志士都是这样走过来的。诚如《史记》所言：文王拘而演《周易》；仲尼厄而作《春秋》；屈原放逐，乃赋《离骚》；左丘失明，厥有《国语》；孙子膑脚，兵法修列；不韦迁蜀，世传《吕览》；韩非囚秦，《说难》、《孤愤》；诗三百篇，大抵贤圣发愤之所为也。连孔子也同样受过"厄于陈蔡，七日无粮"的磨难。历史上如刘邦、刘秀、赵匡胤等开国皇帝，都是从磨难中崛起的。

据说文学家弥而顿是盲人，天才的小提琴演奏家帕格尼尼是哑巴，大音乐家贝多芬是聋子（贝多芬在完全失聪的情况下，完成了《第九交响曲》的创作），他们都没有屈从命运的摆布，而是表现出了超人的意志力，取得了常人无法实现的成功。

获2011年"感动中国"十大人物之一的无臂钢琴家刘伟，十岁时遭高压电击失去双臂，但他并没有向不幸屈服，十四岁便在全国残疾人游泳锦标赛上获得两块金牌。十九岁开始学习用脚"弹"钢琴，二十四岁，代表中国赴奥地利在维也纳金色大厅演出。诚如组委会给他的颁奖辞所说的："当命运的绳索无情地缚住双臂，当别人的目光叹息生命的悲哀，他依然固执地为梦想插上翅膀，用双脚在琴键上写下：相信自己。那一段段轻盈的旋律，正是他努力飞翔的轨迹。"

相信自己，是战胜一切苦难的原动力！

诚如台湾圣严法师所言："若能把人生的苦乐，当成是增长慈悲心和智慧心的过程，就是大自在人。"他们做到了！

20世纪60年代后期的那场文化浩劫，一开始，有几百万城里的青年上山下乡，细皮嫩肉、肩不能担、手不能提的城里娃子突然被放逐到远离家乡、远离亲人的贫困乡村，接受贫下中农再教育，三五年、七八年不等，吃尽了苦头，受尽了磨难。结果，后来这批人大都成了主流社会的脊梁，是宝贵的"苦难经历"造就了他们。

苦难的意义，在于具有重塑人格的力量。人的品格、意志，不是与生俱来，是炼狱般的经历，迫使他不断思考人生，不断寻找人生突破口，不断挑战生命的极限，从而造就了他无所畏惧的坚强和所向无敌的智慧。

为什么洪应明的《菜根谭》取名"菜根"呢？"菜根"是苦的，是硬的，是脏的。如能嚼得了菜根，吃得了这般苦，那就没有什么可惧怕的了。《菜根谭》里有一句"欲做精金美玉的人品，定从烈火中锻来"，也极言经受苦难历练的必要性。

梁启超说过："患难困苦，是磨炼人格之最高学校。"

贝多芬说过："卓越的人，一个突出的优点是在不利与艰难的遭遇里百折不挠。"

鲁迅先生说过："伟大的胸怀应该表现出这样的气概，用笑脸来迎接悲惨的命运，用百倍的勇气来应付一切的不幸。"

李大钊说过："可纪念的胜利都是从奋斗的悲剧中得来的。"

美国学者罗伯特·尼斯贝特也说过："在生活中，比历经奋斗而毫无成就更糟糕的事只有一件，那就是万事顺利。"

美国博物学家赫胥黎说过："没有哪个聪明人会否定痛苦与忧愁的锻炼价值。"

好了，爷爷不再举例了。建议孙孙再读一读高尔基的《我的大学》、奥斯特洛夫斯基的《钢铁是怎样炼成的》、司晶的《炼狱天使》、朱彦夫的《极限人生》，这些都是描述他们历经磨难，记叙成长历程的传记体小说，对你是有帮助的。

为什么说"自古英雄多磨难，纨绔子弟少成才"？为什么说富人家富不过三代？为什么有的独生子女，遭到一点打击就离家出走，寻死觅活？甚至，报刊上报道过两个名校大学生竟因失恋而跳楼。他们何以如此脆弱，不堪一击？就是因为他们曾一度太顺利了，有一点挫折就承受不了；就因为他们是温室里的花草，没有经历过风霜雨雪的锤炼。

问题是，在家庭、在学校，在孩子们成长的过程中，人们忽略了，该告诉孩子怎么去面对苦难和挫折，在"跌倒"后，如何获得心灵深层的平静，怎么度过这"黑暗"的一刻。

所以爷爷才希望孙孙能有意识地补上"经受磨炼"这一课。

爷爷认为，一是树立正确的苦难观。正视苦难，勇敢地迎接苦难。苦难是人生的一部分，大可不必恐惧、懊丧。

二是借助一些条件，主动到最艰苦的地方去体验一下，在烈日下劳作，在风雨中跋涉，在饥饿中负重，以磨炼自己的筋骨、意志。

三是从容接受苦难，从苦难中学会反思、学会生存。经验是从痛苦中粹取出来的。挫折不是惩罚，而是经验和智慧的积累，是人生之路"螺旋式"的升华。如果能从苦难中汲取人生经验，历练自己的品格，锤炼意志，从而驾驭自己的人生，就能成为生活的强者。弱者在优越的条件中往往错失机会，而强者却能在极度困难的情况下打拼出新天地。

无论生活中遇到怎样的坎坷和挫折，都不要陷入悲伤的泥沼。培根说："顺境的美德是节制，逆境的美德是坚忍。"懊恼的情绪，是对一个人身心最不值得的消耗。能承受苦难的压力是一种坚强；能预见可能发生的不幸而积极预防，是一种智慧；而能从容应对困难，则是一种豁达。事到顺时须警醒，境逢逆处要从容。世界上最富有的人，是那些随时在微笑的人，他们不必在拥有顺境后，才决定快乐。

15 苦难是人生的老师

有时，刻薄的嘲讽和无情的歧视，也是激发潜能、催人奋进的一剂良药。但前提是自己得是个有血性、有尊严、有志气的人。曾经得过诺贝尔奖的法国化学家维多·格里亚，年轻时游手好闲，是出了名的浪荡公子。一次，一位著名美女影星到他居住的小镇来，许多社会名流聚会为她举办舞会。维多·格里亚也想邀那位女星跳舞，结果，女星冷冷拒绝了他，并且在大庭广众之下毫不留情地说了句："我最讨厌你这样的花花公子挡住我的视线！"维多·格里亚在众目睽睽之下，无地自容，羞愧地走出大厅。回到家里，经过痛苦反思，他给家人留下一张字条："我不学成不会回来"，便毅然走上求学之路。数年之后，他成了著名化学家。这时，他收到当年那个已经年迈的女影星的一封信，信上说："你是我最崇敬的人！"

阔阔，维多·格里亚"立志雪耻"的精神，对你没有启发吗？能从失败的泥沼里重新站立起来的人，更是真正的强者呀！

苦难可以检验一个人的品质。如果一个人敢于直面苦难，能在任何不利的情况下坦然微笑，坚定信念，百折不挠，积极为成功寻求办法，那么他迟早会成功。

在你平时的学习、生活中，也难免会遇到一些失意，如失恋、受辱、受委屈、遭诽谤、被欺骗、被歧视，包括挨批评、责骂，这些都将是对你一颗年轻的心的淬炼。看淡些，看开些，人生也就豁然开朗、有滋有味了。你是沮丧、灰心、绝望，还是坚强、警醒、奋起，这都是你要向"苦难"这个老师交回的答卷。

坚强的自信和意志力，不会与生俱来。年轻时，经历些苦难不一定是坏事。正如罗曼·罗兰说的："痛苦像一把利刃，一方面刺痛了你的心，一方面掘出了生命的新水源。"

从另一个角度说，没有吃过苦胆，品不出糖的甜蜜；没有挨过饿，不懂饭的香；没有受过冻，不知火的暖；没有受过屈的，不懂被人理解的珍贵；没有分离的痛苦，就不知团聚的快乐；没有病痛的折磨，就不知健康的可贵；没有失去的痛惜，就不懂获有时的价值。人们对越是轻易可以得到的东西，越不懂得珍惜。苦难是一剂良药，苦难是对生命的体验，苦难也是生活的经验。只有苦过，才懂得生活是幸福的，才懂得珍惜时光，才知道生命的伟大，才肯奋发图强改变命运。所以，懂得"享受痛苦"，也不失为一种人生智慧。

尽管顺境有利于人才成长，但优裕的条件又往往容易使人产生贪图安逸、疏懒、消沉的心理，从而又不利激发成才的奋斗精神；而逆境尽管会扼杀一些人才，却可以逼迫一些意志坚强的人奋斗成才。事实上，顺境或逆境都不是成才与否的关键，它毕竟是外因，是条件，成才主要靠来自于你内心的动力，因为内因才是决定性因素。只要主观上成才意识强烈，发奋向上的意志坚定，顽强拼搏，百折不挠，能经受住血与火炼狱般的考验，就终会成才。

怕失败者，一辈子就可能是个失败者。我们往往羡慕成功者身上炫目的光环，却很少去体味成功者所经历的艰辛。任何一项事业的成功，都来之不易。当我们也渴望成功的时候，必须对可能经历的各种苦难有充分的心理准备。

常怀苦难、危机的忧患意识，往往又可以帮助我们避开苦难。明太祖朱元璋就说过："人常虑危乃不蹈危，常虑患乃不及患。"正是因为对苦难的可能产生做了充分的预防，才避免了苦难的发生。

苦难和危机是孪生姐妹。生活中，总会有各种各样危机的出现，不要恐惧危机，不要逃避危机。危机可能是一次变革、重生、飞跃的机会，或是考验、造就伟大人物的机会。所以，不要浪费危机，而要主动把握机会，"挽狂澜于既倒，扶大厦于将倾"，实现人生的一次次升华。

寺院里的古钟，只有受到撞击时，才会发出悠远的轰鸣；人生也一样，常常是苦难的"撞击"，才让一个人"不同凡响"。

人生能握有一手好牌，固然是一种幸运；而能打好一手坏牌，才不愧是强者。每临大事有静气，沉得住气方为人杰。平心静气，镇定从容，以静待变，乱中取胜，是一种境界、一种气度、一种修养。

生活不能彩排，更不能重来。你每天对生活的感受或好或坏，都会记入你生命的清单。我们为什么不坦然、快乐、从容地面对生活呢？

理想是心中的阳光，无论命运多么坎坷，都会因为心中有阳光而不会消沉。

所以，孙孙不要逃避苦难，不要在苦难面前做懦夫，坚强起来，微笑着，从苦难中（包括从顺境中）崛起，挺直腰杆，大踏步前行，那便是你能成为顶天立地男子汉的时候。

16. 自胜者强

　　自胜者强，是个很宽泛的话题。古今哲人，多有精辟论述。

　　老子说过：知人者智，自知者明，自胜者强。爷爷非常认同这句话，把它奉为座右铭，它让爷爷受益一生。爷爷希望孙孙能理解"自胜者强"的含义，用于指导自己的人生，让自己成为一个生活的强者。

　　自胜者强，简单地理解，就是能通过自省，认识到自身的缺点，并改正自身的不足，或在情绪波动时，能把握住自己的行为分寸，不做出过激行为。但是，一个人可能在他人面前很强势，却很难做到"战胜自己"。正如韩非所言："志之难也，不在胜人，在自胜。"而能战胜自己的人，一定会成为生活的强者。

　　从一般成长规律上来说，每个人的成长过程都大致相同。从十三四岁开始，有点不听话，但还不敢与大人明着对抗；到十七八岁，开始自信自己的选择是对的，根本就听不进大人的规劝，不管大人怎么说，自己还是有个老主意，我行我素；等到二十四五岁，经过了一些生活磨难，开始怀疑自己二十岁前有点荒唐了，但还不想改变自己，仍觉得老人们都是"老朽"，对老人的教导认为是"瞎操心"；等到三十岁四十岁后，有了家庭、孩子、事业，反省人生，开始认识到自己十几岁时简直是不懂事。可是回头一看，他自己的孩子正是十五六岁，跟他青年时一样不听话。他为自己的孩子苦恼。等孩子长大到三四十岁，回头一看，他的孩子又在重复祖辈、父辈小时候的错误。

你在十三四岁到十七八岁这个期间，正是叛逆心理强烈、青春期躁动、自尊心敏感的阶段。因为你性格外向，交往活跃，会有很多朋友，这都会影响你学习的集中力。你从小就表现出自尊心强的特质，一旦父母、老师批评你，你就可能逆反心理上来，一概听不进去，偏要拗着来，进而成了谁也管不了的"小野马"。如果在关键的问题上把握不好，不能"战胜自己"，就容易使一个本来优秀的你开始走下坡路。

爷爷特别要强调的是，早恋，是个特别需要自胜力、特别难以把握、特别应该引起你高度注意的问题。面对青少年时期必然要过的早恋关，你能控制住自己的感情，把握住自己，战胜自己么？

十五六岁正是青春萌动期，男女孩之间的吸引是很自然的事，特别是你聪明漂亮，讨女孩喜欢，会有人大胆追求你，你怎么办？是沉迷其中呢，还是冷静地把握住自己躁动的心？关于婚姻的话题，爷爷另有阐述。这里强调的是"自胜"的问题。爷爷规劝你，二十岁之前（高中毕业前后），学业未定，事业未定，加之思想的单纯、阅历的浅薄，一定不要确定恋爱关系。这不仅会影响你集中精力学习，更因为这种青春期的早恋也不可靠。男女双方思想简单（若认为自己不简单了，其实就是简单）、偏激、冲动,极容易因为感情的波折而走极端,酿成悲剧。汉朝傅干《皇后箴》有云:"祸不出所憎,常出所爱。"因为婚姻问题处理不当而导致凶案,爷爷听到、看到的例子太多了,教训深刻。青少年时期的早恋成功率极低。希望孙孙能经受住考验,严格地控制住自己的情感,把握分寸,不可凭一时的冲动,失去理智,导致终生追悔莫及。

当然,在你成长过程中,你会遇到方方面面的考验,而最大的考验来自你对自身的否定——不断去否定自身的缺点、不足。年轻人犯错误,在所难免,或许上帝可以原谅,但是,社会会原谅你吗?当你自己在不断原谅自己的时候,你放弃的正是对自己命运的主宰权。一个明智、懂事的孩子,绝不该把自己成长的责任都推到别人身上去,而应勇于反省,从自身找原因,修正自己前行的步伐,为自己创造生命的辉煌。

爷爷退休后,曾帮一家民办电脑学校做过一年管理。那里收的多数是十七八岁没有考上高中或高考落榜的孩子,有的曾被学校多次开除。这些孩子大都很聪明、帅气,可惜,就是不爱学习,打架、逃学、结伙寻衅、谈对象,甚至有的半夜竟从三楼窗户跳出去上网吧。在家里,都是父母管不了的"小少爷",花钱不眨眼,对父母辛苦挣钱送他上学一点不理解、不感恩。有的学生甚至顶撞父母,推打老师,一副玩世不恭、蔑视一切的架势。许多家长送孩子上学时都泪水涟涟,说家里实在管不了了,求学校能看住他,不惹是生非就行,成不成才已不抱希望。

望着家长痛心、愁苦又无奈的表情,爷爷心里一直很沉重,很悲哀。

面对电脑学校那些孩子,面对孙孙要有的十四五岁这个阶段,爷爷想说,只有自己能救自己。只有当他们(或你)自身有勇气,有决心克服这些缺点,自己从内心醒悟过来,想要学好时,他们(或你)才有救。人生会遇到各种各样的困难和挑战,最难应对的是"用自己的刀削自己的把",即自己战胜自己,自己跟自身的缺点决裂。

爷爷曾耐心地给那个学校的学生讲过"两块石头"的故事,也确实让一些躁动的心灵安静下来,开始反思,继而奋起,成了好孩子。今天,爷爷再把这个故事讲给你听。

从前,在遥远的山谷里,有两块大小、质地都差不多的巨型石头,千百年来,任风吹雨打,孤独寂寞,没有谁理睬过他们。他们也想改变自己单调艰辛的生活,想走出大山,可惜一直没有机会。

有一天,山谷里突然来了一队人马,原来是一伙石匠,想挑选一块石头,雕琢成一件精美的艺术品。于是,石匠选中了两块石头中的一块,这块石头很高兴,认为自己终于有了出头之日。

石匠拿出斧凿,开始在石头身上敲打,要把多余的石头砸掉。每一凿下去,石头身上都会留下一道伤痕。撕心裂肺、切肤断筋的痛,让石头疼得直打颤。开始它还咬牙忍耐坚持,几天之后,它实在受不了这个苦,说什么也不干了,跳起来去砸石匠的脚,对石匠充满着怨恨,并且不断地逃避,在山沟里滚来滚去,不让石匠雕琢它。石匠没办法,只好叹口气,换了另一块石头。

这块石头也同样被敲打得痛苦万分,但它想要走出深山,要改变命运,要使自己具有价值,就要接受石匠的"改造"。于是它咬紧牙关,接受石匠的雕琢,疼得无数次昏死过去,却一动不动,一直坚持。

这样坚持了三年,在石匠手中,它被雕刻成了一尊精美的佛像,在阳光下熠熠生辉,光彩照人。于是,来了无数人吹吹打打,披红挂彩，用八抬大轿把佛像抬出深山。又修了一座庞大、辉煌的宫殿，把佛像供奉起来。

从此，每天有千百人跪在佛像前顶礼膜拜，磕头烧香，摆满供果，佛像享受着从未有过的人间荣华。而另一块石头仍凄凉地被抛弃在深山里，过着从前的日子。它心里很不服气，心想，我们俩本来都是一样的石头，凭什么他天天要受万人跪拜？于是，这块石头拿出手机给佛像打电话问："人们太不公平，咱俩本来是一样的石头，为什么你要这么风光，而我却被人冷落？"佛像宽容而淡定地（历经苦难的磨炼都会变得宠辱不惊）微笑着，慢条斯理地回答道："石匠本来先把机会给你了，是你不能承受改变命运的痛苦，而我却承受住罢了。"

这当然像个优美的童话，但却说明了战胜自我之难和战胜自我的重要。有时命运就掌握在自己手里，如果"拒绝改造"，就会失去美好的未来。阔阔，你愿意做哪块石头呢？

真正的成功，必须源于深刻的自我觉悟和发自内心的进取力。有些人虽然向往成功，但却不肯决然改变自己，而是不断地找借口，固守既有怠惰的生活方式。这些人，成功路上的真正敌人不是苦难，不是失败，而是他自己——自己不肯冲出"维持平庸"的习惯与思维的樊篱。

一个人可能在各种困难面前表现坚强，却唯独不能战胜自己，对自己表现软弱，不能克服性格中的自我、自负、懒散、怯懦、好高骛远或独断专行等缺点，不能迅速调整自己的状态，让自己坚强起来，这将成为影响他成功的致命伤。

综观古今中外成功人士，都是能清醒自励、勇于"自胜"的强者。

1906年获得了诺贝尔医学奖的西班牙解剖学教授圣·拉·

依·卡哈，少年时期就曾很顽劣，不爱学习，游手好闲。一次他故意招摇地在邻居家的女孩面前走过，想引起女孩对他的注意。这时，女孩对她说了一句："顽劣的孩子都是弱者！"女孩的轻蔑和"宣判"似的抨击，让他有醍醐灌顶之感，他痛苦地在床上躺了三天，尔后，他跟母亲提出，他要上学。结果，经过努力，他以优异成绩考上了医科大学。一次痛彻心扉的反省，让他生命的轨迹发生了根本性的转变。

爷爷认为，人决定自身行为作何选择的关键，不该迁怨别人，而是先改变自己。当你意识到该努力的时候，正是你开始改变自己的时候。改变自己，就是战胜自己的过程，也是人生自我管理的过程。

台湾圣严法师说过："知道自己的缺点越多，成长的速度越快，对自己的信心也就愈坚定。"实现自我改变的前提，先要有对自己清醒的认识。

前面说到的电脑学校里的那些孩子，应当从反面给孙孙以警示。那些孩子本应该是很优秀的，怎么会变成这样呢？这当然不是三言两语能说得清的问题，涉及家庭、社会、学校方方面面的因素（不是这里要探讨的话题），但有一点可以肯定的是，与孩子本身"自制力"差有关。

自胜者强，还表现在对人生兴趣的选择上，能否摒弃鄙俗，追求高雅。

一个人没有生活以外的奋斗目标（比如想当个科学家、当个书画家，或当个作家），仅仅为了温饱而生活，就接近于动物式的生活了，他的人生会感到单调和乏味。事实上，每个人一生会面临各种诱惑和选择，这种时候，选择什么样的生活方式，就需要"把握住自己"的能力。据说第一个接受美国国会颁发特别奖章的美国作家路易斯·阿莫，在第一本书出版前，他的稿件曾经被拒绝过三百五十次，如果没有坚定的意志和执着的精神，怎么能有这样的成就呢？

爷爷强调，无论如何，孙孙要让自己的生活充满活力，不妨不断为自己设定一些"高雅"的目标，不懈追求，从而使自己活得有品位、有热情。

自胜者强，还表现在自己能在逆境中崛起。许多实例证明，那些小时候不被人喜欢的孩子，往往更容易成才。比如孔子、安徒生、牛顿。

因为不被人喜欢，可以锻炼他的独立性，让他明白这个世界不一定总是以他为中心，可使其收敛过分娇嗔撒野或目中无人的性格。不被人喜欢，可以激发他要用自己的努力来证明自己也行的勇气，可以锻炼他独立思考、坚韧顽强的品性。不被人喜欢，甚至可促使一个人产生一生不懈追求的巨大动力。当然，前提这个孩子得是个勇者、智者。相反，也可能有的人因为不被人喜欢和关注而妄自菲薄，自暴自弃，甚至产生嫉恨、报复的阴暗心理，从而毁掉自己的一生。

一个人不被人喜欢，甚至被人无情奚落、谩骂的时候，才会考验他的本性，暴露他的修养、学识、志向及对待人生的态度。

而孙孙是个招人喜欢的孩子，这就可能缺少不被喜欢的孩子所能得到的磨炼，反而被惯得"谁的话也听不进去"。爷爷之所以说这些，还是想让你能跳出自己"被宠爱"的圈子，反思自己，懂得该如何修正自己的行为。

自胜者强，尤其表现在对自我情绪、感情的控制上。在极度气愤或执拗的时候，人常常会陷入偏执的牛角尖，不肯认错，不肯服输，认为要保住自己的面子，要维护自己的尊严，不能"掉价"。其实，正相反，越是固执，越会让人觉得你无知，越会损害你的声誉和形象。"善用威者不轻怒"（《格言联璧》语），如果此时能清醒自控，突然"转身"，"破涕为笑"，坦然承认自己的不对，给自己也给别人"下台阶"，恰恰是一种智慧、一种胸怀、一种修养，不但会变被动为主动，反而会在众人心中立刻显得开明、高大起来，并从而赢得了尊重。这就是"自胜"的魅力。

希望促人奋进，而绝望让人疯狂。人生最深切的痛苦，往往不是客观环境带给人的伤害，而是发自内心的绝望和悲观的情绪，令他做出不理智的，甚至极端的选择（或是毁灭自己，或是毁灭别人）。所以，关键是要战胜自己，懂得自己必须振作起来，用意志力来拯救自己。也就是说，要有意识地养成自己平和豁达的心态，养成宽厚善良的心胸，善于宽容体谅他人，具有极大的克制力和忍耐心，既不强人所难，也不苛求于己，平和地看待世界，淡泊地对待自己，这样，你的生活才会从容、快乐。说命运掌握在自己手里，也就是这个道理。

孙孙可以看《史记》，李斯断然向荀子学习帝王之术的故事、周处除三害的故事，都会给你很大的激励和启发。

爷爷要你明白一个道理：全世界的人都愿意去改变别人，唯独不愿意改变自己，而那些能改变自己的人，恰恰成了人群中优秀的那一部分。

博友"静处闲看"在她的博文里写道：

"虽然我所受的教育告诉我，家庭教育要宽松、民主、适度，然而我所见到和具有的社会经验却告诉我，在家庭教育问题上，不能随便，不能顺其自然，未成年的孩子就像一块材料，要尽可能用可以的手段，让他的（感知）功能发挥到极致。必要的时候，可以动用一些严厉的方式，因为每一个孩子，在上进的问题上，所给予的精力和自觉性远远达不到他的极限。如果我和孩子都生在一个不用担心就业、不用担心过度竞争、不用担心生存安危的社会，我也许会主张让孩子有一个快乐、轻松的童年时代。然而，我们必须正视一个事实，转型时期的中国，人口太多，资源太缺，保障太少，生存太难……所以，一个人生，前三十年是要用来奋斗践行的，只有过了这个阶段，才可以有资本或者有资格说'淡定'或'放下'。那些说已经淡定、放下的人，都是曾经奋斗过的人，或者是已经成功的人，都是到了一定阶段可以从容的人。"

她还写道："人生是个舞台，充满机会也充满竞争。现在的你，不甘平庸，不甘附从，也不甘落后，然而有竞争就会有压力，有压力就会有焦虑。勇于面对一切挑战，需要良好的心理素质和身体素质。有时，付出不一定与收获成正比，因为常常总是付出多于收获；有时失败之后不一定就能迎来成功，因为成功总是姗姗来迟。积极的行动和超然的态度你都要具备。青春成长，学习不是唯一的任务，储备自己的精神力量、人格魅力更加重要和艰巨。如果必须经历一些难以逾越的坎，我们就把所过的每一道坎都当成是一次自我超越的过程。人生更难得的不是超越别人而是超越自己。"

这是一个有经验的母亲教子的感悟，爷爷很认同她的观点，也代表了千千万万个父母的心声。转载在这里，就是想让你能真正理解父辈们的苦心，能听得进大人们的规劝，能正确对待别人的批评，懂得在年轻时自强自立。

你成长前进的道路上最大的敌人就是自己的懒散、放纵和固执，所以，要走向成功，你首先必须勇敢地跨越第一道障碍——自己。"自制力"的养成，是会随着你学习、成长的过程，随着你知识的不断丰富和阅历的不断增加而日益达到一个新的高度。只要你相信"自胜者强"的道理，你就会理智地对自己的行为做出判断，权衡利弊，并做出及时的舍取。

总之，人能超越自己，便能超越许多。要征服世界，先战胜自己，要想成功，就要培养自己控制命运的能力。

将相本无种，男儿当自强。爷爷希望你能借鉴一个六十岁老人看人生的经验来反思自己的行为，有自省、自律的精神，勇于随时与自身的缺点和不足决裂，战胜自己，顺利地度过自己的青春期，为自己未来的发展奠定一个良好的基础。

17. 蕴蓄生命的地力

大千世界,芸芸众生。人生在世几十年,有人成功,有人失败;有人锦衣玉食,有人露宿街头;有人名垂青史,有人抱憾终生。同样是人,为什么会差别这么大呢?

当然,原因是多方面的,也很复杂,但其中最重要的一个原因,就是看他生命的"底蕴"是不是很深厚。

什么是生命的底蕴呢?

爷爷好打一个比方,一个人生命的底蕴就跟种庄稼的地力差不多,因为爷爷种过地,当过农民,知道土地的肥沃或贫瘠直接决定打粮的多少。农民说那块地有劲(肥沃),庄稼长得好,就是这儿的"地力"好。爷爷把知识的多少比喻为土层的厚薄,即知识丰富(土层厚),无论做什么事,都容易做好(土层厚,无论撒下什么种子都容易发芽生长)。而知识浅薄(土层薄),则无论什么事都不容易做好(就像种子无法发芽生长一样)。所以爷爷把积累丰富的文化知识比喻为一个人事业赖以成长的"地力",即生命的地力（或叫生命的底蕴）。你的社会地位、生活质量，都将取决于你的"地力"——知识储备、经验积累及思维创新的能力。

　　一个人怎样才能具有深厚的生命底蕴呢？前提只有一个，他必须是个肯于学习、善于学习、持续学习、具有很强学习力的人。

　　这是爷爷回顾六十年人生得出的最痛彻的感悟。

　　爷爷小时候也常听大人们说要好好读书，说"书中自有黄金屋，书中自有颜如玉"，但是爷爷当时并不理解读书的重要性，对大人们的劝诫不以为然。而今，当爷爷真正认识到学习的重要性时，爷爷却老了。这正应了"少年不知勤学早，白发方悔读书迟"的古训。当今天反过来再劝诫年轻人要好好学习时，年轻人仍跟爷爷当年时差不多，对学习并不太放在心上，甚至对大人们的督促感到厌烦。爷爷感到，这也许正是人生的悲哀，是一个家族的悲哀，如此一辈辈地重复下去，哪一辈子才会有大出息的人呢？

　　爷爷深爱着自己的小孙子，为有你这样一个聪明、帅气、健康的孙子感到无比幸福。你从婴幼儿时，就表现出聪颖过人的天赋，大家都认为你是一块好材料。但是，孙子长大后会是什么样呢？爷爷放心不下呀！孙孙将来会不会成为俊才，关键还要看孙子长大后是不是个有理想、有志向的人，是不是个肯于学习、善于学习、有持续学习能力，从而成为一个有深厚生命底蕴的人。

　　你长大后可以看到这样一种现象，即同一件事，不同的人去做会有很大的差别。有文化知识的人无论让他去做什么，就算他从没做过的事，他都会很快适应，很快进入角色，并找到窍门，做出成绩。而没有知识、没有文化的人却做什么事都是笨手笨脚，难以适应，甚至把好事办糟，贻笑于人。什么原因呢？就是人的生命底蕴的差异所致。

　　这一点，爷爷是有切身体会的。爷爷三十四岁那年从农村调入县城，当时是 1982 年 11 月 26 日，刚调入县文化馆，一天文化馆的工作还没有做，馆长就让爷爷写文化馆的全年工作总结，接着写下年工作规划。爷爷没有因为没做过而不做，没做过或不会做，都不是推托的理由。爷爷干脆住在会议室，通宵阅读历年留下的资料，总结其中规律，再凭多年的工作积累，不但很好地完成了任务，还获得领导的赏识。爷爷根本没想到，第二年调入县文化局，第三年竟被派回文化馆做了主管业务的馆长。

爷爷之所以能适应这么快，就是因为平时肯学习，有一定的知识积累。同样，爷爷四十二岁刚一调入龙江人民银行，也马上要写全年工作总结和下年工作计划，三个月后即被党组定为行长后备干部。四十八岁时，调入齐齐哈尔市组建商业银行，一天专业银行的业务没做过，竟也比较成功地当了五年的基层银行行长。

什么原因让爷爷适应这么快呢？是知识的底蕴，是平时注意积累"生命的地力"所致。

正是因为爷爷有这些切身体会才啰啰唆唆，反反复复地告诫你，长大以后要想做个生活中的强者，想在事业上有所建树，就必须努力"蕴蓄生命的地力"。无论遇上什么事情，不管做没做过，会不会做，永远都不是推诿或寻求谅解的理由，而且正是这种勇往直前、知难而进的选择，成了"逼迫"一个人快速提高的过程。"现学现卖"固然是一种学习方法，但更重要的是"未雨绸缪"，闲置忙用，在平时养成勤于学习、喜欢思考的好习惯，注意"蕴蓄生命的地力"，做好迎接各种挑战的准备。

孙子长大后世界会是什么样，爷爷或许都赶不上了。但世界必然是一个科技、信息高度发达的网络经济时代，知识的更新极快。爷爷体会到，近一百年世界的变化超过过去五千年的变化。每天睁开眼睛，面临的都是新事物。你今天是个人才，可是，如

17
蕴蓄生命的地力

果不学习，过一阶段就又可能成为庸才。世界在变，我们必须也要跟着变（学会适应和改造）。如今，人口的膨胀、资源的匮乏，以及优胜劣汰的生存法则使生存的竞争十分惨烈，而确保自己有生存能力的最根本的途径就是具有持续学习的能力（蕴蓄生命的"地力"的能力）。未来世界唯一持久的优势就是有能力比竞争对手学习得更快更好。提升学习力，是大势所趋，是提升"生命的地力"的必然。那么，什么是学习力呢？为什么同样在努力学习，不同的人收获却大不一样呢？

爷爷认为，真正的学习力，不仅是能听懂，不仅是学会记住，更重要的是掌握学习方法，抓住规律，领会精神，汲取精华，懂得如何去运用知识。探求知识时，一定注意不要把书"读死"。学习的本质，不在于记住多少知识，而在于利用知识引发思考，从而有新发现，有新创举。有一些人，读了书，就机械地照搬书本，不懂用学到的知识指导实践，不懂具体情况具体分析，浅尝辄止，生搬硬套，当然会越学越愚。有的人就因为"死读书"读愚了，而执拗地认为读书无用，拒绝读书，排斥学习，这是更无知的表现。这好比吃鱼的过程：选书是"捕鱼"，读书是"吃鱼"，但吃下去的鱼不是简单地藏在肚子里或排泄掉，而是要细细消化，去粗取精，转变为营养，吸收成为自己的能量。如果只读不思考，纵有"一目十行、过目不忘"的本领，也不是真正意义上的学习力，充其量也只能算一个书呆子。

真正的学习力，是要深入到哲学的方法论层次，用系统思考代替机械思考，以整体思考代替片面思考，以动态思考代替静态思考，学会对所学知识的活用和整合，从而达到创新的目的，即能想到人所未想，见到人所未见，这实质是一种思维模式或心智模式的转变。正是这种学习力决定着学习的效果。

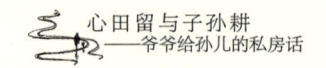

具有学习力的人，一定是一个善于思考的人。一个善于思考的人，会是一个威力无边的人，这话虽说得有点绝对了，但确实强调了思考的重要性。头脑不是一个供填满的容器，而是一个可以被点燃的火把。学会思考，善于思考，是成功人士必备的素质。善于思考，就能发现疑问，发现疑问就请教，请教多了，就会使知识日渐丰富。《尚书》有云"好问则裕"，讲的就是这个道理。但思考之花，只能在知识的土壤上盛开。前提是，一个善于思考的人，首先必须是一个具有学习力的人。

有没有学习力，还表现在持续学习、终身学习的能力上。许多人认为一走出学校门，就完成了一辈子的学习使命，这是糊涂观念。学习是伴随终生的课题。而人的区别，往往就表现在这里，谁终生具有持续学习的能力，谁才会成为人生的佼佼者。一日三餐，是补充身体对营养的需要，而不断地学习，是对心灵的喂养。人难免每天为温饱而奔波，但是，有些人却因为无止境地追求物欲，而不再重视学习。爷爷认为，当一个人不再刻意追求外在的财富，而是把自己的欲望降到最低点，注重对内心世界的滋养，把自己的理性升华到最高点时，就近于圣人的境界。

其实，学习无处不在。比如会客、旅行、聚会、会餐时，能利用一切机会主动与别人交流（或专门讨教），让自己多懂一些道理（哪怕是学会一个单词），试想，若能坚持数年，必将造就一个真正的智者。

知识是"土壤"，只有深厚的"土壤"才能孕育出属于自己的卓越智慧之花。面对林林总总的大千世界，面对浩如烟海的知识，要用思考、用眼光加以辨别，去粗取精，去伪存真，汲取那些精华，积淀自己"生命的地力"。

阔阔，你在孩提时代，或许一时还不能完全理解爷爷所说的内容，但你一定要努力去弄懂它。哪怕那个可以指导你的人在天涯海角，也要登门去求教。在你努力去攻克一个个不懂的问题的同时，你的学习力就在提高，你的"生命的地力"已经逐步"肥沃"起来。

学习不仅是从书本上学习，生活中无处不存在学问，别人的成功与失败、别人的经验与教训，包括我们自己的进步和挫折，都是我们反思、汲取人生智慧的好教材。从书本中学到的知识，是来自别人经验的积累；从生活中悟出的智慧，是源于自己对生活的体验。对于有心的人没有没用的东西，广泛联想，见微知著，举一反三，深入思考，是增长知识的好方法。

孙孙作为一个中国人，应当感到自豪，因为中国有五千年积淀下来的无比厚重、博大精深的文化，载籍丰富，源远流长。无论道家、儒家还是法家，都对社会、人生、自然，有精辟的论述。你是一个炎黄子孙，想积蓄自己生命的"地力"，你就必须汲取祖宗们留下的智慧。无论社会上有些人怎么排斥传统文化，你都不要为其所惑。只有不真正了解传统文化的人，才会有诋毁的态度。只有真正走进这座云蒸霞蔚的文化宝库之门，才会为它的魅力所震撼。

国家主席习近平强调：中华民族博大精深的优秀传统文化是我们在世界文化激荡中站稳脚跟的根基。中华文化源远流长，积淀着中华民族最深层的精神追求，代表着中华民族独特的精神标识，为中华民族生生不息、发展壮大提供了丰厚滋养。中华传统美德是中华文化精髓，蕴含着丰富的思想道德资源。不忘本来才能开辟未来，善于继承才能更好创新。对历史文化特别是先人传承下来的价值理念和道德规范，要坚持古为今用、推陈出新，有鉴别地加以对待，有扬弃地予以继承，努力用中华民族创造的一

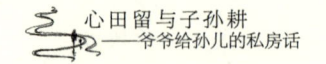

切精神财富来以文化人、以文育人。

对于国家，如果丢掉传统的优秀文化，等于弱化了中华民族长期赖以维系发展的信心和凝聚力。一个国家主席有如此远见情怀，实乃国家之幸！民族之幸！

从修身角度看，优秀传统文化是生命的地力之源。古人总结了许多精辟的人生典籍，如《格言联璧》里就有一段话："轻（轻佻）当矫之以重（稳重），浮（浮躁）当矫之以实（踏实），褊（褊狭）当矫之以宽（宽宏），执（固执）当矫之以圆（圆融），傲当矫之以谦，肆（放肆）当矫之以谨，奢当矫之以俭，忍（残忍）当矫之以慈，贪当矫之以廉，私当矫之以公，放言当矫之以缄默，好动当矫之以镇静，粗率当矫之以细密，躁急当矫之以和缓，怠惰当矫之以精勤，刚暴当矫之以温柔，浅露当矫之以沉潜，溪刻（刻薄）当矫之以浑厚。"句中不仅充满了辩证关系和分寸感，更是圆熟人生经验的高度概括。孙孙如果慢慢揣摩透其中玄机，将受益终身。

当然，孙孙学习诸子百家的经典，不是生搬硬套，而是要取其精华，去其糟粕，用辩证的眼光继承和光大。

古今中外，无数成功人士，无不是学习的典范。九百多年前主编了《资治通鉴》的司马光，虽然仅仅活了六十八岁（1019~1086），却用十九年时间，完成二百九十四卷、三百多万字，跨越一千三百多年历史的编年史鸿篇巨制。仅手稿就整整装满两间屋子，表现的是何等的毅力呀！这是一部治理国家、管理人生不可不读的经典"通鉴"，如今难道我们连读完它的意志力也没有吗？

爷爷少年时期读了高尔基的《我的大学》，读了童话作家安徒生的传记，读了奥斯特洛夫斯基的《钢铁是怎样炼成的》，深

17
蕴蓄生命的地力

深为他们能在那么极端困难的境遇里挣扎着、顽强地学习的精神所感动所激励。他们的成功，与他们的付出是成正比的。爷爷正是从那时立志，要像这些人物那样，做一个有志于学习的人。

我的孙子，在能读完爷爷这些文字的时候或许已是个品学兼优的好孩子，或者是个相当任性、热衷于玩乐的"小野马"。爷爷希望，爷爷的良苦用心你能理解。如果你正处于玩物丧志阶段，你应该猛醒，摒弃一切恶习，埋头读书，努力"蕴蓄生命的地力"。

学习对有些人来说是个苦差事，需要付出很多的心力、精力去应对。做学问，不能急躁。做学问的功夫犹如"煎药"，猛火烧开后更须慢火煨，才现"滋味"。即前人讲的"优游涵泳"，张弛有度，渐渐得其精髓之意。越是不爱学习的人，越有一种沉重的"无奈"的感觉。其实，学习是一种充满乐趣、愉悦身心、陶冶性情的精神享受。到广阔知识天地中去遨游，体验那些人类积累下来的宝贵人生经验，实在是一件快乐的事。从迫于压力学习到自觉形成学习习惯，是学习境界的一大飞跃，当你达到这一境界时，你才真正地理解了学习的乐趣，并步入学习佳境。

一个人在长身体时期，每天去量量身高，根本看不出比前一天长高了多少，但事实上每天都在长。半年或一年后，偶尔一量，会发现的确长高了许多。学习知识也一样，每天学习一点点，也看不出自己有多么明显的提高。可是，经过数年努力，有了量的积累，会惊喜地发现，自己竟然成了学者。如果放弃了"每天学习一点点"，就永远是原来的老样子。

用知识打扮的生命，会更绚丽和坚实。

为了做到这一点，孙孙必须坚决摒弃掉自身懒散、任性、贪玩的坏习气，确立自己明确的奋斗目标，确立自己积极的人生态度，坚持向更高远的方向努力。丹尼斯在《伟大的种子》一书中说："大凡成功人生都有明确的奋斗目标和计划，并能持之以恒，时刻不忘。"不想当将军的士兵不是好士兵，而缺乏学习力的士兵也绝当不了将军。你要试着制订一个与个人成长、与未来岗位需求相匹配的，相辅相成的学习计划，这个计划越与实际贴近越能学进去，阶段目标越明确越容易成功；而脱离实际的计划是好高骛远，是空想，很难实现，也容易遭受挫折。这个计划，可以请你身边的老师指导，帮你建立。

十九岁步入仕途、官历四朝的颜之推告诫子孙："有志向者，遂能磨砺，以就素业；无履立者，自兹堕慢，便是凡人。"意思是有志向的人，就能经得起困苦磨炼，成就一番事业；没有志向、没有毅力的人，就会懈怠，从而成了平庸之辈。这话距今一千五百多年了，读来对我们仍是那么亲切而适用。

总之，人心如良苗，得养乃滋长，苗以水泉溉，心以理义养。你想不同于旁人，就必须有不同于旁人的志向和实现这一志向的奋斗历程。而无论将来做什么事，有丰富的知识作为生命的底蕴，就会成为一个生活中的强者，就会有精彩的人生。

18. 学点辩证法

现实社会中，的确有这样的现象：两个知识水平差不多的人，各自做相同的一件事，完成的速度和效果却往往有很大差距。

存在这种差别的主要原因，就是做得好的那个人手中有一把"万能钥匙"，这把钥匙就是"辩证法"。

懂不懂辩证法，往往决定着一个人办事能力和办事效率的高低。

说一个人有深刻的思想内涵，就是指他在观察事物和思考问题时，想得全面，看得透彻，能透过现象看到本质。其实，这就是哲学修养，是辩证法运用得好。

比如爷爷三十八岁那年准备考大学时，几个人一起复习，在学习地理知识时，厚厚的两大本子（中国地理和世界地理），爷爷年纪大些，很难记住。而在一起复习的小侯，才二十七岁，记性好，几乎可以把书本背下来。爷爷想，必须得想个办法。后来觉得，所有的地理知识几乎都可以从一个地球仪上表示出来，我为什么不把书本上抽象的文字，变成形象的记忆（以形象思维代替抽象思维），只要把地球仪上面的东西记住，不就等于把所有地理知识都消化了吗？爷爷就是这么办的。复习历史时，我把主要历史内容，用一个形象的"鱼刺图"来表示，"鱼脊"为大事年表，两侧"鱼刺"，一侧为历史事件，一侧为历史人物，把复杂的东西简单化，记住"鱼刺图"，便很容易地把历史知识掌握了。结果，真正考试时，地理试题中就有几个没有任何标志的空白图形，让你回答这是哪个国家，它的首都、气候、物产、交通等问题。爷爷一看，就知道这是地球上的哪个位置，很快都答出来了，而小侯虽然能把书背下来，却不知这个图是哪个国家，自然后面的问题都答不上来。后来他没有考上。

我们俩不是智力的差别，是方法的差距。爷爷找到一个窍门，即地理知识是有规律的，掌握这个规律，就容易记住。而小侯只凭下笨功夫，结果没有成功。

其实，社会上不论做什么事，都存在着类似的现象。善于思考，善于把握事物规律的人，就容易把事情办好，并且会有所发现，有所创造。

比如英国生物学家达尔文，找到了生物界历史发展的一般规律，即生物进化论，为后来人研究生物的起源、发展、消亡提供了一把钥匙。比如血型规律的发现，为推进临床医学的发展提供了一把钥匙。比如社会上突发的大流感病，开始人们很慌乱，不知如何应对，当科学家找到病毒特点和流行规律，就立刻有办法应对了。

每个事物都有它自身产生、发展、消亡的内在规律。

如社会学家要研究社会发展的规律，军事家要研究战争的规律，教育家要研究教学的规律，地质学家要研究矿产分布规律。

18
学点辩证法

只有找到它的规律,才等于找到解决问题的钥匙。

那么,地球上这么多事情、这么多规律、这么多把钥匙,一个人能掌握过来吗?这就是爷爷要跟你讲"辩证法"的目的。

古人说:"万物各具一理,万理同出一源。"讲的就是事物虽然各不相同,却有着共同遵循的规律。这个规律,就是能找到万物生长发展规律的规律,一把破解各种问题的万能钥匙,这就是唯物辩证法。

辩证法是关于事物运动、发展、变化一般规律的哲学学说。这个学说的发展,也是人类经过漫长的实践、总结、探索,经历了自发、唯心、唯物的三个阶段,直到今天才基本成熟的一种科学理论。一个人无论他的其他知识多么丰富,若不懂辩证法,不懂方法论,也是属于没开窍,是"死读书",不会有很大建树的。

或许,由于你年纪小,还没有系统地学习到什么是辩证法,但实际上,它已经时时伴随在你成长的过程中了。爷爷不妨举几个例子来加以说明。

当你一岁多时,由于大人寸步不离地呵护着你,你从没有被磕碰过。这看起来是件好事,可是由于你从没吃过磕碰的亏,所以并不知道危险是什么,下楼梯时竟直接要踩下去,不知会摔,吓得大人步步紧跟着你。而你大姑奶的孙女鑫鑫,跟你差不多大,却自己可以上下楼梯了,因为她爸妈放任她自己去爬楼梯,摔过几次,她自己长了经验。你看,悉心看护本来是好事,反而有了不好的一面;粗心呵护,本来不好,却有了好的结果。有些穷人家的孩子,从小受苦,不是好事,可是苦难环境的磨炼,却让穷人家的孩子早懂事,"寒门出贵子",就是这个道理。而富人家的孩子衣食无忧,从小娇惯,不懂生活的艰难,长大后常常是败家

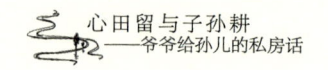

子,"纨绔子弟少成才",也是这个道理。

世界上的事情不是一成不变的,好事可以变坏事,坏事也可以变好事,这就是辩证法。

两千多年前,老子的思想和许多先贤的著作中就充满辩证法。《孙子兵法》就是活用辩证法的典范。《塞翁失马》、《削足适履》、《刻舟求剑》、《守株待兔》、《盲人摸象》等大量古代寓言中,都蕴涵着辩证法的哲理。

2009年正月初八给你太爷过八十周岁大寿时,你刚好二十个月大,去你老姑奶家住,你淘气,在餐桌底下钻来钻去,大人怎么告诫你"别碰头",你都不听。结果,你真的一下碰在桌角上了,大哭起来。虽然不重,但你有了教训,再钻那桌空时,你自己双手护着头,猫着腰,小心翼翼地往里钻,样子十分可爱。当初大人提醒你不听,而通过自己"实践",你就明白了。这就是实践出真知。

人世间的许多事情,不是凭主观臆断、凭空想象就能明白的,必须实际去做。你若记住这个道理,对许多事物就不会盲从。即使不用自己亲自去验证,你也要看看别人是怎样验证的。因为世界上存在着许多错误的认识,需要通过人们的不断实践,加以修正。所以,学会辨别很重要。记住"实践出真知"这个道理,就是方法论的精髓。

比如我退休后在一家电脑学校当校长时,有一天一个学生十分气愤地找我告状,说某某老师背后讲他的坏话了。我问:"你听谁说的?"他说:"我妈告诉我的。""你妈听谁说的?"他说:"听我妈单位的王姨说的。""那王姨怎么会知道?""王姨听她姐姐说的。""她姐姐怎么知道的?""她姐姐跟这个老师是妯娌。"如此等等。当初这个老师无论如何也没想到,在自己家里的议论,竟能传到对方的耳朵里,还闹了一场纠纷。

爷爷举这些例子,只是想说明,世界上的事情绝不是孤立地存在着,而是相互有着千丝万缕的内在联系。

还有,你上学期间,最主要的任务,是把学习搞好;等到二十三四岁时,主要问题该是处理好婚姻问题;等到参加工作后,做好工作又是主要任务了。也就是说,一个人总要同时面对许多事,但不同时期、不同场合,毕竟只有一个是最主要、最关键的。抓住主要问题(或叫主要矛盾),其他问题常常就可以次之或易于解决。这种思维方式,也是辩证法。

当然,辩证法还涉及矛盾论、逻辑学等方面的内容,绝非举几个小例子就能完全说明了的,你以后会在学校系统地学习到。这里只是让你初步有所了解,以利于你的学习和成长。

概括地说,世界上的一切事情,都是相互联系的,都是处于不断地运动、发展、变化之中,世界上的一切事物都包含着矛盾。事物的内部矛盾是事物运动、变化、发展的根本原因。所以,世界上的事情没有一成不变的,好事坏事是可以互相转化的,我们无论看什么问题,要透过现象看本质,要用联系的观点、全面的观点、发展的观点看问题,而不能用孤立的观点、静止的观点、片面的观点看问题。

懂得辩证法,就能从复杂繁缛的事物中,看清本质,抓住主要症结,化繁为简,找到解决问题的最佳途径。

无论做什么事情,都要学会系统思考。系统思考,就是从碎片性认识到系统性认识,从情绪化认识到理性化认识。学会系统思考,是人生的重要修炼之一。有的人能把事情办得有板有眼、头头是道,就是考虑问题系统、周全、准备充分。孙孙要记住"盲人摸象"、"刻舟求剑"、"郑人买履"的故事,切记不要犯主

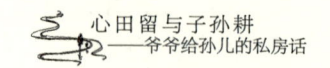

观臆断、简单片面、形而上学的错误。

但是，系统思考，也不要被一个个细节性问题纠缠住自己的思维，影响自己的决断力，而要善于抓住事物的本质、关键，集中注意力，决策什么是最重要的、最该做的事情。著名苹果公司宣传册上有一句话："至繁归于至简。"无论是当政要还是当经理，这种"举要治繁"的功力不是一天养成的，但你必须知道，要向这方面努力。而学点辩证法，可以帮助你"化繁为简"。

世界上没有绝对的事情，观念一变天地宽，有正确的思路才会有最好的出路。宋人著《治国方略》里有云"天下之祸，不生于逆而生于顺"就充满辩证法。懂得了任何事物都存在相互转化的道理，就不会绝对化地把事情看死，就不会为一时的失意而感到绝望，也不会为一时的成功而忘乎所以。所以，既不要放弃，能在困难时刻看到光明，永远不失去解决问题的信心；也不要放松，能在成功时看到隐患，不为一时顺利而失去理智。这就是懂得辩证法的好处。

懂得辩证法，有利于建立积极的人生态度。比如，当一百里的行程，走到一半的时候，有的人会发愁哀叹："唉，还有漫长的五十里，何时才能走完呢？"还有另一种人，会惊喜、兴奋地说："哈哈，我已经完成一半的路程，离终点越来越近了呀！"面对同一个事实，由于思维角度的不同，竟然产生相反的两种心境。比如面临危机，有的人可能感到懊丧，会一筹莫展；有的人可能看到了转机，反而高兴起来。可见，懂得辩证法，学会用积极的心态看待生活，则心灵中时刻都会充满阳光。

懂得辩证法，做事情、看问题就不会走极端。比如如何看待成功和失败。难道爷爷希望阔阔做个成功的男人，就是当大官、发大财吗？不是。成功是相对而言，比如别人建摩天大厦是成功，你种树种得好，同样是成功。孙孙无论当农民、当职员、当干部，还是当经理、当科学家，你都尽力去做了，没有游戏人生，在你的行当里，有成绩，而且活得愉快、充实，就是成功。所以，每个人都有每个人的成功，不能把成功绝对化、模式化。

懂得辩证法，懂得"从实际出发"的道理，就会给自己设定比较切合实际的人生目标，而不会好高骛远。年轻人往往由于对自身的条件、能力、基础，对所处的环境、对所具备的资源缺乏全面、清醒的判断，仅凭主观意愿，而容易给自己设立过高或过低的目标。爷爷没有说孙孙一定要达到什么人生目标，就是给你自己留出选择的空间，因为只有你自己更了解自己。

懂得辩证法，就不会偏激看人、定型看人。爷爷认为，好人和坏人没有绝对的界限。诚实的人有时也得说假话，奸诈的人有时也很诚实。况且，也没有纯粹的诚实或纯粹的奸诈，好人坏人是可以互相转化的。说"他是坏人"、"他是好人"，标签式地定性一个人，本身就不科学。应该就事论事，以事论人。如古语说的"太要好也是私心"，即讲一个人刻意地"做好事"表现给别人看，往往其内心隐藏的是更大的私心。对那种刻意把自己"打扮"得十分"完美"的人，你反而要更加小心（他太工于心计）。当然，如果只想跟纯粹的好人交往，就没有人可以交往。如果认为一个人对你绝对忠诚，也是糊涂观念。人是会由于环境、条件的原因，见利忘义、背主求荣的。我们有把握自己不是那样的人，但你很难把握别人。所以，不要把一个人看得一无是处，也不要把一个人看得完美无缺。

懂得辩证法，做事情就不会简单化，不会急于求成。因为他懂得任何事情都不是孤立、静止存在的，必须了解事情的全貌，理清各种问题，协调好方方面面的关系，而且还要有必要的成长过程，才会逐步走向成功。那种"拔苗助长"、"缘木求鱼"式的做事方法，就是不懂（规律）辩证法。

具体分析、判断的过程，就是思维创造的过程。但是，懂得一些辩证法，还并不等于会应用辩证法。一个人智慧的大小、学识水平的高低、办事能力的强弱，也常常取决于他对辩证法的理解、运用是不是很自如。

新中国成立后的前三十年，以毛泽东为首的中央领导集体，虽然高举着"马克思主义唯物辩证法"的旗帜，但有些决策恰恰违背了唯物辩证法实事求是的原则，违背了"实践是检验真理的标准"这一根本原理（其实"实践"本身也有对错之分，也是需要通过社会实效来验证的），导致走了许多弯路，做了很多荒唐的事情。也就是说，真正掌握辩证法能恰当地用于实践并不容易，真明白还是假明白，还要通过实际效果来检验。

总之，辩证法应该是一把万能钥匙，是有利于人们在实践活动中发现规律、利用规律、高效率做好一件事情的科学。简单地像猪似的生活，可以不需要哲学，不需要辩证法，但是，想探求真理，想活得明白，就不能不学点辩证法。

爷爷认为，获得哲学智慧的意义，在于通过自己思辨的大脑使之成为生存的指南。真正的财富不是金钱，而是一种科学思维方式——懂得辩证法。

可是，小孩子在成长中，却往往缺乏科学思维方式的教育，有些家长、老师，恰恰忽略了塑造和培养孩子科学逻辑和理性思考的能力。所以，你在广泛学习的时候，不仅要积累知识，更要注重科学思维方式的训练。如果大人们没有给你应有的科学思维教育，你则要有意弥补、训练自己这方面的才能。

18 学点辩证法

爷爷建议你长大后多读读哲学鼻祖老子的著作,会对你的哲学修养有帮助。孔子的伟大之处,是告诉人们"做什么",为做人设立了标准;而老子的伟大,是启迪人们"怎么做",为人生提供的是智慧。相对而言,爷爷更崇敬老子。

真正的教养,是一个人的哲学修养(指引自己理智地选择如何做人、做事)。你能早一点掌握辩证法,会对你的成长进步有莫大好处。

系上的时候,要想到解开时的方便,所以我从来不系死扣子

19. 教训的价值

　　人这一辈子，总会不断遇到各种各样的麻烦和波折，总会有错误和失败的时候，甚至人生十之八九，要面对各种各样的不如意。但这并不绝对是坏事，它可以让人汲取教训，变得聪明起来。

　　阔阔，你现在还小，正是无忧无虑学习、成长的阶段，也还不能完全理解教训是什么。教训，是一个人从错误或失败中悟出的对人生的新认识。你在学生阶段，谈不上人生的大失败或大坎坷，但也会有遭受挫折的时候，也有痛苦困惑的时候。今天爷爷要跟你探讨的，是如何能从这些"坏事"中汲取教训，体悟出对人生更有价值的东西。

　　受挫当然是一件坏事，谁愿意遭受挫折呢？可是，面对挫折，却有两种不同的态度。一种是面对挫折只是一味地懊丧，并不去思考为什么会这样，发生就发生了，不反思为什么，不总结教训，白白浪费了一次可以增长经验的机会，那么这个"教训"就一点价值都没有了。另一种是不放过挫折带给自己的启示，而是认真

19 教训的价值

反思为什么会这样，问题出在哪里，把每一次失败的教训认真总结出来，知道以后怎样减少或杜绝这类错误，那么这亏吃得就值。这后一种，当然会使人越来越聪明，这就使教训有了价值。

俗话说，聪明人不会在同一个地方跌倒两次。是呀，摔倒了爬起来总得看看脚下是什么把自己绊倒的，下回注意。如果爬起来也不看看原因，只是不断地跌下去爬起来，再跌下去再爬起来，屡败屡战，表现确实挺"顽强"，但却不失为愚蠢。现实中就有很多这样的典型人物，可以作为你汲取教训的生动教材。

当然，失败、错误有大有小，有关系到误国误民的大事，也有日常生活中的小事，但无论大小都会给你以"教训"，需要你正确对待。

比如不慎交了个不好的朋友，他拉你下水去做坏事；处了个蛮不讲理、好吃懒做、不懂情理的对象，伤害了你的感情；比如没有仔细看说明书吃错了药；不懂食物相克的道理，搭配不当吃出了病；比如投资十万元做生意赔了本；出门忘锁家门被小偷光顾；比如出门忘关液化气灶的阀门，导致失火；比如无度酗酒伤害了身体，如此等等，生活中随时都可能发生。问题的关键是，这些事情发生后我们怎么来对待。

人生总会有失败，正是失败让人不断地修正错误，积累了经验，一步步走向成功。大发明家爱迪生曾说过："失败是我们所需要的，它和成功一样对我们有价值，只有我们知道一切做不好的方法后，我们才知道最终怎样做是对的。"失败是成功之母就是这个道理。

人生有失败并不可怕，可悲的是不懂从中汲取教训。

你爸爸刚开始做生意时也赔了钱，我就跟你爸爸说："做生意赔钱是正常的，是交学费，是买经验。若不能从中汲取教训那才

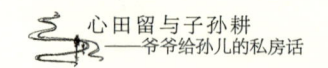

是真赔了。"

爷爷这一辈子经历的教训太多了,有些是一生都无法弥补的痛。

你本有个大姑,一米七六的个子,亭亭玉立,身体健康,也十分有才华,十八岁时她的一篇散文《十八岁我懂得了母爱》(内容是爱国方面的)就被内蒙古自治区广播电台播发,她对自己的未来充满着无限美好的希望。可是,一切美好都被那个黑暗的瞬间击碎了——你大姑三十岁得了胃癌,仅半年就去世了。回想起来很重要的原因是自我保健意识不强,科学养生的知识太少。爷爷一辈子都不能原谅自己怎么这么无知,怎么这么不会照看孩子,作为父亲是失职呀!然而沉痛的事却无法挽回了。

20世纪70年代初,咱家正住在农村,当时的农村几乎没有什么社会医疗保障制度,农民也不懂什么优生保健(在农村没人提醒你,也没处学),不懂小儿疫苗防病的事,况且又是动乱年代,社会管理混乱,1977年,我所在公社六个一岁多的婴儿患上小儿脊髓灰质炎,邻近的八村则有十八个孩子得了这种病,对这些患儿的父母来说,无异于五雷轰顶,是飞来横祸,各个是心如刀绞,痛苦万分。后来其中大部分患儿都不得不在轮椅上度过自己的一生。这是无知导致的沉痛教训啊!

痛定思痛,这些沉痛的教训到底告诉我们什么呢?尽管原因是多方面的,但爷爷认为主要有三方面原因。

其一,是无知。一切不幸为没有知识所致。假如生活可以重来,这些惨痛都是可以避免的,因为我们有了这方面的知识。问题是,过去的事无法挽回了,未来的日子里,我们不该再犯这类的错误了。

爷爷要强调"教训的价值",正是要告诉子孙如何尽量避免悲剧的发生。

可是，可怕之处在于无知的人们不肯承认自己无知，不肯埋下头来去学习。而恰恰又是越无知越感觉自己什么都知道，越自以为是，越无所畏惧，越不肯学习。爷爷期望孙子一定要走出这个怪圈。"学然后知不足"，只有你知识多了，才会愈感到自己知识的不足。学无止境啊！爷爷还觉得自己挺好学的，但是，还是发生了这些惨痛的教训，原因还是学习不够啊！

其二，缺乏教养，不能接受别人的意见，而自己一意孤行，也是一个导致失误的原因。人生的经验教训，非得自己亲身经历了才肯相信，这不是蠢人么？爷爷论述这个题目本身，也不是就让你汲取爷爷的教训，而是要你把眼界放开，从更广阔的领域、从更多他人的经历中汲取教训。可是现实生活中确有这种人，不肯从别人身上学习，不肯听别人的劝告，认为自己想到的都对，认死理，不撞南墙不回头，这虽有性格方面的因素，主要还是没有知识，没有修养，不懂道理。两个知识层次，互相沟通很难。比如我有个乡亲，由于没多少文化，跟她说地球是圆的，在宇宙间运行，她不信，她说："悬在空中不掉下来么？"就让你哭笑不得。

好的修养，是从善如流，能虚心接受别人的指点，至少对别人的建议报以感谢的笑脸，而不至于对别人的好心报以冷面冰霜，不屑一顾。可是，生活中就有这种缺乏修养的人，好使脸色，别人的好话也不当好话听，这自然失去了很多本来可以避免失误的机会。爷爷希望孙子要懂得借用别人智慧的道理，懂得从别人身上汲取经验教训，而别做那种宁死不听别人意见的人。

其三，做事情欠考虑，缺乏忧患意识，对失败准备不足，也是失误的主要原因。人人都往好处想，总不相信不幸会发生在自己身上，所以存在侥幸心理。你大姑有一年多胃不舒服，到医院

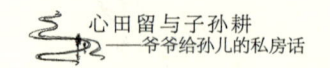

看说是胃炎，就没引起高度重视，总以为身体这么好，有点胃炎调理一下就好了，结果导致这么个恶果。其实世上很多事情，都是由于大意而引起的。诸葛亮有句名言："欲思其利，必虑其害；欲思其成，必虑其败。"诚哉斯言！古今中外这类事情多了。"大意失荆州"就被人们用来告诫，做事要小心谨慎，要把各种意外失手的可能想到。有人无论干什么都好说"没事"，爷爷一听他这么说就心里没底，正是他这种认为万无一失的"没事"态度，往往意味着准备不足可能就要出事。

以上三条，实质上还是一条，就是一个人的知识、修养不足，才容易导致失误。教训教会我们最深刻的、最有价值的东西，就是要学会理性开明，不断地充实经验、提高自己的综合素质。

即使你天赋超群，也足够勤奋，你被寄予厚望，你看起来也志在必得……但是，人生是个变化莫测的竞技场，谁能有百分之百成功的把握呢？往往就是最有希望成功的人，由于希望越大，压力越大，反而让一个人不能正常发挥而落败。这就是有名的"克拉克现象"。所以，以平和的心态面对失败，才能从失败中走出来。而能从失败中汲取经验教训，失败便也有了价值。

爷爷认为，没有什么阴影和魔咒能永远罩住一个人，只要热爱生命，热爱生活，不惧怕失败，就有希望。在很多情形下，希望的力量更强大。因为只有在有希望的背景下，知识才能被更好地利用，在失败面前才不会丧失斗志。一个人即使他一无所有，只要他有希望，他就可能再拥有一切。而一个人即使拥有一切，却不拥有希望，他所拥有的一切，对他等于失去了意义。放弃希望，实际是丧失了对生活的信心，是向苦难投降。对没有希望的人，教训也就没了价值。信心和勇气，是汲取教训的条件，是战胜苦难的前提，是放飞希望的两只翼。这就是"教训"给爷爷的启示。

19
教训的价值

假如，当时爷爷的爷爷（你祖太爷），包括爷爷的爸爸（你太爷），能把上面的这些道理，认真地提醒给下一代，把"教训"传下来，或许可以避免很多原本可以避免的不幸。但是，他们都没有做到。

等到爷爷用毕生教训明白这个道理时，你爸爸，包括你们这一代，由于阅历浅，没有经受过坎坷、磨难，反而可能对爷爷说的这些不以为然，不往心里去，这就是人类的悲哀和无奈！

现在的世界，人多了，科技发达了，不安全的因素也在增加。比如，一百多年前的人不可能有航空知识，五十年前的病毒也没有如今这样的抗药性，三十年前，人们还没有发明"计算机网络"。生活时时刻刻在变化中，自己不努力学习，不能洞察社会变迁带给人们的影响，将意味着一种隐患。爷爷好说一句绝对的话："工业文明极大地促进了生产力，提高了人类的生活质量，但工业文明也加速了地球和人类走向消亡。"这也许有点极端，但也正是从繁荣中看到了工业文明的危害。世界上任何事物都存在着正反两个方面的效应，好事和坏事是可以互相转化的。能把教训化为人生经验，是人生的一种大智慧。

爷爷这一辈子是不幸的，但若能给你们传授一点有用的东西，也算"亡羊补牢，犹为未晚"吧。那么，爷爷的教训也算有了价值。

生命是宝贵的，教训是有价值的。不会生活，不注意生活细节，往往是酿成人生许多不幸的根源。所以，要避免不幸，就要平时注意多学习一些有关生活、生命、饮食安全、环保等方面的知识，以避免身心受到伤害；多从别人身上汲取处世的经验教训，以避免人生出现大的失误，这是爷爷最起码的希望啊！

20. 金钱是一把双刃剑

每个人都希望自己有很多钱。

每个人都希望找个能赚很多钱的工作。

因为人要生存,一切开销都要用钱来换取。没有钱,几乎就没法生存。

追求钱,是十分自然也合乎情理的事。

孙孙八个月大就认识钱,知道拿钱去超市买东西。长大了,耳濡目染,自然知道钱是生活的必需品。孙孙长大后,也自然会跟别人一样,起早贪黑,东奔西走,劳神费力,想办法要多赚钱。

的确,没有钱,就难以有高质量的生活,然而钱又是万恶之源。金钱不具有人性,同样的钱,掌握在不同人的手里,会产生不同的作用。它既可以成就人生幸福,也可以毁掉人生的幸福。不用爷爷举什么具体的例子,只要你稍微留心就会发现,夫妻争吵、父子绝情、兄弟反目、合伙人分手、朋友断交,大都是因为钱上的纠纷。钱像魔鬼,可以让人发疯,好像为了钱,别的什么

20 金钱是一把双刃剑

都可以不要。

看看法制世界，人世间的各种案件，凶杀、拐卖、贪污、吸毒、造假、抢劫、诈骗，大都是为了钱而失去人性，铤而走险，步上不归路。

即使用正当手段，靠辛苦挣钱，又有多少人呕心沥血不惜健康，甚至付出生命的代价，换来很多钱，却又突然觉得很不值。

爷爷不反对挣钱，但却反对一辈子只为了挣钱，做挣钱的机器，而忽略了人的本质生活。古希腊的普鲁塔克说："人的幸运不在于可见的财产的富足，而在于内在的不可见的思想的完美与丰富。"爷爷认同他的说法。所以，关于金钱，爷爷有点感悟，愿与孙孙共分享。

第一，要把握人生的方向，并非为了钱而活。避谈金钱是一种虚伪，而眼里只有金钱，就会流于浅薄和愚昧。钱不过是实现美好生活的条件，而非终极目标。人是高级动物，要有精神文化层面的享受，要有人世间情谊的温暖，要有愉悦的心情。当一个人为了钱，像动物觅食一样，心无旁骛，一心只想挣钱、挣钱，没有工夫去感受温情、品味快乐，那活着还有什么意思呢？所以，明智的人，应该懂得及时地、适时地享受生活。

爷爷这么多年来，就一直主张把握一个原则，即又满足着（充分享受既有的生活），又奋斗着（追求更美好的生活），不做那种"期望将来有很多钱再享受"的蠢事。爷爷很感动于在屋檐下酣睡的乞丐，他有一块荫凉，有一方草垫，甚至身上盖一张报纸，就能进入甜蜜梦乡，或许那是一种无奈，但却在享受眼前的生活。那种酣睡，或许为许多百万富翁所嫉妒，他们有钱，但是他们却有失眠的痛苦。

不为既有而丧失前进的动力，也不为将有而抛却今天，这就

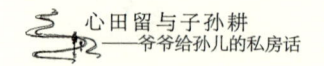

是爷爷的态度。

　　第二，把握挣钱的节奏，量力而为，不勉强做超出自己能力的事。比如一个人只能拉动五百斤的车，如装四百五十斤，可以很轻松地拉走，若装八百斤，不仅要压坏车，自己也很可能要累得吐血。年轻时为挣钱不惜透支健康，到年老时又不得不十分无奈和痛苦地用钱来购买健康。年轻时，为挣钱，没有用心或没在意到生活的美好，到年老时想买回健康，重新生活，却并不容易了。这是多么得不偿失！

　　有的人一味追求把事业做大，若你有实力驾驭，举重若轻，我不反对。若超出你自己驾驭的能力，非但容易翻车，更是一种痛苦，会身不由己地被"事"牵着走，想停下脚步歇一歇也难做到。是谁把自己"逼"上了这种境地？是自己，是自己对金钱的无休止的欲望，把自己变成了机器。这种人已为钱失去了自我，是一种悲哀。所以，爷爷主张，挣钱要量力而为，适可而止，不要弄得身不由己，人反而变成钱的奴才。

　　第三，要把握住道德的底线，不要因为钱而利令智昏。首先，是取之有道，凭知识、凭能力、凭血汗挣钱，不为钱而坑蒙拐骗、违法乱纪，不为钱而丧失人格，不谋取损人利己的不义之财。其次，钱多了，极易滋长奢靡之风，铺张浪费、游手好闲、目空一切、为所欲为。有句话说"男人有钱就变坏，女人变坏就有钱"，这话虽绝对又刻薄了点，却也反映了一种社会现象。金钱可以腐蚀人的品性，消磨人的意志。特别是有钱人家的孩子，更容易飞扬跋扈、横行乡里、狐朋狗友、花天酒地地游戏人生。所以，阔阔长大后，即使生活并不艰辛，也应时刻告诫自己，金钱不是永久的，也不是万能的，比金钱更重要的还是人品。有两个钱了，就不知天高地厚，就六亲不认，最终会落败得很惨。

有钱了，富了，但是"富"并不等于"贵"。富而骄，富而吝，富而贪，反而是一种"贱"！只有有了相应的品德、情怀、气质，才可谓"贵"。所以，只追求财富而缺乏品格修养，再有钱，也不能称为"富贵"。许多事实证明，"富"而无"贵"者终究不得长久。

第四，要把握住一个良好的心态，不因没钱而猥琐卑微、唉声叹气，也不因为有钱而盛气凌人、招摇过市。穷的原因多种多样，穷并不丢人，穷则思变，人可以通过努力，改变自己贫穷的境地，人穷志并不短。富的原因也各不相同，富固然令人羡慕，但是，历史上还没有永久不变的富，应该富而思危。况且，中国人还有个坏习惯，叫"一家有了千家怨"，你挣钱多了，他就嫉妒，就眼红。你为挣钱付出的血汗，他不理会，可当你有钱了他就不平衡。跟你借钱，你不借或借少了、借慢了，他都不乐意，认为你有钱就不认人了。更何况社会上还有些不良之辈，会采取更卑鄙的手段伤害你。所以，有钱的时候，也要常想困苦的时候，常想还有困苦的人，自己不能忘本，不能忘乎所以，还应保持淡定、平和、简朴、低调的心态，以平常心待人待己。

第五，把握钱的存量，自己够用就行，不做守财奴。家有千石米，日食不过三餐而已，家有大宅豪居，卧榻不过三尺宽。积攒下万贯家财，生不带来，死不带去，都是过眼烟云。台湾曾有一位"总统"陈水扁，当了八年"总统"，利用权势敛财几十亿，结果下台后，因为贪污、洗钱、受贿等罪名获重刑，连妻子儿女、亲友一起受牵连，弄得身败名裂，何其不明智。而世界首富比尔·盖茨，在四十多岁的时候就将数百亿家产都捐给慈善机构；中国香港的霍英东、李嘉诚，台湾的王永庆以及内地一些大企业家也捐出数亿家财。他们扶困救贫的情怀，又何其高尚。

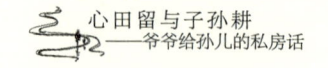

有人因为感慨于生命的短暂而选择了"及时行乐",其实,他并不一定会真正乐起来,因为他是在被各种欲望的撕扯中"苦中作乐"。而真正的快乐,应该是一种心灵深处的解脱,即看透财富都是身外之物,不再无休止地追求物欲的满足,而是感受着发自内心的尊贵和快乐,带着高尚的心灵活在当下。

圣严法师说:"需要的不多,想要的太多。"真是深刻呀!

爷爷认识一位画家,一反常规,慷慨地向朋友赠送书画,他说:"活着时以书画结友,为人生一大快事,留待死后再流传,有什么意义?"真乃大智者也。

民族英雄林则徐对自己的孩子家教很严,他曾经写过一副对联,表达他对财富的态度:"子孙若如我,留钱做什么?贤而多财,则损其志;子孙不如我,留钱做什么?愚而多财,则增其过。"

刘克庄在《贫居自警》中也有一句话:"堆金能使子孙愚。"

的确,子女不成器留下钱也会败坏光;子女若成器,自己自然衣食无忧。这是一种非常豁达的金钱观。

有一句话叫"在巨富中死去是一种耻辱",说得非常有哲理。就在爷爷给你写家训时,媒体正热播中国慈善企业家陈光标的事迹,陈光标是江苏黄埔再生能源有限公司的董事长,几年来不但慈善捐款数亿元,而且向社会承诺,身后不给妻儿留一分财产,全部捐给国家,表现出一种博爱的胸怀。孙孙将来若有能力挣到钱,若有能力帮助别人,不要吝啬。

然而,"为善易,避为善之名难"。陈光标因为"高调"济贫,当时惹来许多争议。呜呼!真正达到施不图报的高境界,可谓难矣!

此外,还有两点提醒孙孙注意。

20
金钱是一把双刃剑

一是有了钱也要注意节俭。常将有日思无日，莫到无时想有时。人生都是三穷三富过到老，不能因为手头有钱就大手大脚，不要买可买可不买的东西。一个人有好多衣服、好多鞋子，是虚荣、是浅薄。做饭没计划，剩了就倒掉，岂止是浪费，简直是犯罪。只有没教养、没知识的人才做得出来。

生活一定要有忧患意识。吃饭以杂粮、清淡为益；穿衣不要讲究名牌，舒适为宜。学会简朴，不但有益健康，一旦贫困落魄了，也不会手足无措。不要慕虚荣，不要追求所谓时髦，那其实是一种浅薄。

越有钱生活应该越平实，越简约。只有虚荣的人，才偏好打扮自己，才喜欢花钱的快感。眼下流传一句俚语"穷穿貂，富穿棉，大款穿休闲"，很形象地活画出了不同人的心态。

爷爷主张过简单而快乐的生活。拥有很多，常常或必然会成为生命的一种负担。过度追求物质财富，会把自己折磨得筋疲力尽。选择简单的生活，不意味着是选择清贫，而是选择心灵的满足、平和、平静和自然，能够悠闲自得，随遇而安。"快乐，并不是来自物质条件的刺激，而是内心真正的安定与平静"（圣严法师语）。当你喜欢简单的生活时，你便彻悟了，你才能做到乐观、豁达、坦然，才可以远离利欲、虚荣、忧伤的困扰。

二是多结交穷人，多体谅弱者。富人跟穷人比，往往富贵的人不懂也不珍惜人间真情。因为他富有，权重势威，都是别人仰其鼻息求助于他，而因为他自己无所不有，从没有"求人"的后顾之忧，所以，他不喜欢穷亲戚登门，很怕穷亲戚影响了他的仕途，根本就不珍惜别人的感情。他认为他永远不会求到别人名下，也不想给自己留什么后路，这便是越富越抠，为富不仁的原因。

而穷人时时处于你帮我我帮你的人际氛围中，他懂得珍惜人

201

情,知道感恩,即使给他一碗粥,他也会念念不忘。所以,孙孙既不要因为钱而媚富,也不要有钱而嫌贫。有句古话"攒下金钱催命鬼,交下穷人护身皮",不无道理,虽有偏激之嫌,却也是经验之谈。当然,也确有一些不争气的穷人,好吃懒做,偷懒耍滑,不招人可怜,但这毕竟是个别的,不能因此失去博爱之心。

钱,没有不行,既要会挣,又要会花。只有花掉的那部分钱才是真正属于你的财富。

《菜根谭》中有一句:"贪得者,分金恨不得玉,封公怨不授侯,权豪自甘乞焉;知足者,藜羹旨于膏粱,布袍暖于狐貉,编民不让王公。"意思是一个贪得无厌、欲望无止境的人,给他金子他还怨恨没有得到珠宝,你封他当大官他还怨恨没当上王侯,这种人欲壑难填,虽然居富贵之位,却总觉得自己像个讨饭的,没有得到满足;而一个知足的人,即使吃糠咽菜,也比山珍海味香,即使穿布衣棉袍也比狐貉珍裘温暖。这种人虽身居贫困的平民境地,实际在感觉上比王公贵族更为尊贵、幸福和快乐。

让人失去理智的,往往是外界因素,而最能耗尽一个人心力的,往往是自己无休止的欲望。

一个乞丐捡到一只名贵的狗,收留了它。第二天,乞丐发现有人悬赏十万元,寻找这只狗,便欣喜若狂,觉得自己发财的机会到了。当他准备送还小狗时,发现寻狗酬金已涨到二十万元。乞丐把狗又藏起来,期望涨到一百万元再送还。直到第七天,果然酬金涨到一百万元。乞丐匆匆跑回去抱狗,可是由于小狗极度不适应乞丐式的生活,已经死了。难道不是乞丐膨胀无度的贪欲让他失去了一次绝好改变命运的机会吗?

叔本华就曾说过:"财富就像海水,你喝得越多,就越感到渴。"

钱,有多少算多?够用就行。

20
金钱是一把双刃剑

阔阔长大后,可能不会缺钱。还在你不会走路时,你的父母就计划如何为你的将来多攒些钱。这是中国每个家庭、父母共有的心情。可是,这样做,往往培养出来的又多是"寄生虫"式的败家子儿。

培根在《论家庭》中说:"在家庭中,最大或最小的孩子都可能得到优遇。唯有居中的子女容易受到忘却,但他们却往往是最有出息的。"他还说:"还应当注意,子女中那种得不到遗产继承权的幼子,常常会通过自身奋斗获得好的发展,而坐享其成者,却很少能成大业。"这都是经验之谈。希望孙孙能清醒地认识到这一点,从这个怪圈中走出来。

总之,幸福的真谛,不在于金钱,而在于有一个明智达观的态度去面对金钱。

爷爷曾写过一首诗《钱》,那是爷爷对钱的理解。其中有这样几句:

> ……
> 能赚钱,或许表现的
> 是一个人生存的能力
> 会用钱,往往反映了
> 一个人的品格和尊严
> 大爱者,方能扶弱
> 至善者,才肯怜残
> 在巨富中死去,是一种耻辱
> 慵懒地在贫困中等待
> 也是一种悲惨……

爷爷还另外给你留下一个我亲笔抄录的本子，精选了一些名言警句，其中抄有张说的《钱本草》一文，是论述钱的精辟之作，张说认为"七术精炼方可久而服之"（七种对待金钱的态度），概括了一个人应有的金钱观，望孙孙细细品读。

一个人的价值不在于你索取多少，而在于你为社会留下了什么。面对金钱，把握分寸，既不为金钱所困，也不要为金钱所累，拿得起，放得下，看得开，乃为高人。

爷爷的话，孙孙三思。

富人与穷人的生命旅途

21. 人生有悔

　　人的一生，有时会做一些错事，有时会走错路、说错话，甚至一念之差导致终生遗憾。于是，人就不能不后悔。

　　回首六十年人生路，爷爷有许多感慨。如果当年你太爷年轻时不追随国民党，不走错路线，不至于二十二岁就入监狱，也不至于影响他的子女深受极"左"路线的压抑；如果当年我能让你爸爸、姑姑多读几年书，或许他们会有更好前程；如果我大学毕业后，不去扎兰屯二钢厂，也许在仕途上会有更大发展；如果……有太多不该发生的事，爷爷该不该后悔呢？

　　当时，爷爷确曾后悔过，可是丝毫改变不了已发生的事实，后悔一点用也没有。

　　过了几十年，再回头看这些后悔的事，却又有了新的感悟。如果不是当年你太爷的历史问题压得我喘不过气来，我或许不会有那种顽强奋进的精神；如果你爸爸、姑姑不是较早参加工作（他们十七岁上班），或许不会有今天"自己创业"的选择；如果我不上二钢厂，不离开文化口，也不会有后来上银行这一步；如果……唉，生活真是一本无法确定的书，你没法预料下一页里写的是什么。那么，什么是对，什么是错，怎么样做才能不后悔？

爷爷凭六十年人生的感悟，得出以下的看法。

首先，无论做什么，在主观上做了积极争取，努力在人生方向上不迷失，尽最大努力往好里做了，就足够了。即使失败，即使误入歧途，那是能力及机遇等因素造成的，主观上想好，结果不好，是没办法的事。这种时候，就不用后悔。借用王安石在《游褒禅山记》里的一句话："尽吾志也而不能至者，可以无悔矣。"

这就像无数先烈，把青春热血献给了为人民解放的伟大事业，或死或伤，也不用后悔。因为他从事的是有意义的、高尚的事业。把握住人生方向，尽力前行，而没有浑浑噩噩，游戏人生，就没必要后悔。况且，人活着是体验生命的一个过程，无论当官还是种田，无论快乐与痛苦，无论成功与失败，都是对生命的一种"享受"，从这个意义上说，你没有白活。

一个百岁老翁，遇见了老子。百岁老翁说："我一辈子游手好闲，却活到一百零六岁，可是世人每天辛苦劳作，却早早就死了。我们谁活得更好？"老翁的本意，是嘲笑那些忙碌而短命的人。老子没有直接回答，指着一块石头和一块砖问百岁老翁："如果你能选择其一，你选择什么？"老翁说："当然选择砖头。"老子问："为什么？"老翁说："砖更有用处。"老子又问周围的人选择什么，大家都异口同声选择砖，而不选石头。老子再问："是石头寿命长呢，还是砖头寿命长？"百岁老翁说："当然石头寿命长。"于是，老子释然而笑说："石头寿命长，人们却不选择它，砖头寿命短，人们却选择它，不过是有用没用罢了。天地万物亦然，寿命短的，对人有益，人们都感念它，短亦不短；寿命虽长，于天于人无益，人们也会抛弃它、忘记它呀！"老翁听了十分惭愧。

这个小寓言说明的，正是生命的过程要有意义，而不是结果如何。所以，只要做了有意义的事，即使没有成功，也没什么可后悔的。这样一想，爷爷也就不为过去的得失后悔，因为爷爷一直在努力了。

所以，孙孙长大，只要努力把握好自己的人生之舵，积极拼搏了，就足矣，不必为曲折、失败而懊悔，不必为结果的"不理想"而失望。

其次，后悔也没用，后悔也于事无补，又何必后悔呢？人生在奋斗的过程中，失误、挫折、失败，是在所难免的。这个时候，最该做的，就是冷静地分析失误的原因，找出利弊，吸取教训，另辟捷径，揩干净身上的血迹，挺身站起，继续奋力前行。如果一屁股坐在地上，后悔不迭，呼天抢地，唉声叹气，唠叨不休，除了使自己陷入一种痛苦的状态，于身心不利，对事实又有何补呢？《三国演义》中的"蒋干中计"使曹操错杀二蔡、马谡失街亭、关羽败走麦城，以及刘备被火烧连营等情节，导致一次次战役的失利，会令人后悔不迭。可是，哪一个可以弥补呢？后悔是一点用也没有的。

小时候，爷爷听老人们讲故事，说有一个人在肩上用木棍挑着装饭的罐子赶路，走着走着，饭罐突然滑落摔得粉碎，饭撒了一地。可那个人却头也不回，看也不看地继续赶路。路边的人大喊："你的饭罐子掉了！"那人头也不回地说："看了又有什么用呢？"

这个人真是个智者，不为已经无法挽回的事再徒费心神，而是把握自己的大方向，努力前行。这个小故事，对爷爷影响很大，

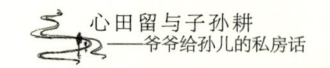

虽然会为一些往事感到懊悔，但一想到这个撒饭的人，便也就想开了。

是的，人生无法重来，泼出去的水，没法再收起，为那些已经过去的"失误"、"损伤"而忧心懊丧，是一种无知，是一种浅薄，是一种狭隘，是一种软弱，实在是不明智。所以，爷爷希望孙孙，能达观、开朗、理智，不必为已"撒了的饭"追悔莫及。

爷爷之所以要选择这个话题来写，是因为，你太奶就是一个追求完美的人，几乎总处于一种后悔莫及、怨天怨地的精神泥沼里，不该这样，不该那样，几乎总是不开心。结果，身心受到严重伤害，六十岁就离开了我们。你奶奶也是一个特别要强、事事都想完美的人，可现实生活能事事顺你意么？生活总会有很多遗憾，于是你奶奶总是生活在焦躁、懊悔、悲观的情绪中，所以五十多岁就心脏不好，失眠，不是这儿难受就是那儿难受。见她们那种生不如死的样子，爷爷为她们的状态感到着急又无奈。后悔是一种耗费心神的恶劣情绪，可以造成双重损害，是比错误更大的错误，所以，明智的人不该后悔！

如果把人生比喻为汽车的油箱，那已经发生的事情，好比耗掉的汽油，未来的岁月相当于剩下的汽油，你最关心的该是哪一部分，是不言而喻的。

爷爷这一辈子最烦埋怨和唠叨，这种性格的人导致自己不开心，也会给家庭带来不快。有问题，可以平心静气地讨论，以后如何汲取教训就行了呗，为什么还偏偏总"往伤口上撒盐"呢？宽恕，也是一种境界，能宽恕现实中的一切不如意，需要胸怀，需要理智，更需要爱心。宽恕也是生活的一部分，学会宽恕，才可以驱散"后悔"的阴霾，才可以让自己融入生活，享受生活的丰富和快乐。

21 人生有悔

所以,爷爷想了,我们这一代,也许就这样了,孙孙可千万不能再重复前辈们的悲哀。

孙孙应当从小就通过学习,通过爷爷的提醒,变得大度一些,豁达一些,开明一些,不要陷入"后悔"的泥沼。古人云"宰相肚里跑开船",就是指一个人心胸能装得下事,特别是能经受住失意的打击。《三国演义》中"火烧赤壁"一节,曹操的几十万大军,被杀得几乎全军覆没,而曹操竟然可以笑得出来,正是这种气度,才使得曹操终于成为盖世英雄。也只有这样的胸襟,才能干大事,才是生活的真正强者。

当然,"人生无悔"的最佳选择,是少失误,尽量不犯错。宋朝时陆游说过:"焦头烂额如何补,弭患从来贵未形。"意思是一旦令人后悔的事出现了,是没办法补救的,而"补救"的最好办法是防止这种不好结果的发生,在问题出现之前,就能发现它或预见到,从而及时采取措施,避免失误。

可是,从普遍意义上讲,"人生有悔"又是必然的。由于人的一生不可能没有失误,不可能没有错误,即人生必定有"应该改悔"的地方。所以,人还要清醒、自励,能在有了错误以后勇于承认错误,勇于改正错误,勇于弥补过失。有很多人,为了一时"面子",而敷衍错误,推脱责任,采取"不承认"主义,或者陷入懊悔的深渊不能自拔,都是不明智的表现。善于从失误中寻找新的人生突破口,才是最好的选择。

法国的罗曼·罗兰说:"只有把抱怨的心情,化为上进的力量,才是成功的保证。"所以,要走出"后悔"的阴影,既要防患于未然,努力做到没有这块"阴影",又要用理智和智慧,用勇气和热情,驱散这块"阴影",让心情亮丽起来,让人生亮丽起来!

南非前总统曼德拉说:"生命中最伟大的光辉不在于永不坠

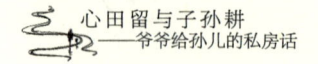

落,而是坠落后能再度升起。"

华山独臂挑夫何天武有一句震撼人心的话:"我不后悔过去,也不畏惧将来。"是何其豪迈!

既不为"撒了的饭"懊悔,又勇于承担"撒饭"的责任,更能积极汲取"撒饭"的教训,继续奋力前行,这就是爷爷说这个题目的本意。

22. 学会与人合作

　　人的一辈子，不可能不与人合作。
　　或者是在一个单位做同事，或者是在一个生意中做伙伴，都不可避免地要产生合作关系。
　　人类的生存、事业的成功、社会的发展，都与合作紧密相关。人类的一切成果，都是人们合作的结果，几乎可以说，没有合作，就不会有人类的今天。
　　合作，是优势互补。合作，可以将合作双方的力量增强，将合作双方的利益放大。这正如龟兔赛跑故事的现代版那样，在陆地上，兔子驮着乌龟跑，遇到大河时，乌龟驮着兔子游，将双方的优势充分发挥，避免了单方能力局限可能造成的障碍。
　　所以，合作是人类社会活动的明智举措。
　　但是，合作得好却不容易。因为人的秉性、能力、专长、习惯、知识、气度、胸怀等的差异，是客观存在的。达到异中求同，能同舟共济，势必要经过共同努力才行。

依爷爷六十年人生的感悟，感到要能与别人合作好，需注意四方面的问题。

第一，要学会尊重人、关心人、理解人。任何一个人，都有他自己的尊严和自尊心。无论他是你的同事，还是你的下属，你必须从心里尊重他，感谢他，是他与你的合作，才有共同的成果。而千万不能颐指气使，挑剔埋怨，像使唤奴隶似的呼来唤去。也不要以"救世主"的身份出现，好像没有你的合作对方就活不下去似的，这样会深深伤害对方的自尊心。更不可在对方有失误时，劈头盖脸地斥责，不给对方留面子，不给对方留尊严，那样只会使对方心怀异志，从心里与你疏远、对抗，甚至破坏合作。

当然，合作是有原则的，合作不是相互迁就。有章可循，有明确的合作"依据"（协议），是合作的法律基础。决策有误，执行偏差，造成损失，也要按规章约定，给予责任人以相应的处罚。但只要出于公心，讲清道理，最终都会得到理解，处罚与人格侮辱是两码事。诸葛亮挥泪斩马谡，不是杀得马谡也心服口服、感激涕零么？有时强力并不能解决问题，反而温柔会更有力量。犹太法典上说："温和与友善总是比愤怒和暴力更有力。"比如"南风与北风比赛"的故事，很能说明这个道理。

在这方面，爷爷经历的最深刻的教训，是你舅爷家。原来你舅爷家五兄弟，各个都很有能力，又懂技术，在1985年改革开放初期，就自己家办轧钢厂，并积下了几百万资本，这在当时是很轰动的，属改革开放时期起步较早的成功企业家。可是，由于企业里有的决策人恰恰不懂得尊重人，不懂得与别人换位思考，在小胜面前，忘乎所以，自命不凡，强悍暴躁，简单生硬，渐渐失去人心，加之决策不慎，而最终没能发展起来，令人扼腕叹息。教训是惨痛的。

22 学会与人合作

根本原因，是不会与人合作，不会凝聚人心，不知道激发合作者"忠诚度"的重要性。由于感情上的疏远，人们往往倾向于不相信或不感兴趣，缺乏感情上的共鸣，理解就不那么容易了。所以，要想做成一件事情，功夫往往在事情之外，即人际关系的处理成为首要。

有句古语"士为知己者死，女为悦己者容"，"受人知者分人忧，受人恩者急人难"，都是讲合作双方的喜欢或忠于都是相互的。正所谓"种瓜得瓜，种豆得豆"，你投入的是真情，道理上，收获的也不该是假意。不能因为受过骗，就否定这个大原则。

一位妈妈在一条清澈的小河边洗衣服，她五岁的儿子在河边的草地上玩耍，远处的群山在云雾中时隐时现，给人一种神秘的感觉。忘情的孩子抬起头时，发现自己离妈妈很远了，有点害怕，便高喊着"妈妈——"，向他妈妈跑去。孩子的喊声刚停，在遥远的地方也有一个空旷的声音"妈妈——"传了过来。谁在学自己喊妈妈？孩子愣住了。他高声问："你是谁？"那个声音传过来："你是谁？"孩子急了："你不许学我！"那个声音："你不许学我！"孩子被气急了："你是坏蛋！"于是对方也回应一句："你是坏蛋！"孩子气哭了，跑到妈妈跟前诉说委屈。妈妈笑了，说："你向他问好，听他怎么说。"孩子于是对着远方喊："你好！"于是从远处也传来了一声："你好！""我爱你——"，"我爱你——"远处的群山忠实地传出回声。孩子笑了。

其实，我们生活中不也是这样吗？无论是收获仇恨还是收获友爱，那个播下什么种子的人，就是你自己呀！

一切合作的矛盾、分歧，都不是单方面的问题。

所以，与人合作，一定要有自我反省能力，懂得换位思考。合作难免会有失败的时候，失败之后，首先要从自身找差距，不能总是迁怨、挑剔别人，好像谁都对不起你，那么，你又做得如何呢？你反思自己的不足了吗？北宋诗人林逋说："以责人之心责己，则寡过。"人啊，往往喜欢看别人的缺点，却忽略了自己的不足。能切身地理解对方，进而协助对方解开心结，克服困难，共同弥补过失，真诚地与对方结成利益共同体，这样合作的成功率才会高。

所以，生意事业的合作，实质先是人的合作。先有自己做人的成功，才会有与别人合作的成功。即使是一次与"狼"的合作，也怨自己没有看准人。应当把一次失败当作一次学习。能实现一次自身的提高，也算一次合作的价值。

第二，要学会分享。特别是现代社会，是知识经济、信息经济、网络经济时代，人与人相互依存度增强，为了生存，必须与人合作。合作的最终目的，都是想实现"自己"的目标，没有哪个合作是只为别人而不为自己的。可是，问题的关键在于，只想自己的利益，不考虑对方的利益，这种合作能成功么？或许会有一次或暂时的成功，但不会有多次或长久成功。

合作，从另一个角度看，也是一种有规则的利益"交换"。你肯把利益让渡给别人，别人才会同样把相应的利益让渡给你。所以，合作的奥秘在于肯善待他人。香港巨富李嘉诚做生意精于算计，但却常常主动让利他人。他说："假设拿10%的股份合理，拿11%也可以，那么，我就拿9%，这就是我发财的原因。""刻薄不赚钱，忠厚不蚀本"，是经验之谈。敢担当、肯吃亏是一种超凡的大境界，是能促成合作成功的法宝。

吃亏不仅是一种劝诫和教化，是处世的圆熟经验，更是一种处世的智慧。

一个人若只图自己快活，只计较个人得失，而置别人的利益于不顾，谁还会与他再次合作呢？所以，真正合作的高境界是实现双赢或多赢，是"你先赢，我后赢，再双赢"。

天堂与地狱的差别，就在于天堂里的人，都在用自己手里的长柄勺子去喂别人，而自己也被别人所喂；而地狱里的人都只顾自己，不喂别人，却又无法用长柄勺子把食物送进自己嘴里，因而人人在挨饿。

你奶奶年轻时与别人合伙做生意，爷爷跟你奶奶说："合作之前，先看看对方能否挣到钱，若对方赚不到钱，这个买卖别做，也做不成。在分配利润时，若一家可分五角钱，咱只要四角九分，给对方五角一分，让对方'秤'高一点，这样才可以有长久的合作。"知足常乐，吃亏是福。你奶奶果然这样做了，结果，不但主动找你奶奶合作的人多，而且每次合作基本都是成功的、愉快的。这就是分享的魅力。

在家庭、在学校、在单位，即使没有一次"项目式"的合作，这种共同分享的机会也时时存在。比如与亲友同事共享一块地瓜，共睡一张床，共享一份奖金，共享一次快乐，共同分担一次痛苦，这虽不是在做"项目合作"，但同样表现出了人性的善良和大度。而这种人缘、人气、人脉，别人对你的好印象、好口碑，自然为日后的"项目合作"奠定了基础，谁有好的生财之道，自然会先想到你。

分享，也包括博采众长，分享别人的经验和教训。管理大师蒋泓峰说过："有足够的胸怀、眼光和能力把别人的优点变为自己优点的人，就一定会无往而不胜。"可见，能从合作伙伴身上学习一切有用的东西，也是合作的智慧。

所以说，学会分享，实质还是人格、胸怀、气度问题，是价值观、思想方法问题。也就是说，合作的功夫在合作之外。

第三，要懂得选择合作伙伴的重要性。古训说"买卖好做，伙计难搭"，是至理名言。事实上，不是你的人格、品质怎么高、怎么大度、怎么高姿态，就一定能合作好。如果遇上一个唯利是图、专横跋扈、阴损毒辣、偏激狭隘、薄情寡义之徒，你把心掏给他，也换不来他的诚意，如果真与这种人合作了，不仅不会成功，还可能给你带来资本上的损失。

特别是现代社会，人们的功利思想十分严重，赤裸裸地就剩金钱关系，你义他不义，你慈他不慈。所以，千万要睁开眼睛先看准人，不可盲目合作。爷爷和你爸爸多次吃了太轻信人、太仁慈忍让的亏。因为自己不是坏人，也想不出别人会有哪些不良居心，所以往往上别人的当。

辨别人，真是难哪！正是"画人画虎难画骨，知人知面不知心"。往往越是奸狡的小人，越会说话，越会来事，越会表现亲密，常常在事先把你忽悠得不知不觉上了他的道。骗子们的招数五花八门，防不胜防。

因此，与人合作时，一定要保持头脑清醒。不熟悉的人，不能轻易与他合作。对熟识的人，也不要只看他跟你如何把合作说得天花乱坠，要跳出合作之外，去审视他与别人曾有的合作，是不是讲诚信。要看他平时的人品、口碑如何。他若和别人不讲信誉、不讲义气、不讲规则，跟你能行么？

被骗，不是诚实之过，为人诚实是对的，但没睁眼看准人，总相信对方不至于那么损，因而草率决策，是一大忌呀！

智谋与阴谋的本质区别在于是否用正当的手段来谋取应得的利益。我们不排除使用智谋，但我们不主张在合作者之间使用阴谋，可是又不能不防范别人使用阴谋。

第四，能够包容。可以说，世界上所有的合作，都会有矛盾、有纷争。而且，旧的矛盾解决了，还会有新的矛盾产生。事物就是在不断解决矛盾的过程中发展的。合伙人"争吵"，不完全是品格的原因，往往是合作之初责权不明，特别是"分配规则"不清晰所致。古训"先明后不争"，事先把许多相关利益界定清楚，也是合作成功的关键。有意见相左，不一定是坏事，正是这种意见的交叉，达到互补，以减少失误。但是，若缺少开明的态度、缺乏包容的胸怀，一有点分歧就大呼小叫、就相互不容，一有点失误就暴跳如雷、互相埋怨，试想，这样的合作还能继续下去么？这不是一个合作项目的失败，是心胸、心态、规则不明的问题。如果还用这种态度与别人合作，还会失败。《管子》有言："薄施而厚责，君不能得之于臣，父不能得之于子。"不谬也！

有纷争是难免的，关键是要把握大局，不要因小失大。

春秋时赵国老将廉颇勇冠三军，功勋卓著，曾非常不服气门客出身的蔺相如凭一次"完璧归赵"便官拜上卿，位在自己之上，多次欲当街羞辱相如，但蔺相如多次谦避，不与计较。有人为此替相如不平，相如说："秦王我都不怕，我还惧廉将军吗？我所虑的是国家安危，怕我二人争斗起来，于国不利呀。"这话传入廉颇耳中，老将幡然悔悟，主动负荆请罪，此后二人结成生死之交，使得《将相和》成为千古佳话。

欲做大事业者，必有大气度才行。有时，打破僵局最好的办法就是我先退一步。懂得退让的人，往往是智者，是懂得珍惜既有幸福的人。可是，没有大勇者，很难做到先"退"。有人把不肯退让当成是对尊严的维护，其实，这种"执拗"所维护的仅是暂时的"面子"而已，真正的尊严，是靠胸怀、靠品格、靠正义和成功来确立的。

据史料载，春秋时期的楚庄王举行庆功宴会，邀请文武百官畅饮。欢宴之间,楚庄王让他最宠爱的美人许姬为功臣敬酒,突然一阵风将宴会厅中的灯熄灭,顿时大厅一片漆黑。黑暗之中,有人拽住许姬的衣袖,欲行非礼。许姬情急之下,一把将非礼之人的冠缨扯下,那人吓得急忙松开了手。许姬一边大叫"点灯",一边匆匆走到庄王跟前诉说此事,请庄王严惩非礼之人。庄王却立即阻止点灯之举,在黑暗中宣布:"为了尽欢,请武将们将冠缨自行扯下藏好,违令者斩。"过了一会儿,他命宫女点灯,宴会继续进行。武将们并不知其中缘故,但只有行非礼之人心里清楚,庄王为什么这样做。两年之后,楚晋大战,交战中一名叫唐狡的将领特别勇猛,多次为庄王解围,立了大功。庄王特意嘉奖他的忠勇,问他何以如此效命,唐狡答曰:"臣,先殿上绝缨者也。"楚庄王以自己"容他人难容之事"的气度,赢得了属下的忠心。

一个人如果真正具有海纳百川的包容心,他将无往而不胜。

或许,爷爷把话题说得沉重了点,但这确是爷爷六十年人生的经验之谈。

当然,孙孙也不必对社会的复杂、险恶感到畏惧、紧张,正像有阳光就有阴影一样,毕竟社会上还是好人多。所以,不必对人类失去信心,只要知道小心,不断用知识装备自己,多从别人身上学习正反经验,还是可以从容应对人生的。

合作的前提,不仅要找准伙伴,还要看准项目的可行性。对项目的评估属于另一个话题,爷爷不在这里细说了。爷爷这里只强调学会合作的问题。

学会合作,是成功人生的一大本领、一大智慧。一个人会因为懂得合作的力量,而成为无所畏惧的人。反之,不会合作,喜欢孤军作战,则很难有大的作为。

22 学会与人合作

阔阔，你若是生活的强者，并对生活有充分的准备，你会很自然地能主导自己、主导他人，通过与别人精彩的"优势互补"，共同谋取合作的成功。

所谓合作，就是优势互补，互惠双赢

23. 改变思想的重要性

俗话说的"一条道跑到黑",是人们形容一根筋、死脑瓜、不灵活,不撞南墙不回头的那种人。

这种人,办事刻板、执拗,或是先天性格太"倔",你说东,他偏说西,死犟死犟的;或者是无知识,思路窄,见识少,想不出别的好办法,就"一条道跑到黑"。

如果遇上那种又犟又无知的人,你说什么他当耳旁风,还一副不屑一顾的样子,那真是天神老爷也拿他无奈,只有任由他去撞个头破血流。

生活中,还真不乏这种人。你奶奶的一个小同事,是个刚新婚不久的女孩,夫妻失和,来咱们家里找你奶奶诉说。你奶奶怎么劝导,就是一根筋,怎么说也不开窍。过了两个小时,到晚上九点了,还在那要死要活的。爷爷在另一间屋里正写文章,想开导她一下,就走过那屋,对她说:"你站起来!"她惶恐地从座位上站起来(她平时对我有点畏惧)看着我。我说:"你面冲墙站

23
改变思想的重要性

着。"她莫名其妙地照做了。我命令她:"往前走!"她面对着墙,当然无法前行,回头用狐疑的眼光看我。我说:"往前走啊!"她站着不动,惊诧我何以这样命令她。我说:"转过身,往前走!"她便转过身走几步。我一言没发,便回到另一个屋子继续写我的文章。后来她妈妈跟我说:"唉呀,你可真行,没说几句话,她就像变了个人似的。"

其实呢,举这个例子是想说明,像这个新婚女孩一样,一时在心理、感情上钻牛角尖、想不开的人,比比皆是。可是,只要肯"转个身",就会是另一片心灵的天地。在你走投无路时,换一种思维,换一个角度,跳出原有思维定式,或许马上会眼前一亮,心胸豁然开朗,有了新的思路、新的境界。一个人一生会不断遇到生活、思维的"死胡同",而能张开想象的翅膀,学会适时改变自己,就会让自己的人生亮丽起来。

比方一个出租车司机,他总觉得整天在马路上穿行,四处奔波,是一种辛劳和无奈,心情可能很不愉快。如果他肯"转个身",换个角度想,每天开车游玩,观赏世间百态,反而还有人付钱给我,既游山逛水,又挣工资,是个何其划算的事呀!换一种心态去想,就会快乐起来。

比如女友弃你而去,十分绝情,不再爱你,你可能很伤感,很痛苦。假如有个智者点拨你:"你失去一个不爱你,又薄情寡义的人,有什么可惋惜的呢?而她失掉的是一个十分爱她的人,感到悔恨的应当是她呀!"如此一来,你的心情或许就会释然!

特别让我感动的,是一个从小患脑性麻痹的女孩,四肢僵直,头部不能转动,也不会说话和走路,而且由于肌肉的僵硬,面目也严重变形,可以说相貌很丑陋。然而她自己并不放弃,凭顽强地拼搏,竟获得了美国加州大学艺术博士学位,她用她的手当画笔,灿烂地"活出生命的色彩"。她给学生做报告时,有个小学生忍不住问她:"你长成这个样子,没有怨恨和悲戚吗?"这句问话,也许会直捅这个女孩内心最伤痛的地方。但是她微笑着,在黑板上写道:

我好可爱!
我的腿很修长,很美!
爸爸妈妈十分爱我!
我会画画,我会写文章。
我有双明亮的眼睛。
我还有只可爱的小猫!
……

她的结论是:"我只看我所有的,不看我所没有的!"

这真是一个令人人心灵都会为之震撼的回答!她叫黄美廉。跟别人比,她该有而没有的东西很多,如果跟别人攀比,她不会幸福。但她因为在思想上"转个身",只看自己有的,自己有了那么多,她很知足,也很快乐!

你看,黄美廉的微笑里,蕴含着多么令人羡慕的成功和幸福啊!

一个人的肢体残疾是不幸的,可是,黄美廉却由于心态、思想的改变,仍能获得幸福。

而相对一些肢体健全的人来说,由于缺乏超越自身的动力和意志力,则比肢体残疾更不幸。

唯有真正获得内心的宁静平和,才能真正摆脱喧嚣世界烦恼的困扰,才能真正享受到生命的快乐。

23
改变思想的重要性

一个思想的改变,就是人生态度的改变,是生活质量的改变。人,一旦改变了自己的思想和态度,世界也将换一种方式对待他。

我们有许多人,恰恰相反,他已经拥有很多,却总是"只看我没有的,不看我所有的",所以,活得很不快乐。

爷爷有个文友,叫商世龙,比爷爷长几个月,是个敦厚而聪慧的杂文家。他在一篇关于"心态"的文章中,有这么一段:"不同的心态造就了不同的人生。积极的心态像太阳,照到哪里哪里亮;消极的心态像月亮,初一十五不一样。心态可以使天堂变成地狱,也可以使地狱变成天堂,天堂、地狱由心造。你内心如果是一团火,就能释放出光和热;你内心如果是一块冰,就是化了也还是零度。"说得十分到位,爷爷非常欣赏。

决定一个人平生是否幸福,比贫穷或富裕更重要的前提是心境。有些人之所以不幸福,是因为他有一颗不肯快乐的心。如果你的心灵中充满阳光,充满涌动的活力,从容淡定,则你无论面对怎样的困境,都不会沮丧;如果你的心灵中充满黯淡,贪婪而又虚荣,则无论你面对怎样的荣贵,也不会满足、不会快乐。人生苦短,不如意事常八九,与其事事张弓拔弩,患得患失,不如乐观点,自己营造快乐,时不时"幽他一默"。

如果寻觅幸福的过程充满苦涩,即使有一天寻觅到幸福了,可是因为过程并不幸福,人生会是幸福的吗?与其这样,不如快乐、幸福地寻觅着,不管结果如何,生命的过程却在时时感受着幸福。"心随境转是凡夫,境随心转是圣贤"(圣严法师语),此之谓也!

当一个人缺少内心积极的精神支撑时,就容易受自尊和虚荣的驱使,产生和别人攀比的心理。而一旦陷入喜欢"跟别人比"的误区,就意味着活在别人的眼光和标准里,会失去自我。因为,永远会有比你活得好的人，你永远不会满足，为了"赶上别人"，你的生活会像陀螺一样转个不停，得不到内心的平衡和协调，哪还会有好心情享受生活呢？跟别人比，固然可能获得拼搏的动力（拼搏的初衷并不高尚），但同时又可能葬送了自己的幸福。如果我们有大爱的情怀，就应该乐见别人比自己过得好。爷爷认为，幸福不是向别人的优裕看齐，而是选择适合自己的生活。不懂得量身定做自己的幸福，其实就是不懂得什么是生活，也找不到真正的幸福感。抛却对幸福本身的追求，目光总是盯着别人，总想比别人幸福，幸福就会远离你；总是满足既有的，关切别人的不幸，就会感到自己是幸福的人。

自己有自己的活法，只要努力了，自我感觉好就行，何必跟别人攀比呢？

当然，爷爷不是说不能跟别人比（竞技项目的比赛另当别论），关键是比什么、怎么比。爷爷主张学识上跟比自己高的人比，不但可以提高自己，而且不会骄傲自满；回报社会，跟奉献大的人比，才能学会感恩；在生活标准上，跟比自己低的人比，容易得到满足。这虽然不是一个神圣的话题，却是每个人每天要面对的实际课题。"转个身"，看似很简单，可是，有些人当事者迷，就是"转"不过来。

爷爷希望孙孙拿捏好"生活态度"这个分寸，这将决定你的生活质量、幸福指数。

改变思想，便改变生活。那么，如何才能适时地做到这种"转变"呢？依爷爷的感悟，必须具备三个基础性的前提条件。

首先，要有广博的学识，有丰富的人生经验（不一定是亲身经历的经验，客观地分析别人的成败，也可以获取经验）。"改变"的重要前提，先要知道自己该不该改变，为什么改变，向哪个方

23
改变思想的重要性

向改变,绝不是盲目地改。改变是从认识自己的无知开始的。只有当我们认识到自己的无知,才会为自己感到羞愧,才会奋起,才会努力攫取知识和经验,才会逐步具有审时度势的能力。

企业界流行一句话:"有思路,便有出路。"那么,思路从哪来?爷爷认为,思路是从高度来,没有思想眼界的高度,便不会有思路。而思想的高度,是由于有深厚的知识积累。而深厚的知识积累要靠学习,可是,同样条件下,同样用功,为什么有的人学得好,有的人学得差?是学习力的差异。学习力是思想方法的应用,是活用知识的能力。由于有学习力,才会有知识、有见地,遇到问题时,自然就具有辩证思维,思想活跃,能从错综复杂的情势中把握全局,理出头绪,找到症结,适时改变策略("转身")。

其次,要具备良好的品格修养,胸怀大度,懂得自省和自律。遇到问题时能够虚心从容地听取别人的意见,心里可以容人,不排斥他人,不固执,表现开明。

人与人之间最大的信任,是关于进言的信任。而肯于进言,先要看纳言者是不是可以信任,是不是个虚怀若谷、知道好坏的人。如果足够开明,便可以做到从谏如流,做到适时"转身"(改变思想)。而有自律自省能力,知道遇事从自身上找原因,能利用理智驾驭感情,不冲动,不执拗,不褊狭,不顽固,不死犟死犟地十个老牛拉不动,则容易适时"转身"。现实中常有怕丢"脸面"而不肯"转弯"的人,往往霸道、专断,不能虚心纳谏,其实这样反而心胸狭隘,反倒更丢面子。

再次,要懂得适时放弃。放弃是一种勇气,是一种智慧。据说从前那些上山抓猴子的村民,在一个仅可以伸进猴爪的小口坛子里放上猴子爱吃的玉米就可以了。猴子下山后,发现坛中的玉米,便伸进手去抓,当它抓住玉米攥上拳时,手却拔不出来了。村民来抓它时,它着急逃脱,可是却不肯放弃手中的玉米,不放玉米,不伸开拳,手就拔不出来,于是被村民一逮一个正着。猴子"不会放弃",所以等待它的只能是悲剧的结局。

人也一样。汉时的韩信功成名就后,不知"放弃",而终获罪下狱;而张子房功成身退,及时"放弃"得保身。诸葛亮"事必躬亲",不懂"放弃"(授权),而累得英年早逝。

放弃的前提,是思想的转变。或者说,"放弃"就是"改变"。"改变"的智慧用于修身,可以保身;"改变"的智慧用于事业,可以让事业有新起点。

海尔总裁张瑞敏"砸冰箱的故事",就完成了海尔一个精彩的"放弃"。如农民创业的榜样刘永好的几次"变身",都是在生意红火,甚至是事业巅峰时刻,力排众议,毅然放弃原来的行业,另辟新路。事实证明,他的改变,造就了他的事业得以不断发展。

"改变"的智慧,用于理论上,可以实现理论上的创新。比如,邓小平先生的思想,就是从毛泽东晚年的失误中,悟出新思路,提出了"中国特色社会主义道路","让一部分人先富起来"的理念,提出"一国两制"的构想等,使中国从僵化的思维中获得活力,从而造就了新中国的空前繁盛。同时,也使邓小平的思想达到了前所未有的高度。

"改变"的思想,用于心态上,可以让人从情感的夹缝中走出来,从痛苦的深渊中得以自拔,从而感受生活的乐趣。要学会品味生活,无论天上的一道流星,还是地上的一枚败叶,那都是构成你生命过程的一道风景,都不该毫无感觉地任其从眼前滑过去。努力感受生活的情趣,我们的生活才会充满情趣。如爷爷开篇前举的两个例子,说明境由心造,一旦思想改变了,精神情绪都会

23 改变思想的重要性

发生变化，进入全新状态。

改变，放弃，需要勇气，需要胸怀，需要智慧，需要远见。改变和放弃，是一种思维创新、行为创新，而不是指那种没出息的退缩。

学习累了，就不学了；跑步累了，就不再健身；吃饭噎了，就不再吃饭，那是蠢人的选择，是懦夫的选择，而不是爷爷这里要说的思想的转变。若把"思想的转变"用做逃避的借口，那就完全违背了爷爷的初衷。

世界上只有想不通的人，没有走不通的路。心胸宽广的人，可以将烦恼淡化成开朗的心境；而心胸狭隘的人，会将一点点烦恼浓缩成化解不开的苦闷。世界上一切能力、智慧、学问，均表现为对宇宙人生、天地万物的洞察力和驾驭力。即使才高八斗、学富五车，不会应用己之所学所悟，不会"转身"，仍属于没开窍。

如果孙孙真正懂得了"改变思想"的道理，就永远不会感到"没有路走"，不会悲观，不会绝望。当你确实无法改变客观现实的时候，不妨改变一下自己，思想上适时"转个身"，就会天高地阔！

一句话，"思想造就生活"。懂得适时地改变思想，人生的路就越走越宽！

一个人的一生会遇到许多问题，当问题摆在面前的时候，比"是什么问题"更重要的是"怎样对待问题"。爷爷认为，光有一个"态度"远远不够，关键是采取怎样的思维模式去解决问题。比如你决定过一条河，"坚决要过去"的态度并不能决定你一定就能过去，"怎么过"（坐船、游泳，还是修桥）才是最关键的。

世界上的一切事情，都是在不停地运动、发展、变化着，即

"客观"无时不在发生"改变",因此,"主观"上也必须相应改变,以适应变化才行。这就是通时达变、因势利导,这就是适者生存!

这就是"改变思想"的必然性和重要性。

当然,仅仅想改变,还不一定会改变。改不好,结果会更糟。怎么能改得恰到好处呢?那就要调动你积累的全部知识、经验和智慧了。而这种准备,蕴含在爷爷留给你的全部文字里,要你自己去细细品酌、发现!

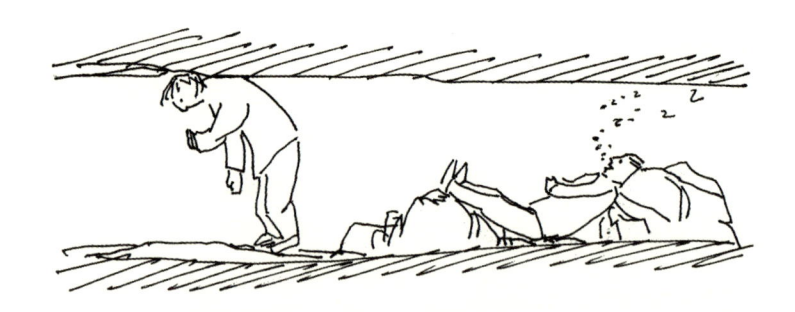

改变不了环境的时候,可以改变自己

24. 懂得求助

　　人的一生，会经历千千万万的事情。有一些，可以凭自身的能力得到解决，还会有相当一些事情，要靠求助别人来获得解决。

　　所以，懂得求助于人，善于求助于人，是一种生存能力，更是一种生存智慧。

　　有一个小故事，说一个两三岁的孩子，蹒跚着跟父亲在海滩上玩耍。突然，孩子发现沙滩里露出一块石头，便双手用力去搬，脸都憋红了，手也搬疼了，那石头一动不动，于是孩子便哭起来。爸爸在旁边看到这个情景，走过来说："你还没有尽到最大努力，为什么要放弃呢？你可以再试试啊！"孩子绝望地摇摇头。爸爸笑着说："你还可以求爸爸帮你啊！"于是孩子破涕为笑，立即拉起爸爸的手，让爸爸去搬。结果，石头被搬动了。这故事虽简单，却能很形象地说明，学会求助别人，常常可以使事情在"山穷水尽"之时，转而"柳暗花明"。

　　善于借助别人的力量和智慧，可以完成自己力所不及的事情。

比如刘备三顾茅庐,何其有诚意,请得了孔明先生,使自己的事业立即有了转机。比如刘邦有了"萧何月下追韩信",才求得一奇才,得以兴汉灭楚。此等故事,不胜枚举。

有时,求助也是一种交际手段。据说有一位年轻政治家,遇到一位资深前辈的反对,他为了缓和关系,便在一聚会场合,非常诚恳地向这位前辈求助,想借一本书。这位前辈看这位颇有名气的晚生肯礼遇自己,虚心求助,便高兴地把书借给他。然后他借还书的机会,与老前辈交流读书感悟,于是两人尽弃前嫌,并成为好朋友。一个小小求助,化解了一个政敌,这也是"求助"的魅力。

可是,求助于人,却又并非那么简单。

古训就有"求人难,上天难"之说。的确,爷爷和你爸爸,一辈子感到最难的是求人。小时候,大人叫我去邻居家借个水桶之类,我都打怵。自己家在农村盖房子时,常要思前想后,斟酌再三,几度迟疑,才不得不张口去求几个乡邻来帮工。而且,要怀着无限感激的心情,尽己所能用好吃喝去招待。

那时的不爱求人,一是性格使然,从小就不爱出头,没见过世面,张口怕人家不给面子;二是家穷,无力表达谢意,有一种"人情大于债"的负重感,所以,宁肯自己多受些累,也不愿意去麻烦别人。现在想起,这是一种性格上的缺陷,也是自己交际力的"软肋"。

奇怪的是,也许是自己知道求人难,张个口不容易,却十分体谅求助于我的人,只要力所能及,几乎有求必助。所以,还落个好人缘,亲朋常说"有事吱一声",有了这句话,心里便十分慰藉。可是,有事时还是不好意思张口求人。

现在反思起来,感到求助还真是一门学问、一门艺术、一种

24
懂得求助

生存能力。于是，想把有些感悟告诉孙孙。

第一，求人是正当的、正常的人际关系的一部分，不必那么为难。因为人的本质属性是社会性，人与人的关系，就是要你帮我我帮你。

但求人也要讲分寸、看时机。自己能做的事不做，凡事都靠别人，也不对，会让别人觉得你"巧使唤人"，是对人的不尊重，也是对感情的不珍惜。时间长了，令人反感，反而无人愿意帮忙了。再者，求人时要看人家是不是有时间、有能力帮你，强人所难，也是不对的。比如借钱，人家也没有，你还张口去借，不仅会让对方为难，还容易使原本平和的关系变得尴尬。所以，求人之前，要考虑周全，掌握分寸。

第二，求助的真谛是先乐于助人，不能"平时不烧香，急时抱佛脚"。人与人之间的帮助是相互的。人，应当永远抱着感恩之心处世，只有有了感恩之心，才乐于从内心帮助别人，当自己有了急难之事时，也才会有人相助。如果平时很自私，对谁的事都冷漠、不热情，都"隔岸观火"地"绕着走"，到想求人时才低三下四、甜言蜜语套近乎，已经不好使，且这种"现用现交"最为人所不齿。况且，平时对人家的事不肯伸出援手，临到自己头上时，也会羞于开口。这就是"种瓜得瓜，种豆得豆"，你平时对人如何，人家就会对你如何。

人要有这种反省精神。爷爷常好举一个例子，比如某人刚开了工资，把两千元装在兜里，我上前想求借五百元。某人可能一拍胸脯，很爽快地说："五百够吗？要不两千都拿去。"很仗义；某人也可能一脸苦相说："对不起，今天兜里没带钱，请另想办法吧。"他明明兜里就有两千，却说没钱。此时，借钱人可能会有两种态度：一种是十分愤怒，认为某人不够意思，甚至会到处讲某人不仗义；还有一种态度是到没人处自己打自己嘴巴。为啥？怨自己平时关系没处到，自己的为人不让对方认可。不是人家不讲究，而是自己处世的失败，应当自我感到羞愧、自责。

两种态度，反映出不同的处世心态和精神境界。爷爷认为，后者的反省精神，值得肯定。俗话说"多个朋友多条路"，那还得看平时对这条"路"修也不修。

所以，求人的真谛是：帮助别人就是帮助自己，先帮人，然后才有人帮助自己。

第三，求人也好，助人也好，要先看准对方人品，看清事情的性质，不可盲目地助人或求人。有些无赖小人，自私之徒，既不懂助人的情义，又缺少求人的感恩之心，是个"狼"，你就要尽可能远离他。特别要提醒的是，对有些自私无义之徒，刚刚与之交往时，你根本看不明白。往往那些最会来事儿、甜言蜜语特讨人喜欢的人，是最富心机的人（识别这种人也有个办法：看他如何对待那些"对他没用了"的人，这种时候表现的往往才是他的本性）。当他靠你的帮助志得意满，权倾一时时，才露出"忘恩负义"的本相。甚至不惜把恩人"踩在脚下"。"子系中山狼，得志便猖狂"，对这种人，你要格外小心，避之而唯恐不及，一旦跟他掺和进去，常常是引火烧身，自己就成了救蛇的农夫了。

比如，让你帮贩毒、销赃、抢劫的忙，你能帮吗？爷爷听说，有几个十几岁的孩子，在一个学校念书，因为同岁，都属虎，就学着"江湖义气"的样子，结为所谓"兄弟"，号称"八虎"，校内校外经常在一起玩。有一天，因为其中一人处的女朋友又跟别人好了，他们就帮"哥们儿""摆平"，去教训那个"情敌"，结果导致那个所谓"情敌"受到重伤害，他们小小年纪都吃了官司。家里父母为此颜面丢尽、伤心欲绝，受了巨大打击。其教训发人深省。

24 懂得求助

这种十六七岁的孩子,最容易受"哥们义气"(其实并不懂什么叫义气)的驱使,走上犯罪道路,原因是择友不慎,没有看准"同伙"是什么人。特别是"黑道"的朋友,为了一个所谓"义"字,什么出格的事都敢做。你一旦有求于他,他帮你所谓摆平,其实你的人生已经倾斜,卷进去会难以自拔。

求人不是利用别人,但也不要被人利用。助人是帮助别人,而不是借机会要条件要挟别人。互相帮助应建立在真诚维护对方实际利益的角度,而不是蝇营狗苟,互相勾结。帮要帮得正当,帮所该帮;求要求得仗义,求所该求。若一时冲动,冒冒失失,"有病乱投医"或"盲目伸援手",就容易招来祸端。

第四,要有一个良好的心态来面对求助的挫折。求人难,上天难,往往还难在遭拒后,自己心理难以承受。

应当认识到,遭拒也是难免的,是正常的。毕竟是求助,对方要根据自己的能力而定。力所不及的事还非得让人家帮,不帮就不满意,那就是刁蛮了。如果再怨恨人家,就更不对了。倘若是这么一种心态,就会随遭拒的次数增多,而积怨越来越多,这种情绪不可能不表现出来,大家一看你是这么个人,就会越来越疏远你,如此恶性循环,则导致人脉越来越冷清,而自己也会陷入孤独和痛苦。

人,应该大度、豁达。在求人时,就有两种心理准备,帮是感情,不帮也还是朋友,而且应该表示理解,对对方因没帮上忙而感到不安的心理,要表示宽慰。比如求人帮工,对方说没时间,抽不开身,你就可以说:"没关系,原本我就怕你没时间,另有准备的,当初只是觉得我求你最仗义,既然没空,我再找老王帮忙。办完事,咱们再聚。"如此一说,对方觉得没帮上忙,也没导致你事情就办不了,心里宽慰一些,而且看你也没因为没帮而有埋怨,还很坦诚，友情如故，则感到你够朋友。这样，或许反而增加了彼此的理解，也就有了以后再互助的余地了。

当然，爷爷讲的，绝不仅仅是个人之间的你帮我、我帮你，而是讲一种人生态度、一种生存智慧。无论在个人的事情上，还是国与国之间，单位与单位之间，都要有"求助"和"互助"的能力。

求助的奥妙在平时可以助人，互助的境界在谋求双赢。善于求助，不但可以获取智慧和力量的帮助，取得事业的成功，而且通过求助还可以增进感情和友谊。

当然，这种能力的养成，前提仍是以广博的知识、丰富的人生经验和高尚的人格修养为底蕴的。只有自己先是个好人，才可以得到更多帮助。

孙孙小时候，十几个月大，即表现出很强的求助能力。什么东西够不到、拿不动，马上拉大人的手过去替你做，而且会笑眯眯地搂住大人的脖子，在脸上亲一口，以示感谢，样子十分可爱。你妈妈在这方面的交际能力较强，也许是遗传基因关系吧，你表现出了这方面的天赋。从小看大，相信孙孙长大在这方面会比爷爷、爸爸做得好。

爷爷相信你，没错的。

25. 掌握分寸

爷爷曾写过一篇文章,题目叫《话说水平》,讲了"分寸即水平"的意思。强调人世间办一切事情,都要讲究分寸,而分寸掌握得恰到好处,就是水平。

无论是一个法律的公正判决,还是新闻发布会上一个严正的声明;无论是一个成功的手术缝合,还是一个合理的年度财务预算,不都是分寸掌握得好吗?

我们民族的文化经典里,处处体现着这种辩证思维。

比如《菜根谭》里体现的一些思想,就是强调分寸的。

"攻人之恶毋太严,要思其堪受;教人之善毋太高,当使其可从。"意思是批评、责备不要太严厉,要顾及对方自尊心和心理承受力;教诲别人做好人、做好事,也要考虑对方的实际,期望过高,反而让对方做不到。这是分寸问题。

"处治世宜方,处乱世宜圆,处叔季之世当方圆并用;待善人宜宽,待恶人宜严,待庸人当宽严互存。"意思是在政治清明天下太平时,待人接物应严正刚直;当天下动乱之时,待人接物应圆滑老练;当国家处于治乱兼济的过渡时期,就刚直与圆滑并用;对善良的人要宽厚,对邪恶的人要严厉,对待一般平民要宽严互用。这是强调,分寸的掌握,要因时因地因人而异。

"过俭者吝啬,过让者卑曲。"是说节俭本是美德,如过分节俭,会流于为富不仁、行为卑下的守财奴;谦让本来是人的美德,如果谦卑太过分,就会成为卑躬屈膝的懦夫,并且容易给人以虚伪、好用心机的感觉。

其实,掌握分寸的核心思想,还是儒家的中庸之道,即实事求是、不偏不倚、平衡利弊、因势利导的态度。处事不教条、不极端、不偏颇,能适时调整,做出恰当的行为选择,这就是水平。

在我们平时的行为中,无时不需要这种分寸的把握。

比如说人际关系,疏远不好,而过于亲密也不好,要给对方的隐私留有空间,也要给自己的隐私留有空间。因为"人无千日好,花无百日红",一旦关系破裂,是心腹,也容易成为心患。这不是说人要狡猾,而是被实践证明了的一种社会现实。推心置腹,也不是就无话不说,不该问的不要问,不能说的也不要说,这就是分寸。

比如请客,就要考虑请客的时机、规模、档次,考虑主客和陪客之间的关系,还要掌握宴客时间的长短,掌控现场的氛围,适时做出调整和引导。否则,就容易把好事办砸。这就是对分寸的把握。

分寸的把握,最难的是说话。我有个同事,人品好,待人热情,就是说话有时太过:"老弟,你可想死我了!""老弟,你是我心中的偶像啊!我太崇拜你啦!"我听了,就不舒服,觉得有点儿假。这就是说话的分寸没掌握好。

分寸的问题几乎无处不在。就是精神、品格、修养方面,也不例外。

比如"坚定"是表现一个人的信念,在困难面前不动摇、不退缩;而听不进去别人合理的意见,抱定一种固有的想法"不动摇",不肯改变,就成了"固执"。

比如"自谦"是发自内心地感到自己所学还远远不够,还要继续努力;而"自卑"则是自己看不起自己,认为自己不如人,认为自己注定没出息,而缺乏进取的勇气。过于自谦,认为自己啥也干不了,就是自卑了。

比如"自尊"是对自己尊严的维护,有自律意识,不轻取其辱;而"自矜"是自以为自己很了不起,看不起别人。若"自尊"到轻视他人,就沦为"自矜"了。

比如"老实"是为人真诚,实事求是,虽然人很精明,但不沾尖取巧,办事踏实,不搞邪门歪道。而老实到办傻事、办拙事,不顾客观实际情况,是非不分,不知进退,凭主观臆断地一意孤行,则是愚蠢了。

比如"果断"是在充分了解了事情的情势,经过仔细分析判断后,毅然做出的决定。而"武断"是不管三七二十一地乱拍板。那种盲目、简单的果断,则成了武断。

比如"活泼"是人要充满活力,幽默风趣,乐观好动,热情而不轻浮,大方而不造作,是一种外向性格。如果人的言行轻佻,说话不检点、不稳重,甚至男女间表现一些不雅的举止,显得缺乏教养,就是轻浮了。

比如对"勇者无惧"的理解,不该理解为"无所畏惧"。知道什么时候该"向前冲"则"冲",什么时候该"向后退"则"退",才是真勇。有时,宁折不弯,虽有几分豪迈,却不失愚蠢;而宁弯不折,并非表现懦弱,而是一种审时度势的明智。当年韩信当街能忍受奇耻大辱从霸道少年的胯下爬过去,不需要勇气吗？可能比当时跟霸道少年"玩命"更难。爷爷认为，有时候能适时地"退一步"、"忍一忍"正是大勇的表现。有人"死都不怕"，可以"勇敢"地跳楼，其实是用"死"来逃避现实的艰难，难道不是懦夫吗？所以，真正的勇者不是表象上的"什么也不怕"，而是勇于"做该做的事情"，这才是勇敢。如果不顾后果地"敢打敢拼"，就是"蛮勇"了。

比如"机警"与"多疑"、"自信"与"自负"、"谨慎"与"胆怯"、"团结"与"勾结"，等等，爷爷不一一述说了。总之，这一高一下、一美一丑、一雅一俗、一智一愚之间，体现出细微的分寸差别。多一分为过，少一分为不足，恰到好处才是水平。

在我们平时的生活中，说每一句话，办每一件事，无时不需要这种分寸的把握。

比如对幸福观、金钱观、娱乐观的把握，比如对交友往来、语言交流、利益交换的把握，都有个分寸问题。分寸掌握不好，往往好的初衷、好的条件，却得不出好的结果。

即使是书法，也有分寸问题。明代最负盛名的岭南书家陈献章在论笔法时就说过，笔势要"法而不囿，肆而不流，拙而愈巧，刚而能柔"，其实就是强调运笔的分寸感。

要把分寸掌握得很准，不是一件容易的事。

《荀子》有曰："君子宽而不僈，廉而不刿，辩而不争，察而不激，寡立而不胜，坚强而不暴，柔从而不流，恭敬谨慎而容。"讲的就是真正有修养的人，在各种品质中都不表现极端，而是处处张弛得体、方圆"有度"（一时看不懂你可请教老师）。核心思想就是"分寸"的拿捏得当，表现在生活中，就是有"水平。"

掌握分寸，要以丰富的知识和人生经验为基奠。人没有天生就会办事的，必须付出学费才会聪明起来。一个人年轻时做一些冒失事，做些傻事，做一些过头的事，可能会吃一些亏，但是为将来积累经验了。

  为什么说"四十而不惑，五十而知天命，七十而随心所欲"，即人的知识积累、经验积累不到一定程度，很难把事情办得恰当。连动物活得时间长了，都会变得聪明起来，何况人呢？说诸葛亮未出茅庐便三分天下，一篇《隆中对》，足见诸葛先生高屋建瓴、纵览天下的大智慧，那是与他的广闻博取、交游四方，识天文地理、懂古今权变分不开的。所以，学习还是首要前提。

  掌握分寸，要有良好的自控能力。人在极度兴奋或极度愤怒的情况下，最容易办一些有失分寸的事。比如太高兴，就容易忘乎所以，于是乐极生悲。如天才演员洛桑，因为母亲从西藏到北京看他，他十分高兴忘情，酒后驾车失控，二十多岁夭夭，十分惋惜。

  有一个笑话，说是有一个魔鬼为了感谢一个人把魔瓶盖子拔开，把它从瓶中放出来，答应这人三件事，无论要什么都可以满足他。这人十分高兴，立即说："世界上一切东西我都要。"话音刚落，立即在他面前出现了楼房、美女、金银珠宝，但同时也有毒蛇猛兽张牙舞爪地向他扑来，他吓得赶紧说："都给我走！"结果不但眼前的东西都没了，他自己也离开了地面，向空中飞去，他十分恐惧，情急之下赶紧说："我留下！"结果三句话用完，三件事办完，又恢复了从前的样子。这是个笑话，但很能说明人在欲望、诱惑的驱使下，常常会做出有失理智的事情。

  掌握分寸的前提是能掌控自己。

  恰当的自控需要良好的心理素质。现实生活中，有的人因为心理素质不好，在受挫或极度悲伤时，最容易想不开，走极端，做出悔恨终身的"出格"的事。人在这时，一定要理智地劝自己，冷静下来，退一步，忍一忍，掌控好自己的行为分寸。小时候爷爷听老人讲"三气周瑜"的故事,不相信人何以会被活活气死。长大后看《三国演义》,细细地读了这一段,感到周瑜果然是死在自己气度太狭(自控的分寸没掌握好)的手里。

掌握分寸,要懂得辩证法。世界上任何事情,都是互相联系的、是互为因果的、是不断发展变化的。对即将采取行为的结果,先要有一个清醒的判断,从"旁观者清"的角度,自己先对自己的预期行为有一个效果"评估",以此来判定"出手"的分寸,这样就比盲目行动要减少失误。

所以,能全面把握局势,能"居高临下",看清事情的原委、走向,是掌控分寸的前提。比如孙膑巧用"增兵减灶"之计,赚得庞涓上当送命,就是审时度势,运用辩证思维,"算定了"必然是这样的结果。

小时候看《小八义》一书,徐文标听信老婆的逸言,盛怒之下把表弟周应龙赶出家门,实际上是冤枉了他的表弟,周应龙站在门外劝门里的表哥"事要三思,免劳后悔"!这句话给爷爷极深印象,甚至终身受益。"事要三思",就是要拿捏好办事的分寸。

孙孙在成长过程中,在以后的生活、工作中,时时会遇到需要面对、需要作出判断、需要表态、需要应对的事情。爷爷建议每遇到这种情况,多想一想,适时地争取思考时间,慢半拍,留余地,尽可能想好了再做,这才不容易失分寸。

当然,如果不论大事小事、难事易事,一律要沉吟一番,故作深沉状,左顾右盼、吞吞吐吐、畏首畏尾、犹豫再三,也会令人生厌。这也是个分寸问题,过犹不及啊!

总之,无论做什么事,分寸掌握得好就是水平。

希望孙孙记住:一切以自然、坦诚、开明、畅达、有礼有节、不偏不倚、张弛有度、恰到好处,为待人接物的最高境界。

26. 现代人的适应力

　　爷爷其实不适合写这个题目，因为爷爷已逾花甲之年，对现代人生活规律的理解，反不如年轻人。但是，也许正是由于爷爷是"旧时代"过来的人，用前后对比的眼光，或许还真能看出点前后差异，这也叫"旁观者清"吧。

　　现代人与六十多年前的人比，第一个明显差异，是体质、体力下降。爷爷年轻时，在生产队当农民，二百来斤一麻袋粮食，可以扛起来就走，背一百斤的东西可以走两公里。进城五六十里地，经常走着去走着回。骑自行车一天跑一百多公里，不算个事。而且，爷爷还不算体力最好的。那时的田间劳作，一天要干十三四个小时，两头不见日头，一年四季没有节假日，真像牛马一样。一顿饭的饭量也是现代人的几倍。爷爷年轻时，吃大馒头，一顿要吃八个，吃黏豆包一顿吃过十八个（那时的粮食比较纯净，也好吃）。正是超常的体力付出，把身板练得硬朗了。

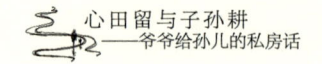

现代年轻人，肩不能担担，手不能提篮，身无缚鸡之力。就是农活，也都变成机械化，几千年不变的弯钩锄也很少用了，撒点药，草就死了。工厂的工业机械化程度也高了，办公也自动化了，根本就没多少出苦力的活（当然还有野外施工、建筑农民工、小煤窑工等，他们还很苦）。出门不是自驾车，就是坐公交，十分方便，所以大腹便便的人满街都是。特别是计算机的应用，一天天坐在电脑前，天南海北一顿神聊，什么生意、什么调研、什么购销都在网上搞定，很少再用满世界跑。可是，却苦了坐在电脑前面的人，坐得头晕眼花、腰酸背痛、食不甘味、黑白颠倒，小小年纪，不是颈椎病，就是腰间盘增生，更不要说有个硬朗的身板了。

这也许就是科技发展带来的负面效应。

所以，现代人，要想适应现代生活，就不能再这样"顺其自然"下去，而必须认识到"格外加以锻炼"的必要性。整体人口体质的下降（据联合国一项调研资料载，由于环境恶劣，全世界男子的精子呈逐年下降趋势，有一天人类会不会灭绝呢？），是令人担忧的事。所以，健身房应运而生。但是人们自主锻炼的健康意识，自费掏钱去健身的能力，还远不能跟上时代的步伐。

爷爷不知道再过三十年后社会是什么样子。说到这里，只是叮嘱孙孙，一定要有计划地选择一项体育运动，长期坚持，格外加强对身体的有意锻炼，否则，体质孱弱，则不会有服务社会、履行责任的本钱。毛泽东年轻时就志向远大，为了有一个好身体以适应未来的革命需要，青少年时期，就有意识地爬山、游泳。我念初中时，十四五岁，就是受毛泽东的榜样鼓舞，每天清晨要到学校操场上跑步三千米，现在想来，对自己后来身体的状况较好是奠定了一定基础的。阔阔，你现在每天跑步吗？

26
现代人的适应力

与六十年前相比,现代人的第二个明显差异是生存竞争激烈,生存压力大,这对心理承受力的要求更高了。新中国刚成立时,人口才四亿五千万,如今是十四亿,全球人口是六十多亿,据说再过三十年后,世界人口将近九十亿,与地球承载能力严重失衡,这将是一个多么令人恐怖的前景(在人口总量的控制上,人不如动物理智啊)。

世界的资源有限,而人口急剧膨胀,就业岗位有限,导致"就业难"、"赚钱难"、"生存难"。六十年前,高小毕业生都是宝贝,入单位抢着要。如今,大学毕业,研究生毕业,却不好找工作。竞争激烈,生存压力大,工作节奏快,导致一些人不能适应,甚至选择了不该选择的"逃避"。

2010年上半年,世界五百强之一的(台商投资)知名企业深圳富士康集团竟然连续十二次发生员工跳楼(自杀)事件(而且都是二十多岁的年轻人),令国人震惊。这绝不是一个偶然现象,是对社会"节奏"的一次拷问。深层次的原因是什么,爷爷不能妄断,但生存压力大肯定是重要原因之一。可是,难道压力大就该选择这条路吗?难道心理脆弱、承受力差不是一个原因吗?爷爷为那些鲜活的生命在瞬间消失,感到惋惜、痛心,但是,他们留给人们的思索却是久远的。现代社会对人的个体综合素质要求越来越高,不是仅仅有力气、有技术就可以生存,心理的健康尤为重要了。

所以,要适应这种状况,就只有及早立志,及早努力,从年少时就有就业生存的忧患意识,能够充分利用自己青少年时期学习的好机会,努力学知识,练身体,磨炼心性,提升自己的综合素质,为将来长大步入社会做好充分准备。特别是,要读书明理。不开明、不理智,就容易在情绪上走极端,而知识是喂养心灵的

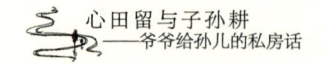

良药。这也是爷爷反反复复劝孙孙要努力"蕴蓄生命的地力"的原因之一。

心理承受力差的根本原因,是生活目标迷茫,没有高尚的追求。当年革命者宁肯把牢底坐穿,也不肯"逃避"。二万五千里长征苦不苦?真正的勇士,胸怀大志者,坚持下来了。我们今天缺少的正是这种精神和意志。如果一切为了"我",当感到"没了我"就是解脱时,他就会选择"无我",他不考虑自己的责任,不考虑父母亲人的感受,因为他心中只有自己。所以,强化全民的责任意识,树立人们心中的崇高信仰,乃是拯救生命的治本之举。

现代社会与六十多年前比,生活质量虽然是提高了,但人们生存的环境却恶化了。空气污染(仅汽车尾气就是一大杀手),水污染(四十年前,爷爷在生产队干活时,铲到地头,可以俯身从河里捧水喝,清凉而洁净。如今据说地下七十米以内的水都被污染了,多可怕!),粮食、蔬菜、鱼虾污染,用化肥、用农药、用各种添加剂,不仅生产方式导致吃点从前那样的纯净食品难,人们道德的沦丧,搞假冒伪劣,人为又制造了很多悲剧。

自然环境恶化,人文社会环境也污浊了,安全隐患无处不在。有毒的奶粉、辣酱,注水的猪肉,掺假的酒,"美容"的水果,毒死人的事屡见不鲜。比如转基因食品的泛滥,我就担忧。生物遗传经过了数万年的演进,承载着神奇的生命密码,岂是人力所能操纵的?如果失去对自然的敬畏,科学必将给人类带来灭顶之灾。是什么原因导致怪病迭出?如今各种病毒也"魔高一丈",耐药性日增,抗生素威力大减,连生个健康的孩子都不容易。人们整日生活在惶恐与无奈之中,悲哀啊!

为什么全世界的气候反常?罪魁祸首是人类自己!搞什么

26

现代人的适应力

"转基因"种植、新物种推广、山河改造,违背自然发展规律,破坏大自然的和谐,结果人类自食恶果,受到大自然的惩罚。

好在现在全世界的人们已经开始觉醒,懂得用"绿色农业"来挽救人类、挽救地球,但那是需要十几代人努力的一个漫长的历史过程啊!

所以,为适应这种环境,只有比六十年前格外具有自我安全保护意识才行,必须学习科学保健知识、食品安全知识,知道如何避免伤害。如果仍像六十年前那样在自然状态下生活,就可能为生命埋下隐患。

与六十年前比,现代人还有一种变化,是比较"自我",缺少了强烈的社会责任感,亲情相对显得淡漠了,人与人之间基本上就是利害关系了。20世纪五六十年代,一对夫妻七八个孩子,从小在一个炕上滚,互相拉扯着长大,共度艰难,老大的裤子传给老二穿,老二穿完老三穿,从小就培养了浓浓的亲情,人们特别珍惜彼此间的感情。

现在的一些年轻人则不同,人情冷漠,国家观念淡薄,关心的就是自己。很大程度是因为从小就娇生惯养,以为"我想要什么,就得给我什么,我想咋地就咋地"是天经地义的事,根本没有替别人着想、换位思考的意识。长大后,一旦不顺从他意,就受不了,就有情绪。报刊上不止一次报道过,因为跟爸爸妈妈爷爷奶奶要钱上网吧得不到满足,而杀死父母、杀死爷爷奶奶的案例,实在令人心寒。

尽管这样,爷爷期望你,仍要有大爱的情怀。同时提醒你,21世纪之初,是个急功近利的时代。急功近利,是社会浮躁、世风颓败、背师叛道、破坏生态,摧毁人与自然和谐,导致天灾人祸频仍的根源。在这样人际关系的大环境下,社会有必要加强引导，强调教化功能，弘扬一些"己所不欲，勿施于人"、"诚信"、"仁义"、"博爱"的好传统。而作为个人，面对自私、自我的人，又不能不从心里设防。我无害人心，但不可没有防人意。因此，自己一方面要考虑到这种社会的薄情，一方面又要努力营造一个有亲情、有互助、有友好氛围的小圈子。自己不要跟那些自私的人学习，要活得大气、仗义，在自己相对纯洁的人际圈里，享受人生的快乐。如果把世界看得很冷酷，而自己也很冷酷，那不但这社会没希望，自己也活得龌龊、孤独、乏味。

与六十年前比，现代年轻人所处的时代信息量大。爷爷十五岁时才用上电灯、听到广播，二十岁才第一次见到刊物、报纸，三十多岁才看到黑白电视，五十多岁才用上手机，近六十岁才用上电脑。而如今每时每刻面对着（特别是网上）各种信息，每时每刻都可以感受到世界的变化。

现代人被信息包围，为信息所困扰，整天眼花缭乱，良莠难辨，真假难分，特别是假广告层出不穷，花样不断翻新，如果缺乏辨别力、筛选力，随时可能被误导。

所以，要适应现代社会，必须让自己多一项功能，就是面对信息的狂轰滥炸，可以镇定自若，有自己主见方面的"定力"，不致在语言的迷宫里迷失自己。这就要有丰富的知识，有人生经验，有辩证思维，有辨析判断能力，才能适应这个喧嚣的现代社会。

与六十年前比，现代人几乎无法保护自己的"隐私"。随着科技的发展，"卫星天眼"可以分辨出几米长的物体，每个城市都有的"天网工程"，大街小巷无数监控的眼睛（摄像头）随时在监视你的行为。有一种心态，或是一种理念，完全可以忽略掉这些"监控"带给你的烦恼，那就是做一个坦荡正派、光明磊落之人。"俯仰无愧天地"，自己没有见不得人的地方，还怕你监视吗？只要我们活得心无愧疚,这些"手段"对我们来说,等于没有。这也许是现代人最聪明的选择吧?

与六十年前比,中国正迅速进入老龄化社会,导致年青一代在"尽孝"方面遇到新课题,"养儿防老"的传统观念面临严峻挑战。20世纪五六十年代,一对夫妻生六七个孩子,尽管历尽艰难,孩子们都长大了。老人有点事儿,六七个孩子围前围后,赡养责任相互分担,老人放心,儿女也不过劳心神。可是,20世纪70年代开始实行计划生育以后,人口生育来个"急刹车",到你们这一代基本都是独生子女,导致社会人口结构"断崖式"一下子进入老龄化社会。养老问题成了困扰社会和"儿女们"的大课题。

阔阔,你长大后,将可能同时面临有爷爷、奶奶、父亲、母亲、姥爷、姥姥、岳父、岳母和岳父母的父母等十几位老人的晚年生活需要你照顾,你能顾得过来么?传统式守在老人跟前尽孝,已不可能。为此,爷爷认为,为了适应这样一个社会,我们老人和你,必须改变"靠儿女养老"的观念。老人们要体谅儿女的实际,主动依靠社会福利设施养老,社会也必然会加快速度极大提高老龄化社会必要的赡养措施。但是,作为你们这一代,仍要对老人们的精神和物质赡养方面负一定责任的。这个孝心,必须有!可是,你有这个心,顾不过来怎么办?爷爷主张,一定要有几个急切时可以依托的朋友,关键时可以替你分担责任。相对亲情"少"了,友情应该"多"些。如果老人们足够开明和包容,尽可以创造条件,让亲人集中养老,老人间相互照顾,减轻你的负担,也便于你探望。但是,不管怎样,赡养老人、孝敬老人的心情,永远都不能丢。

与六十年前比,现代年轻人(除了少数贫困地区外)生活在福窝里,却找不到幸福的感觉。这实质上是信念的迷惘,是精神的颓废，是一种危险的"富贵病"。

爷爷十岁时做过的一件棉大衣，曾穿到二十四五岁（直至结婚后），肩部两次加宽，十岁时穿着到脚面子，后来成了二大衣，后来蓝色变成灰白色，且多处补丁摞补丁，像老和尚的百衲衣。没补丁的地方，磨得像纱布了，可以见到里面的棉丝，手指稍用力一抠，一个洞，布已经糟到一定程度。

那时，人们叫"新三年，旧三年，缝缝补补又三年"。穿带补丁的，是极正常的（爷爷认为，穿带补丁的衣服没什么不好，渴望回归那样的日子，因为那是人类"节约资源"的一种智慧）。有的人家几口人一条裤子，谁出门谁穿。你奶奶到十八岁才铺上褥子，有了衬衣。那时一年能吃到三两次肉，只有过节可以吃顿饺子，炒几个菜，所以那时孩子们都盼着过年。那时，吃顿饺子幸福极了，买件新衣高兴坏了。改革开放以后，感到简直到了天堂，悲哀的是，现在的人天天像过年，却找不到幸福。

幸福在哪里？这使我想到一个故事。一个天使到人间来赐幸福。他见一个农夫很愁苦，他问农夫："我能给你幸福吗？"农夫说："我最希望有一头耕牛帮我犁田。"天使赐给农夫一头耕牛，农夫很高兴，一副幸福的样子。天使同样为缺少房屋的人赐房子、为身体有病的人赐健康、为贫困的人赐衣食。这些人都感谢天使给他们送来幸福。

有一天，天使见到一个富人，住着宫殿似的房子，穿着绫罗绸缎，吃着山珍海味，出门有车坐，家里佣人很多，过着衣来伸手饭来张口的日子，但富人很不开心。天使问："你缺少什么，我可以帮你得到。"富人说："我什么也不缺，只是缺少幸福。"一下子把天使难住了。天使考虑再三说："好的，明年我来赐你幸福。"于是天使作法，让这个富翁很快家境败落，成了沿街乞讨的乞丐，过着十分贫困的日子，而且疾病缠身。第二年，天使又来见富翁："你找到幸福了吗？"富翁说："我现在才知道我原来就是生活在幸福里的，可惜我并不知道那就是幸福，如今十分后悔。"于是，天使又让他恢复到原来的样子，富翁无限感激地说："我懂了，我再也不会身在福中不知福了。"

这虽然是寓言式的故事，却很能说明问题，现代人的幸福心境，就与那个富翁差不多。幸福需要物质基础，但富裕并不等于幸福。一个应有尽有的人，之所以还不快乐，是因为他没有新的希望了，不知道还应该追求什么。常常是生活的缺憾反而激发了生命的热情。热情可以给生命注入活力，可以激发一个人的潜能，而幸福往往就蕴含在这种追求的过程中。

幸福是"追求"之树结下的"心理满足"之果。

现代人没有吃过苦，没有经历过创业的艰难，导致适应力下降，身在福中不知福，反而是一种人生的不幸。没有什么比成功更容易消磨人的意志了，没有什么比生活优裕更能让人感到生活无聊的了，这是现代人遇到的"新问题"。现代人缺少的不是物质，而是良好的心态和更科学的生活方式。

幸福，是一种感受，是一种心境。尽管不同时代幸福观有差异，不同人群对幸福有不同理解，但幸福的感受应该是一样的。物质生活再丰富，若缺乏耐心，缺少阳光心态，缺少生活激情，缺少感恩社会的情怀，也找不到幸福。

现代人要适应现代社会，要找到幸福，必须懂得在优裕中保持清醒，从优裕中不断回顾艰辛，从等待中享受快乐，从奔忙中感受生活激情。

社会是一个舞台，有华美的灯光，也有黑暗的角落。人生是这舞台上的一幕活剧，有辉煌也有落寞的时候。爷爷认为，只有让我们的精神达到随遇而安的境界，宠辱不惊，从容淡定，闲看庭前花开花谢，身似菩提树，心如明镜台，微笑着，勇敢前行，才会享受到幸福的恬静。

我们或许用一生来追求财富，但是，不能忽视对自己一种好心态的培养。随着时代的变化，学会适应，适时享受生命给予的各种惊羡，是一种超脱，也是一种智慧，更是一种境界。

爷爷建议孙孙在念中学时期，利用寒暑假时间出去到饭店、工地打工，或到农村最艰苦的地方"零距离"感受"底层"生活，体验艰辛，了解社会，这有利于净化心灵、读懂人生，从而提升自己的适应力。特别是，当你看到社会上还有许多"光脚的人"，就不会为自己的"鞋子是不是名牌"而懊恼啦。

爷爷提醒你适应各种社会的变迁，是希望你找到幸福。幸福的获得，不完全取决于物质，更取决于对环境的适应力。

比如，野外的猛虎，尽管每天为觅食而奔逐搏杀，但它有自由的快乐；动物园中的老虎，尽管付出了自由的代价，却三餐无忧。但是，它们都膘肥体壮，活得很好。试想，如果有一天，野外的猛虎与笼中的猛虎互换一下位置，结果可能是，笼中的老虎找到了自由，却由于没有野外捕食能力而被饿死；野外的老虎虽然可以养尊处优，却由于失去自由会郁闷而亡。人啊，每个人也只配安享属于自己的那一份幸福，"适应"才是最重要的！

最根本的适应力，是能客观而清醒地认识眼前社会的利弊，及时对自己的行为做出调整。

这就是"适者生存"。

27. 知人与自知

"知人者智,自知者明",是两千多年前老子的名言。

两千多年来,一直为人们所信奉和推崇。

两千多年来,人们很难做到这两点。而真能做到"知人"者,可谓大智慧;真能做到"自知"者,可谓真聪明。

人活在世上,办任何事情,其先决条件,无非是"知人"和"自知"。

知人,就是能理智地客观地对他人的优势和弱势做出尽可能恰当的判断,而不要把人看得高不可及或一文不值。自知,就是能诚实地对待自己,对自身的优势和弱势有冷静清醒的认识。如果想当然地认为自己聪明过人、无所不能或一无所长、不堪造就,就会迷失自己。

人往往犯糊涂,做错事,好怨天尤人,却唯独不愿从自身找原因。其实呢,无论是"知人",还是"自知",都决定于自己是否"知"了。做任何事,无非取决于主观和客观两个条件,如果对他人、对客观情况不了解，主观上再努力，也不容易成功；同样，对客观条件很熟悉，但对自己主观方面的能力水平缺乏正确的估计，也不容易成功。而这两个因素如何，都要靠自身去把握。

《孙子兵法》的"知己知彼，百战不殆"，就强调了做到两"知"的重要性。

比如对一个人品质、能力的了解，若不准确，估计错了，委以重任则容易导致失败。诸葛亮一生谨慎，可是对马谡的能力估计错了，用人失当，不但让马谡丢了性命，也失去了一次战略制胜的机会。而司马懿缺乏对诸葛亮处境的真正了解，也导致失去一次"冲进空城"活捉诸葛亮的机会。这都是"知人"的失误。

我们平时接受了一项指令、一份工作、一次任务，也必须先做到"两知"。对涉及这件事的人、财、物等资源的配置情况，对客观形势的掌握情况，对开展时机的选择情况，以及对事件结果的评估，若了解不透、不准、不全，则很难做出正确的决策，也会导致盲目执行。

比如跟你合作的人，你对他的人品、能力、背景、潜质，了解多少？是好帮手，还是绊脚石？只有"真知"了，才有一半的胜算。另一半，是必须自知。"自知"不仅是对自己的学识、能力、交际力、执行力处于一种什么层次，能有个客观清醒的认识，而且知道，在综合了主客观情况后，知道自己在这件事情上是当进还是当退，是可取还是该舍。能做出"适合自己能力"的选择，而不勉强为之，就是有自知之明。若马谡能有此"自知"，便也不会一意孤行。比如举重运动员，自知只能举一百公斤，则绝不举九十公斤，也不去举一百五十公斤，量力而为，成功才有可能。

学术泰斗季羡林先生，就强调"良知"与"良能"是一个人一生的必修课。良知，就是人要有自知之明，也要有知人之智；

知人与自知

良能，就是不但要有能力，而且要懂得量力而为，不好高骛远去做力所不及的事情。实质就是知人和自知。

事实上，要真正做到"知人"和"自知"，的确很难。

比如爷爷，是当了几年银行行长，虽有点小权，但却没因此忘乎所以。一些亲友后来埋怨没借着我的光，说我为什么不趁机捞点钱。应当说，当时确实面临很多诱惑，但爷爷有一点是清醒的，有权不能滥用。别人给好处，都不接。为什么呢？爷爷也算自知吧，自我分析性格上太认真了，也太重信誉了，一旦受了别人的好处，不办就是一种负担，收了办不成，更是一种负担，心理压力很大，反而会成为心病，还没办事，先是自己就没有了这种承受力。

因为爷爷从小就接受正统教育，没办过亏心事，没坑骗过谁，若做点出格的事，做一点不光彩的事，自己心里就不安。自己评估，不具备贪官素质，所以还是选择了清廉自守，坚守伦理道德和法规的底线。况且，爷爷是家庭经济主要支柱，万一弄出点事来，会因小失大，全家受累。饿不着，冻不着，就可以了。爷爷的这种清醒，也是难能可贵的，虽然清苦一些，不比当初在农村受苦时好多了吗？这也算一种"自知之明"吧。

在反腐风暴中折戟沉沙、翻身落马的大小贪官，时有耳闻。这些人之所以自毁前程，有一个共同之处，就是不知道自己是谁了。利令其狂，权令其狂，目中无人，无法无天，以为大权在握，就可以为所欲为，使得自己最终走上了不归路。

在《隋唐演义》中，那个使两把大锤、一路杀来无人可挡的无敌将军李元霸，几十万大军也奈何他不得。但他得胜之后，狂得不行，扔锤打天，结果锤落下来把自己砸死了。那位西楚霸王，有韩信而不用，有范增而不听，刚愎自用，最后落得垓下自刎。这都是缺乏自知之明的结果。

还有一个真实的故事：一个十七八岁的女孩因妈妈批评几句，跟妈妈赌气，离家出走了。在外面流浪几天，兜里的钱花光了，挨饿受冻，虽然很想家，也知道妈妈会发疯似的找她，但心里恨妈妈，就是赌气不回家。有一天，她饿得发昏，几乎就要晕倒了，一个陌生的老婆婆把她领回家，给她做了一碗面，她感到老婆婆是天底下最好的人，感激涕零，跪在地上，要认老婆婆为干妈。老婆婆问："你今年多大了？""十八了。"女孩回答。婆婆说："我只给你做了一顿饭，你就这样感激我，你妈妈已经给你做了十八年饭，你怎么感激她了？"婆婆的话如晴空霹雳，在女孩心头炸响，她立刻泪流满面，深深拜谢了婆婆，恨不得马上飞回家扑进妈妈的怀抱……

"辱，莫大于不知耻。"知耻者，近乎勇！诚哉斯言！

很多孩子，不，不仅仅是孩子，应是很多人，常常有在心里转不过来弯儿的时候。有人及时点拨，当然好了；如果没人点拨，就特别需要自知、自省能力了。

爷爷在职时，曾经对一些家境优裕、缺乏磨炼的年轻职工要求十分严格，甚至有时有意消磨他们的傲气，当时的想法是，宁肯他们恨我，也要对他们的将来负责。结果呢，有一些年轻人过后想明白了，对我怀有感激之心，有的年轻人就一直耿耿于怀。如果我用当时的职权"讨好"权贵，迁就他们，我个人可能会有实惠，而他们的孩子却可能不成器。爷爷没指望他们一定理解，只是感慨于自知之难，知人之难。

人要学会跳出"自己"的圈子来"看自己"、"看他人"，换个角度，拉开距离，往往能看得清楚。《史记》中周处的故事，发人深省。周处从没想到自己在乡邻心中是个恶棍的形象，当他偶然听到"旁观者"对自己的评价后，才幡然醒悟。我们自身不仅

27 知人与自知

要用自己的眼睛认识自己,也要借助他人的眼睛来认识自己。

"推人及己"或"推己及人","己所不欲,勿施于人",不仅是做人的一种境界,也是能够知人识己的心理途径。

孙孙长大后,可能要面对一些批评、挫折,可能面对各种机遇、功利的诱惑,特别是小有成功、春风得意的时候,千万不要忘乎所以,不要失去理智、失去自我,要有量力而行、当止则止的"自知之明"。

人一旦迷失自己,高估自己,则可能有失败或性命之忧。

我念高中时有个语文老师,颇有文采,也十分孤傲,但对我挺偏爱(我是他的语文科代表),我第一次见到《诗刊》杂志,就是他送我的。一次他带学生们去学游泳,他一再告诫学生不会游泳不要贸然下水,他自己也不会游泳,而且有气喘病。可是,在他略知一点水性后,竟自不量力到深水处学潜泳,一个猛子扎下去,就再也没有上来,死时才三十二岁。他死于缺乏"自知之明",一时糊涂,满盘皆输,让人十分痛惜。

人,应当学会不断从别人的成功或失败中照见别人,反省自己,以不断修正自己的行为,减少失误。

孔子带学生去传播儒学,一次在路上被困,七天没吃一粒米,饿得大家都走不动了。好不容易,弟子颜回讨来一点米,架在火上在野外烧稀饭。饭将熟时,孔子远远看见颜回伸手在饭甑里抓饭吃。孔子心想,颜回饿极了,才做出这种失礼之事。但他没有当面斥责颜回,而是装作没看见,故意说:"我刚才做个梦,梦见先人了,用这饭先祭奠一下先人吧。"过去,不洁净的食物(意指用手抓过)是不能祭奠先人的,孔子这样说,是想看颜回的态度。结果颜回连忙施礼说:"这饭不能用来祭奠先人了,刚才灰落在饭里了,我用手把表面弄脏的饭抓出来想扔掉,可是,一想到您平时的教导,不能浪费,就把脏饭吃了。"孔子长叹一声,说:"我原以为可以相信自己的眼睛,但是我怕眼睛看错,又加上心理的推断,结果我还是误解了颜回。眼睛看见的,加上心的判断,也不可靠了,了解一个人真难啊!"

孔子这样的圣人,也有冤枉自己最亲近的学生的时候。所以,知人难,自知难。而孔子,善于自省,确实从这方面为我们做出了榜样。

当然,学会"知人"和"自知",绝非仅仅爷爷说的这些就能说透的。将来,你还要学习很多如《哲学》、《逻辑学》、《止学》、《官箴》、《家范》、《资治通鉴》、《史记》、《荀子》等经典文献,特别是要认真学习一些《心理学》、《逻辑学》等专业性知识,更会增长你"知人"、"自知"的能力。

德国人库萨地尼古劳说过:"一个人对自己的无知认识得越清楚,他的学问就越大。"这话确实有道理。而爷爷这里强调的就是能"认清别人"、"认清自己"的重要性。

爷爷希望孙孙在任何时候都保持清醒,在以后漫长的人生路上,能运用知识和智慧,做到"知人"和"自知",能随时找到自己"行为"的"坐标",当行则行,当止则止,以保证自己在关键时不迷失。

眼睛能看见很多东西,却看不见它自己

28. 关键时刻的选择

人的一生，几乎时时面临着选择。

人的一生，都要经历几次比较重要的，甚至关键性的选择。选择对了，终身受益；选择错了，遗憾终身。

人生经常处于生命的岔路口上，做出不同的选择，常常决定事物会有完全不同的发展结果。对方向的选择，比努力更重要，一旦方向选择错了，往往越努力，离既定目标越远。

有个寓言式的故事：一个监狱长允许三个人犯每人提一个要求，并可以满足它。美国人犯爱抽雪茄，要了三箱雪茄；法国人犯要一个美女相伴；而犹太人犯要了一部与外界沟通的电话。

三年后，三个人都出狱了。

美国人吸烟过度，烟瘾大发，咳嗽不止，最急于想找雪茄过了瘾再说；法国人手里抱了一个孩子，女人肚里怀个孩子，还没到家就开始为养孩子的生计发愁；犹太人则紧紧握住监狱长的手，表示感谢，他说："由于有了这部电话，三年来每天与外界联系，我的生意不但没受影响,而且增长了两倍。为了表示谢意,我送您一部轿车。"

你看,同样境遇下的不同选择,结果却大不一样。美国人图瞬间快活,法国人图眼前浪漫,而犹太人考虑到长远。

人必须知道自己想干什么,其实这就是确立理想;人必须知道自己能干什么,其实这就是对自己能力的评估;人必须知道自己必须干什么,其实就是对自己应负责任的定位。我们每个人都差不多,经常会面临各种机遇,面临多种选择。在这种时候,不可太随意、太盲目、太草率地决策。古人云"一失足成千古恨",极言关键时决策的重要性。

人生没有一劳永逸,生命中必然会经历许多次重新开始。人常常面临对事物、行为的新选择,而每一次新选择,等于面临一个新起点。选择,就是找到"重新开始"的"起点"。人的一生,无论做什么,及时找准"起点"很重要。有的人,奔波几十年,从事过多个行业或换过多个岗位,始终无所成就,应该说是"起点"没有找准。选准"起点"的关键性前提之一,是要有个清晰的人生奋斗目标,根据这个目标来判定自己的"起点"。即使是一个具有诱惑性的机会摆在你的面前,如果远离你的目标,也要懂得放弃。不能像"小猫钓鱼"寓言里见异思迁的小猫那样,什么都想要,结果什么也没得到。古语说"逐鹿者不顾兔",就是强调要用心专一"把握大方向"。当然,选准"起点",并不意味着自己就一定成功,在前进的"过程"中,如果不能通过积聚动力来不断为自己"加油",如果没有坚强的毅力让自己从挫折中恢复"战斗力",也很难达到理想的目标。

当一个人处于人生岔路口时,懂得及时问路,比贸然前行更具人生智慧。问路,就是读书或向智者请教。爷爷无法知道孙孙

28 关键时刻的选择

将来会面临哪些具体的选择,但有些选择人人会经历,对关键时刻、关键问题的选择,爷爷在这里提点参考性意见。

比如婚姻的选择,在你没选择之前,可以有多个选择,主动权一直在你手里,而一旦选择了,就再也没有选择余地了。因为,人一生只有一个配偶,不像买卖商品,可以退换。婚姻不是,一旦选择了,要厮守终生(至于中途离异,又当别论)。有一个故事说,择偶像选麦穗。一个哲人告诉几个青年,每人到那片麦田里,选一个最大最好的麦穗,而且只能选一个,如果从地的这头走到地的那头还没有选到就算弃权,不允许再回头重选。于是,第一个到地边的人一发现麦穗,就急不可待地马上选了一个。可是,当他走进地里,往另一头走时,发现许多更大的麦穗,他只好遗憾自己选得太匆忙,后悔不已。第二个人到地边一看,麦穗如海,一时眼花缭乱,心想,我一定要选一个整个地里最大最好的麦穗。于是走进地里仔细挑选,看到一个好的,心想下一个可能更好,就放弃眼前的再往前走,总希望下一个是最好的,几个已经很满意的也没有去摘。走着走着猛一抬头,已走出了麦田,因为不能回头重选,他只好遗憾地错过了所有的机会,空手而归。第三个青年人汲取了前两人的教训,走入麦地用三分之一的路程来观察,最大的麦穗有多大,再用三分之一的路程进行验证,在后一段路程中,感觉基本是所见最好的了,就参照这个标准摘下来。尽管不一定是整个麦田里最大的麦穗,但一定是万里挑一的,接近最好的了。

婚姻的选择,与这个道理大同小异。人生也没有回头路。相当一些婚姻并不幸福、不合适,就是因为选择时太匆忙,缺少一个"认识的过程",在关键的问题上,没有把握住标准。

所以,孙孙配偶的选择,不要匆忙,也不要太挑剔,学习第

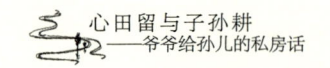

三个人选麦穗的方法,就会有自己幸福、美满的婚姻。

比如上大学对学校的选择,当然都希望考上名牌大学,许多家长为择校而煞费苦心。但是,真正决定职业、决定生活道路的,往往不是学校而是专业。选一个好专业,比选择什么学校更重要。

而选择什么专业,也不要仅凭专业本身的好与坏,专业好不一定适合你。有些大学生找不到工作,也有当初只追求学历而忽略专业能力培养的问题,学而并非所长,谁愿意用?所以,选专业还是要结合自身条件,结合自己的天赋、秉性,看父母的遗传基因,发现自己可能在某方面最具兴趣、最具发展潜力的方向,来参照对职业的选择。这样不仅能够出成就,还会因为是从事自己喜欢的工作而给自己带来无穷的快乐,让整个人生质量都提高了。干一份所谓好工作,若自己十分厌烦、不喜欢,反而会带来无奈和痛苦。你的爸爸和你的姑姑,本来都在让人羡慕的金融系统上班,就因为不喜欢像螺丝钉似的被"固定在那里",渴望有自己创业的"自由",便都"下海"了。爷爷没有刻意阻拦,尊重了他们的选择,就是因为希望他们能"快乐地生活"。

阔阔将来对大学、对专业的选择,也相当于对自己人生道路的选择,要科学、理性地对待,以免草率从事,防止将来学非所用。学非所用等于浪费了自己的学业和年华。

比如将来要面临就业单位的选择,即使在报大学专业时就定向了,知道要干什么,但同一专业、同一个行业,也会有许多选择的余地。比如这个部门所从事主营业务的前景、经营管理水平、业绩情况、人文氛围、待遇标准,都在考虑之列。爷爷认为,关键还是要看对方主管的人品(国家公务员另当别论),有能力、人品好、有人脉、有创意,企业就有前途。人品不行、发展思路不行,很难有长久的繁荣。

28 关键时刻的选择

另外，拟选单位的安全、环保、职业病等方面情况，也需要考虑。爷爷自私，不希望孙孙从事有害身体、危险性大的工作。还有关于地域的选择，现在都主张到国外发展，爷爷认为不可刻意为之，何苦一定要千辛万苦地背井离乡去外面打拼？顺其自然为好。爷爷不是怕你吃苦，而是认为，人若是强者，若有能力，在哪都会干出成就。中国的创业环境、人才理念也在逐渐改善。在国内创业干事有国内的优势，不必把外面想得像天堂，其实，没有多大差别，一切都在于自己如何去适应、去驾驭。况且，现在的信息发达，在国内也同样可以学到国外先进的东西。

若在国内选择地域，爷爷认为你是北方人，不宜到长江以南定居。那里夏季高温、潮热，常年不是梅雨就是台风，冬天阴冷，北方人不习惯。况且人口密度大，工作节奏快，即使那里可能更开放一些，但是一个地域大环境对于一个个体自然人而言，并不起决定性作用。我相信，深圳、广州也会有乞丐，也会有失业者。若依爷爷的意见，还是津京渤海圈一带，四季分明，无台风，无梅雨，无严寒，无酷暑，比较适宜（太大的城市也不宜居，噪音大、交通拥挤、空气质量不好）。这一带也必然会成为经济发展的前沿（北方有独特的资源和地缘优势）。现在看可能不如南方发展快，这正好为你留出了发展空间。

当然了，现在的择业，与六十年前不同，过去是组织安排，一择定终身，现在讲"自主择业"，此处不合适，可以另谋高就。良禽择木而栖，良臣择主而事，寻找更适合自己的地方，无可厚非。但是，更换门庭，虽可以增长经验、积累人脉，却要有个过程。所以，爷爷认为不宜频繁"跳槽"，无论做什么，能潜下心来，做实做透做精，都能成为这个方面的权威，都能有所建树。

爷爷四十岁时上完大学，本来该回文化口工作，继任文化馆长职务，同时又是文化局长后备人选（县里当时十分器重我）。结果因你舅爷家五兄弟办轧钢厂，执意让爷爷去帮忙，出于亲情考虑，而放弃了这些好机会，去了扎兰屯二钢厂。后来，去了两年，爷爷做出巨大的付出，却由于在经营理念上的严重分歧，爷爷又选择了退出。原有的工作没了，原有的住房没了，没有工资来源，几乎一切"归零"，身心受到很大伤害。爷爷本来是十分喜欢文化工作的，也深受文化口上级领导的赏识，本来可以在文学艺术上有所建树，但是，由于一次轻率的选择，改变了自己的人生轨迹。

爷爷是参加工作后三十八岁考的大学，觉得只要肯学习，肯努力，学习永远不晚，所以没有强求我的子女先上学后就业，认为有了好机会，先就业后上学也可以，结果让你爸爸姑姑都先在金融系统上班了，后来他们希望做自己喜欢的事，又辞职去自己创业，但由于文化基础薄，在创业过程中付出了巨大辛苦。好在他们很聪明，很努力，也终于有了属于自己的事业。但是，爷爷一次"教条"式的选择，导致子女人生步履的艰难，爷爷愧对子女呀！

选择一个的同时，意味着放弃另一个，鱼和熊掌往往不能兼得。选择的过程，就是放弃的过程，其实选择和放弃又常常是痛苦的。选择和放弃，都必须经过理性、清醒的判断，不要在头脑混乱、心绪不宁时匆忙做出决定。

人生最容易做出错误抉择的时候，往往是特别顺利或特别高兴的时候。胜利有时比挫折更危险，挫折可以促人警醒，而胜利常常让人昏聩，许多错误的抉择，都是在胜利后做出的。一旦胜利让一个人感到自己无所不能时，便也是这个人走向毁灭的开始。"天欲其亡，先令其狂"，"困难时要刚强，快乐时要警觉"，讲的

28 关键时刻的选择

都是这个道理。

选择得对与不对,最根本的取决于一个人的心智模式或思维模式如何。不管遇到什么问题,能从大处着眼,考虑到人心所向,预见到选择可能会带来的结局,一般就不会有大的失误。

当然,即使是一个正确的选择,也还有一个及时把握选择机会的问题。就像钓鱼一样,有些机遇摆在自己面前时,往往稍纵即逝,如果不能及时做出决断,也会留下遗憾。决断,需要战胜怯懦,需要胆识和勇气,更需要立刻采取行动。

比如爷爷在 1985 年,一年有三次上调机会,都没有把握住。一次是县委组织部调我,调令都到我手里了,让 8 月 6 日到组织部报到,因当时的县文化局领导不同意放(并找县里主管副书记

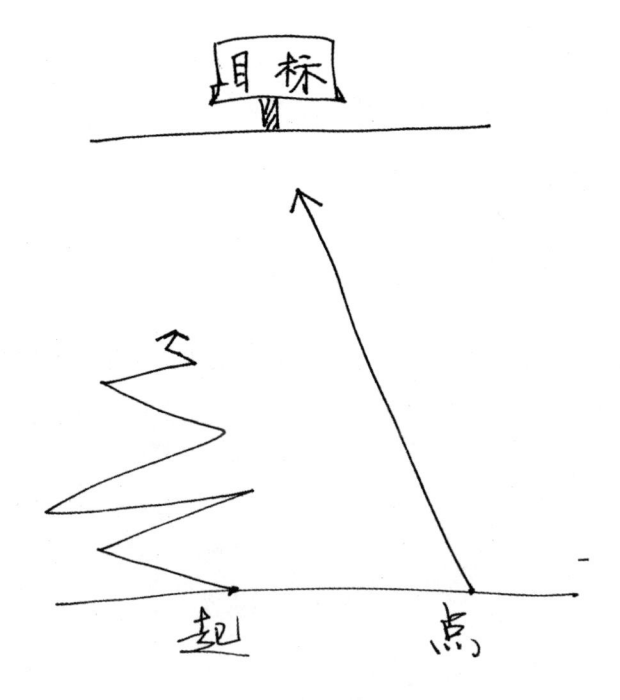

选择比努力更重要

说文化口缺干部，不能让我走。我当时是县文化馆主管业务的副馆长)，我自己就没坚持去；同年10月份齐齐哈尔市群众艺术馆调研部和地委宣传部文化科分别来商调我（那时嫩江地区和齐齐哈尔市还没合署），都因县主管文化领导不同意放，我自己又不好意思强行调走，就失去了机会。如果当时能抓住这些机会，爷爷也许会有更好的发展。

因此，关键时不犹豫，敢于决断，也是把握选择成功率的重要前提。而要做到关键时刻能做出正确、及时的选择，一切源于平时积淀的功力。自己必先是一个有明确目标、有鉴别力、有担当力、有决断力、有行动力、有科学思维模式的人，才能在关键时刻不出人生败笔。因此，全面提升个人的综合素质，又成了关键。

爷爷这里讲的，都是关于个人修身、立业方面的选择。大而言之，如果孙孙将来从政，就涉及方针、政策、路线、理念方面的选择了，将会关系到国家、民族、民生的大是大非，就更要谨慎了。

总之，你可以平凡，但不应该平庸。爷爷衷心希望你能把握好自己的人生之舵，在人生要面临的一个个关键时刻，能慎重、果断做出正确的抉择，能让自己的事业之舟、人生之舟，扬帆远航。

29. 婚姻八要

常言说得好:"一个成功的男人背后,必定有一位伟大的女性在支持着他。"

许多圣哲名人成功的原因,大都是因为有一位伟大的母亲从小给予了他良好的启蒙和教育。一个男人的一生,选好了一个妻子,也等于为子女选择了一位好的母亲,为自己构筑了一个好家庭。

家庭是人生幸福的基石,不仅决定了自己一生的幸福,也决定着下一代的成功。好家庭必须有一个好女人在支撑,说"好太太旺三代",就极言选个好女人的重要性。从一定意义上说,推动世界的手是推动摇篮的手,而培养一个贵族式的人物,往往需要经过三代的努力(所谓贵族式人物,不是指富有和显赫,而是指品格高尚、气质高雅、文明懂礼)。夫妻关系和谐,就是对孩子最好的教育。如果夫妇关系不睦,天天急脾酸脸,闹得鸡飞狗跳,试问这样的环境能教育出好孩子么(为什么许多单亲家庭的孩子难调教,就是父母的争吵、离异严重地伤害了他们的心灵)?一个家庭，哪怕家徒四壁，一贫如洗，只要有一个正直、善良、豁达、开朗、勤劳、乐观的母亲，这样的家庭仍是滋养心灵的源泉与诞生杰出人物的圣殿。可见，婚姻的选择是多么重要。

可是，一个人一生最容易不理智做出的决定，往往就是婚姻。

一个人的一生，最容易造成终生遗憾的事，往往也是婚姻。

什么原因呢？一个人在年轻时，凭着一种激情、一时冲动，在毫无经验的情况下，不顾长辈和亲友（都是旁观者清的人）的规劝，坚持非她不娶，或非他不嫁，爱得死去活来，谁的话也听不进去。结果，新婚过后，面对生活中的现实，为柴米油盐，为姑嫂叔侄，为婆媳关系，为金钱，为话语，难免产生纠纷，有争执，彼此真实的本性渐渐显露出来，不再有热恋时的克制，于是吵架，家庭烽烟频起，感情受伤，开始觉得两个人合不来，不是一路人，彼此都很痛苦、无奈。若有了孩子，或许"同床异梦"地互相凑合，维持根本不幸福的婚姻，或者干脆婚姻破裂。徒耗了几年、十几年，甚至几十年的美好年华，快乐和幸福都被一次不谨慎的婚姻选择所埋葬。明白了，也为时已晚。

遗憾的是，经过婚姻风雨的洗礼，明白过来时，回头看他的子女，正在匆忙地享受着初恋的甜蜜，全然没有考虑两个人是否真的合适，全然失去了"全面评判"对方的冷静，对亲人们苦口婆心的规劝置若罔闻，甚至十分逆反，我行我素，正重复着他们父辈的悲剧。

究竟什么是婚姻？爷爷六十多岁了也很难为它下一个确切的定义。爷爷认为，婚姻不仅是生理的需求，是两情相悦，更是生活的需求。承担责任和义务是婚姻道德的核心价值。完美的婚姻是感情和责任的动态组合。夫妻双方有责任共同营造一个安逸、幸福的家，有责任为这个家的父辈、儿女们创造健康、快乐、踏实的生活，有责任和义务使对方幸福。婚姻，是奉献，甚至是心甘情愿地为双方、为家庭做出牺牲。婚姻，不仅仅是愉悦和幸福，也有烦恼，有痛苦，甚至沉重的负担。婚姻需要智慧，需要付出，需要爱，需要勇气和理智，更需要耐心和包容。因此，婚姻需要的不仅是一个人，更需要一个人有丰富的内涵。

对相爱的人来说，最重要的是生活态度、价值观、习性禀赋相契合。只有心灵的相通，才是构筑共同幸福的前提。

一些年轻人，或许还没能真正理解婚姻的全部内涵，在对婚姻缺乏清楚的认识和足够心理准备的情况下，就莽撞地投下婚姻的"赌注"，匆匆地走进了婚姻的殿堂。突然间面临一种熟悉生活的破坏和新生活模式的建立，新婚的激情过后，常常感到的是茫然和无助。一个任性的姑娘要成长为干练的妻子，一个不经事的小伙子要成为顶门立户的男子汉，稚嫩的娃娃要在啼哭和不断的摔跤中慢慢长大，年迈的父母要在你的呵护中慢慢老去……尽责尽孝，无休无止，婚姻，成为漫长的马拉松历程，需要坚忍的意志和持久的耐力！

你可以看看那些白发苍苍、步履蹒跚的古稀老人，他们夫妇手挽手默默前行的背影，你或许可以品味出什么是婚姻的真谛……

真正的爱情如美酒，历久弥香。当有一天一切财富、虚荣、悲哀都归于平淡的时候，就只有忠贞的爱仍可以发出耀眼的光芒！

爱的最高境界是无我。唯有无条件付出的爱，才能让人感受到爱。

爷爷六十年人生，见到的太多了，无法把所有的感慨都写出来。婚姻不能演习，无法先取得经验再去实践。然而，没有一个美满的婚姻，一生都会苦涩，就不会有幸福可言，甚至影响后代。既然婚姻的问题这么严肃，孙孙要选择一个终生相依为伴的人，

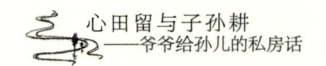

总该慎重一些吧？

那么，怎样才能把握好自己婚姻的第一步呢？爷爷仅把一些关键性的意见写在这里，供孙孙将来择偶、治家时参考。

第一，选准配偶，是构建美满婚姻的第一步。如今，有些孩子一到十五六岁，就开始处对象，不仅影响学习，更可能导致自己一生的婚姻不幸福。十几岁，就像刚刚上路的一匹小马，见到路边有一个麦穗马上就想吃到嘴里，其实，再往前走，还有一大片麦田呢！人生择偶与小马吃麦穗不同的是，马再往前走见到麦穗还可以吃，而人生择偶却不允许同时"吃两个麦穗"。没有见过大片麦田呢，忙什么选麦穗？这个时候的年轻人，缺少生活经验，思想也不成熟，看问题处理问题容易偏激、简单，而且，未来发展的方向也不明了，在这种时候，匆忙地订婚，认为自己终于找到了心上人，都是不切合实际的。在这个时候，你追求别人，是你的不成熟；别人追求你，是她的欠理智。二十岁之前的首要任务，就是学习。交几个异性朋友不是错误，能在学习上互相勉励、行为上互相提醒，反而对成长有益。关键是掌握分寸，把握底线，先不要陷入感情的漩涡而不能自持。

第二，择偶要看家庭背景，遗传基因。爷爷小时候经常听大人说，找对象要看对方三代是不是正经人家。当时爷爷不以为然，认为找对象是找一个人，与家庭有什么关系。直到三四十岁时，还认为找对象与对方家庭父母关系并不大。结果，到六十岁后，包括爷爷自己的子女、侄女、外甥们都结婚了，用心一品，才深信先人的智慧。其父母深明大义，勤奋节俭，他们的子女也深明大义，善解人意；其父母不懂人情，会影响他的子女也不懂人情；父母脾气暴躁、刁蛮，儿女也脾气暴躁刁蛮；父母有不良嗜好，儿女也有不良嗜好；父母不孝敬老人、不和睦兄弟，其儿女也一样缺乏孝心。包括父母家里有长寿基因，儿女也会长寿；父母有遗传病（如精神病、糖尿病、高血压、心脏病、血液病等），儿女也会遗传。于是，爷爷千真万确地相信了老人们"差不了根性"的说法。真是谁家的孩子像谁。

所以，不看对方家庭背景，不看家风，不看家庭教养，不看对方父母是否深明大义，不看对方有无家族遗传病史就盲目处对象，是极不明智的，既是对对方不负责，也是对自己不负责、对家庭不负责、对未来的子女不负责。

第三，择偶关键是选人品。外表漂亮，内心卑鄙、性格刁蛮、作风轻浮、心肠歹毒，有什么用？不过是个披着漂亮外衣的"白骨精"罢了。莎士比亚认为："愈是轻浮的女人，所涂的脂粉愈重。"人只要长得端庄、健康，有气质，面相和善，身体好，一般就可以，最根本的是人要善良。不仅要看热恋时期对方对你如何好，更要看他（她）平时对父母、对朋友、对同事、对同学是啥态度。如果平时顶撞父母，从不知体贴父母，谁不小心惹到她了，就咬牙切齿，疾言厉色，尖酸刻薄，寻机报复，这是美吗？或者有一次电话没有及时接，或一次约会晚到一点，就质问，就生气，就耍泼，就使脸色，就不依不饶，这都是极缺乏教养的表现。有人为了婚姻，连父母都不要了，这是一种自私，以后，也可以另寻新欢而不要你了。如果她对朋友很薄情，对人很苛刻，很难与人"合群"，对你也不会好到哪去。

一滴水可以反映太阳光辉，一滴血可以测出一个人的血型，在一些她不经意的小事上，才可以反映出她的本质。但是，热恋中的男女，却"当事者迷"。正如古人说的"情人眼里出西施"，这种时候，两个人怎么看怎么顺眼，别人不行的事，对象却可以，双方是体贴有加。其实，爱情的力量常常可以约束自身的一些恶习，遮盖自己的本性，以千方百计获取对方好感。而一旦结婚后，便慢慢显出本性。这也是一些"上当"的婚姻事后百思不得其解的地方：当初看她挺好啊！怎么会变得这样？其实，是当初就没看清、没看准、没看透。

所谓婚姻，不是两口子本身就是家庭的全部，家庭中其他成员也是你婚姻的一部分。孝敬老人，和睦长幼，是天经地义的责任。找婆家，除了不要老人，其他什么都要，狠心若此，这样的媳妇你也敢要？娶了媳妇忘了娘，这种人当你的丈夫，你不感到丢人吗？不能你的妈是妈，他（她）的妈就不是妈。为了自己结婚，让父母发昏，于心何忍？而有一个好人品，不为钱的事绝情，不为孝的事攀比，这些问题就不成为问题了。

第四，择偶要选性格。夫妇双方有一千个条件合适，就一个性格不合，就可以把整个婚姻毁掉。人不是圣贤，难免会有错，两口子过日子也不会事事都对，不会一帆风顺，矛盾、纠纷、失误，在所难免。这种时候，作为夫妇，就是互相安慰、互相鼓励、互相扶持，主动包容，共渡难关。如果一方立刻翻脸，埋怨、吵闹、指责，不依不饶，斤斤计较，大呼小叫，大有非把对方"制服"，不把对方逼死不肯罢休的架势，甚至用更恶毒的话诅咒对方；或者赌气，冷战，不"晴天"，表现极其不开朗、不开明，试想，这还叫夫妻吗？不帮你包扎伤口，反而往伤口上撒盐，娶一个这样的女人，或嫁给这样一个男人，是活受罪。这样的婚姻，才真正是爱情的坟墓。

所以，确立恋爱关系之前，务必要通过平时的一些小事，了解对方的品性。一是看她（和她爸妈）的性格，是否和蔼，待人是否温柔，是否通情达理、热情开朗。二是看她遇事是否先想到别人的感受，能不能换位思考，有没有"己所不欲，勿施于人"

的境界。三是遇到纷争，能不能息事宁人，理智、豁达、从容地应对。俗话说"家有贤妻，男人在外不做横事"，就是讲女人压事、贤惠。四是有没有自我反思、坦承自己不对的勇气，开明而大度，对来自亲人的规劝肯于接纳（而不是拗着来）。五是面对损失、挫折，不悲观，不气馁，不埋怨，而是接受教训，自我调整，奋起再战，表现坚强。综合而言，就是看一个人有没有教养。当然，一个人想具备这些优点，也很难做到，但大体上，在基本面上，应当是肯定的才行。

第五，择偶要看对方有没有责任心，有没有自立能力。一个人在社会、在家庭，势必要承担起自己的一份责任。作为男人，对外要有个成功的事业，对内要负责把家庭的日子过好；而作为女人，要照顾丈夫，关心老人，教育孩子，责任比男人的还繁重、还重要。家庭的幸福之花需要双方倾心浇灌才能盛开。一方没有责任心，毁掉的是另一方；双方都没有责任心，毁掉的是一个家庭和两个人一生的幸福。

所以，在处朋友时，通过她对自己父母、对家庭的关照程度，看她对单位、对学校，甚至对班级的关照程度，常常可以洞见一个人的责任心。选到一位会过日子的伴侣，将来两个人共扛一个家庭的担子，要容易一些。

第六，择偶一定要健康的。不仅他（她）自己身体好，还要看有无遗传基因方面的缺陷。我认识一个企业家，六十岁了，有一次我跟他在一起小酌，我夸他是个成功人士，他长叹一声："老哥你不知道啊，我苦着哪！老婆十年做五次大手术，几百万扔了，人现在就像植物人，我糟老心了！如果有下辈子，找对象可得好好选一选——他们家就是个短寿家族，都得这个病。唉！怨自己年轻时不懂啊！"我既同情他，又佩服他对妻子一直负责的态度。

好的身体和好的性格对婚姻都很重要。年轻时看她（他）身体挺好，可是由于脾气不好，性格暴躁，心胸褊狭，生活习惯不好，也会很快把身体搞垮。为什么说"仁者寿"呢？就是有修养、平和恬淡、从容大度者，"不以物喜，不为己悲"，自然心态好，身心调和，免疫力强，就能长寿。所以，心理健康也很重要。

基因好、心理健康、好的习惯、好的性格加上好的身体，是幸福婚姻的基石。

第七，要正确对待失恋。恋爱是两个人的事，不是一方满意就行。所以，在追求爱情时遭到拒绝，也是正常的事。不要以为她（他）不爱你了，世上就没有可爱之人了。有的大学生因失恋而跳楼，或自残，或同归于尽，真是愚蠢极了。心胸若此，难怪人家不爱他（她）。爷爷真不明白他（她）的书是怎么念的，心胸竟如此褊狭。及早结束一个对方并不爱你的恋情，并不是坏事啊！你二爷说过一句挺经典的话："找一个真爱你的人，你会一辈子享受到爱的温馨；而找到一个你爱的人（可能对方不是很爱你），你会一辈子很辛劳、苦涩。"真乃经验之谈！

爱情很美好，像天使；爱情有时又很可怕，像魔鬼。爱可以改变一个人，能使一个原本堕落的人变得高尚，也可以使原本平和的人变得疯狂。爱的洪水一旦冲毁理智的堤坝，就可能泛滥成灾。有些野蛮的爱情、自私的爱情，往往由爱生恨，不能获得便毁掉它，这是悲剧。孙孙要高度警惕这种褊狭式的爱情荆棘，以免身受其害。

当然也有一种高尚、纯洁的爱，爱到深处无怨尤，分手时也分得从容、潇洒，从爱情转而升华为友情，不能为夫妻，可以终生为挚友。必要的放弃往往是一种智慧，必要的转身常常是对爱的珍重。爱一个人不一定要拥有，但拥有一个人就一定要好好地爱他。这是一种人生的高境界，这样的人，才是真正懂得爱、值得爱的人。

第八，为了幸福的婚姻（家庭），要肯改变自己。这是婚后双方经营、维护美满婚姻的关键。"目见百步之外，不能自见其睫"，眼睛可以看见所有的东西，却看不见它自己。一个人往往很能挑剔别人的缺点，却意识不到自己的不足。每个人都有个性，每个人都有自己习惯的思维方式，每个人都有自己的生活习惯，两个人走到了一起（成为一个家庭），不可能没有矛盾冲突。如果都认为自己对，都坚持自己的个性（或叫维护自己的所谓尊严），不肯改变，只要自己痛快，不能换位考虑对方的感受，不懂得尊重对方，而是一味挑剔、指责对方，甚至撒野耍泼，强词夺理，恶语伤人，一意孤行，想想看，这家还"和"得了么？能尊重对方才有理解，不改变自己何谈包容？按美国作家、《暮光之城》系列小说作者斯蒂芬妮·梅尔的理解：爱的本质，是赋予一个人伤害自己的权利。能为对方奉献和承担，才是真爱。一家人在一起，像一组齿轮的相互咬合，是彼此长短（优缺点）的互补和依存，是彼此的默契和相互适应。而能真正做到这一点，需要清醒的理智、大度的胸怀、自控的毅力和生活的智慧。说"忍片刻风平浪静"，"忍"也只能平静片刻；讲"退半步海阔天空"，"退"（改变自己）才是明智之举。生活的强者首先表现在"重塑自己"的开明度和意志力上。若一方以能辖制住对方为荣，那是浅薄、愚蠢、无知，是没有教养。有人说，真正的好夫妻，只讲感情，不纠结彼此的对错，也不乏是经验之谈。

可惜，相当一些人，由于不懂这个道理或做不到这一点，不是小闹、大吵，就是冷战、血拼，一生走不出"苦恼"的婚姻沼泽。孙孙长大有了家庭，不要有"一切以我为尊"的大男子主义，能勇于改正自己的毛病，能包容对方的缺点，能努力使家庭成员间互相适应、相互尊重，才会有一个幸福美满的婚姻，才会有一个和睦快乐的家庭，才会有一个成功的人生，这才是一个胸有大格局、大智慧男人的作为。

如前面爷爷讲到的几条，若促成婚姻的基本面是好的，配偶的基本品性是理性开明、善良大度的，维护一个好家也许并不难。"修身齐家治国平天下"，律己、治家、治国同出一理，如果连自己都管不了，有什么资格管别人？如果连自己的家都处理不好，还怎么去治理国家？家和万事兴啊！可让女朋友看一看唐太宗的妻子长孙皇后的故事，那是做女人的楷模。

爷爷希望孙孙有一个幸福的婚姻，但是，孙孙一定也要记住，人生无常，谁也不敢保证自己的婚姻一定幸福、一定美满。世界上还有许多无法选择的婚姻，或是因为贫穷，或是因为病残，而无力、无缘组成家庭，还有鳏寡孤独者，这些人的人格、尊严，也应当和别人是平等的，但他们享受不到婚姻的奢侈。所以，既要追求美满，又要面对实际，无论如何，孙孙应当懂得知足和珍惜才对。

爷爷说了很多，或许会吓住孙孙，原来婚姻这么复杂呀！其实，也不必紧张。热恋时只要不被一时的感情冲昏头脑，能在最热烈的时候冷静下来，认真反思，审视自己的恋情，能及时、客观地做出进退评价和选择，就可以了。没有一种成功可以弥补婚姻、家庭的失败，所以，选择一定要慎之又慎。

当然，最根本的，幸福的婚姻是建立在健康、和谐和修养的基石上。要想有一个幸福的婚姻，不但自己首先要做一个有文化、有思想、有修养、有气度、有责任心的人，对方也应当与你的学识、品性、教养基本相"匹配"，若两个人差距太大，将来沟通、融合起来就会很困难。

总之，爷爷希望孙孙有一个美满幸福的婚姻，这不仅是你个人一生的幸福，也是你的子孙之幸、家族之幸！切切慎之。

30. 职业选择之我见

"女怕嫁错郎，男怕入错行"，一个人一生选择什么样的职业，往往决定着他一生的生存状况。

人的一生，工作既是一种社会责任（因为你自己在享受人类文明成果的同时，也应该为这个社会回馈一些什么），是一种谋生的手段，也是一种享受生活、感悟生命快乐的主要方式。

有人搞过试验，把一块普通的石头拿到黄金市场上出卖，竟也会有人给出黄金的价格，会误认为是一块宝石。也有人把一块未打磨的璞玉拿到石头市场上卖，竟然卖不上好石头的价格。虽然它们的价值未变，却由于放置的环境不同，而相应地升值或贬值了。

人也一样，虽然是一样的人，却由于职业、从业环境的差异而使自己的价值产生了变化。

所以，对职业的选择，就是对自己生存环境的"空间优化"，相当于对自己生命价值的"定价"。

由于社会人口膨胀、自动化生产力的提高等原因，21世纪之初，大学生、研究生都很难找到工作，孙孙将来面临的社会就业形势仍将十分严峻，就业竞争仍将十分激烈。孙孙长大后会不会找不到工作？很难说。一切取决于你就业前的准备如何。

孙孙将来会从事什么职业，爷爷无法估计。说了，也是废话。但爷爷总会有对孙孙的期望。所以，就职业的选择，如果你还有自主择业的空间的话，说点爷爷自己的意见，供你参考。

第一，可以选择适合自己特长、兴趣的职业。有许多职业虽好，却不一定适合你。有许多文学家，读书时数学成绩非常差，说明他们天赋适合选择"文"。而像陈景润这样的数学家，从小就对数学痴迷，在其他领域就显得木讷。比如一个对音乐敏感且感兴趣的人，就不要硬去搞体育；适合搞科研攻关的人，就不要去谋求当政治家。每一个人都或多或少会在某个方面表现出自己的个性特质，选择了适合自己的职业，不但容易成功，也可以享受到从业的快乐。如果把工作仅仅当成一种谋生手段，不能从工作中享受快乐，一个人的幸福感就会打折。面对你自己最感兴趣的事，你的思维会格外活跃，你的才思会超常发挥，因此，往往会有新的发现和创造。爷爷认为，从上中学开始，你就应该思考这个问题，不要做"分数"的奴隶（无论中学还是大学时期，目的是为了学习知识，不要为追求"高分"而抹杀了自己对某方面知识的兴趣）。你必须先了解自己，根据自己的条件来决定自己的选择方向。许多人的择业，只是想选"好工作"，而忽略了自身的特长和兴趣，结果一辈子在从事"自己不喜欢的工作"，难道留下的不是终身的遗憾么？

第二，可以选择有利于愉悦身心的职业，便于享受到人类高级的精神文明成果。人是高级动物，人必须要有自己的精神生活。

如果忙碌起来，什么文化生活都顾不上，看书、看戏、参加文体娱乐活动的机会都没有，岂不悲哀。

生活若缺乏了情趣，便也丧失了生命的活力。人若如机械一样不能自主，时时承受环境的压力和生活的枯燥，没有快乐，而自己又不能适时调整自己的心态，那么，他的人生将充满苦涩。

选择一个可以亲近文化的职业，整日跟文化打交道，可以沉醉到美妙的韵律、美丽的色彩、美好的意境中去，实现在精神太空的遨游，不乏高品位的人生体验。

可是，爷爷也见到一些置身文化事业，却由于本身没有文化，而不懂享受的人。如有的图书管理员置身书海，却对书兴味索然。有的从事影视业的人，空有漂亮脸蛋，而不学无术（高傲即是无知的表现）。所以，选择可以亲近文化的职业，首先自己必须对文化有感情，自己具备一定的文化素养，否则，仍享受不到亲近文化的乐趣。

第三，选择职业时，不要刻意追求从政或矢志要当官。虽然中国几千年来就有"学而优则仕"的古训，认为"当官"才是人生最高的追求，才是"光宗耀祖"（这是陈腐观念），但是，并不是每个人都适合当官。

爷爷也当过小官，现在"告老还乡"，回首往日，别有一番感慨。官场既有光鲜的一面，也有复杂、势力、险峻的一面，想当个忠臣，想坦荡、正直、公平、无私，想造福一方，并非易事。

其实，选择当官是选择一条艰难的路走，如果缺乏辛劳、担当、牺牲、奉献的精神，是当不了官的。

当官的很少有"常青树"。当今人们都很现实，维护你的人大部分都是冲你手中的权力去的，一旦失去权力，便形同陌路。权在势在，左拥右护；权去势去，门可罗雀。所以，当不当官，

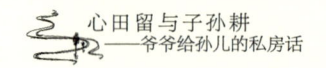

不必刻意为之，可顺其自然。

第四，爷爷心目中的理想职业，是当个书画家。没能在书画方面有所建树，是爷爷一辈子的遗憾。爷爷总结当书画家的好处有以下几方面。

一是可以养生、陶冶性情。做书画的环境清幽，独处一寓，几管纤毫，一方墨砚，以腕运心，以心摄境，有自得之妙；出外写生可以亲近自然，临风远眺，天水相涵，云山掩映，绿杨朱户，丽彩横空，潺湲之声在耳，浩荡之色盈目，能养我浩然之气；凝神注笔，物我皆忘，运气挥毫，万类由心，可以健身养性；观山悟仁，近水知性，制作设计，创意联想，腹吞百毫，手生万象，可以怡情益智。

二是调和色彩、变化万千，可悦目怡神。尺幅之内，浆深色浓，虚实枯润，流宕多姿；天下万物，奔赴笔底，山情海韵，涌自胸中，勾皴点染，神融笔畅，千姿百态，妙趣天成，时时可以体验"工作"的快意。

三是时间上的自由。可独来独往，可结伴同行，如闲云野鹤，可以放怀山水，遍游大江南北；似出世高人，可以醉心意境，闭门潜心书画；秉烛夜练也不扰人，可以睡个日上三竿而人不扰；方寸之间，神驰万仞，斗室之内，以书焕彩，来去随心，忙闲自定，何其惬意！

四是呼朋唤友，多是文人雅士。迎来送往，有文化泰斗，有书画名人，情志高远，胸怀旷达，谈吐尽是雅兴，举手多是华章，思接千载，情会景来，切磋激励，高壮清扬，拔新领异之谈，登峰造极之理，耳濡目染，受益颇多。如名师在侧指点，学业可与日俱高。

五是薄技在身，如影随形，远行不必负重，半夜不怕贼偷。

艺随人走，运用自如，随处皆为画室，无所不显其能；时世变迁，而技艺无损，天荒日老，而笔力精熟，越老越纯粹，愈久愈增值，人生有限而精品长存，不为衣食所忧，不为年龄所困，善哉善哉！

然而，学书画入门容易，上台阶难，自成风格、独树一帜更难。诗是心中的画，画是手上的诗。真正的画家，要在内心具有思想家的深刻，有观察家的敏锐，有大诗人的情怀，先在心中有诗，先在心中有美，以诗情与文心感受自然，有新发现，有大意境，才会注美于笔端。或气韵生动，或意境深远，或骨法清奇，或色彩斑斓，描摹传神，藏露互动，俱在功力。诗书画能为一体，才会有画的高品位。"扫除凡格总难能，十载关门始变更"，学书画者万万千，而学成学透、自成大家者，凤毛麟角。难矣难矣！

然而，若有天赋，加之勤学苦练，博采众长，炼意求法，坚持数年，外师造化，中得心源，悟出新意，自成一家，也不是高不可及的。

孙孙十八个月大时，大人包饺子时你一定吵着要一团面，在手中捏"小鸭"，那种专注，十分可爱。兴趣就是天赋，但这是否就是孙孙的天赋，爷爷不敢肯定。但你太爷年轻时，在农村当木匠，就自悟着在给人家做"炕琴"时，在柜门上画山水。爷爷也受你太爷的影响，在农村时也学画画，还参加过县里美展。后来，由于当时的种种原因，扔了美术，学习写作。想不到中途又调离文化口，便全部为生计所累，在文艺上无一成功。至今想起来，还很惋惜。但这说明，你祖上或许有"书画"方面的基因，但愿对你有好的影响。

孙孙不一定就选择专职书画职业，把书画作为一种业余爱好，也不是什么坏事。倘若青年爱好，壮年精熟，到老了退休后，从

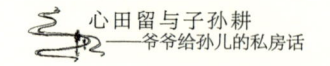

别的岗位退下来,又成了书画家,岂不也很不错。爷爷认识西安一位书法家杨选西先生,就是这样,从工厂退休后,反而有了新的人生起点,临街(在西安书院门前)卖字,一个月收入十几万元,而且玩中健身,即兴交友,好不快哉!

择业,客观上有个"机缘"的问题。就像一颗种子被风刮到哪里,是不确定的,这是一种"自然"的抉择。这种时候,不要固执,也不要焦虑和苦闷。此时,比在哪里、做什么更重要的,是自己的心态,"怎么做",将决定着你的价值。爷爷认为,世界上永远缺乏有能力的人,一时谋不到职业,也不用慌。不是"社会"太挑剔,是我们自己准备不足。如果你具备优秀的品格和卓越的能力,他们就会抢着要你。当你不被别人看好时,会促使你产生动力,把"我一定能行"证明给他们看。当然,前提你得是个有志气的人。

职业的选择,也存在中途改行的问题。爷爷一生就从事过多种职业。改不改行,一切取决你的改行是不是比原来更适合你。如果感到你正在追求的方位明显偏离了自己理想的航向,不妨停下来认真想一想,或及时调头,转而在自己熟悉和喜爱的领域另辟蹊径,或者调整一下心态,重新认识原来的工作,从而让你的人生一下子亮丽起来。爷爷嘱咐你:在没有确切找到适合你的工作之前,不要表现懈怠,更不要与你原工作单位的老总和同事闹翻,一个对原工作单位极不负责的人,不会有新单位会对他更感兴趣。

但是,不管你将来干什么工作,都要记住米卢先生说过的一句话:"态度决定一切。"只有你对那些卑微、琐碎的小事也能尽心尽力去做,你才有做大事的禀赋。天才,就是主动性的爆发,如果做每一件事都能认真、积极、主动、坚持,就无论从事什么职业都会有所成就。学会热爱自己的工作，不仅仅是职场品德的要求，更是学会生存、充分享受生命快感的智慧。

孙孙的将来，如果祖国在召唤你，需要你去从事一项神圣的事业，当然要服从祖国的召唤，个人志愿就是次要的了。

总之，适合你的工作，才是最好的工作。境界高低决定心胸大小，见识深浅影响抉择对错。如果一个人的工作性质恰好与个人的兴趣爱好相一致，则他的人生会很幸福。对于孙孙未来的择业，爷爷不勉强你一定要干什么，这里仅是一位老人出于对孙孙的关爱，说点私房话，提点参考意见罢了。

选择什么职业，孙孙细忖之。

31. 如果你想创业

　　爷爷没法估计，你将来创业会选择干什么。

　　但是，爷爷告诫你，无论将来从哪个方面创业，你都要记住：用智慧创造财富！

　　智慧就是对知识的活用，是生活教会给你的经验。

　　智慧，是创业者最重要的基本素质。在真正创业者的眼里，永远不是就事论事，而是能发现潜在的升值空间。能把价值十元钱的钢板制成手表里的螺钉使钢板价值升到一万元，就是智慧。如果不具备这种能力，你只能是一个平庸的创业者。当然，"升值"的智慧不仅体现在结果上，更体现在创造的过程中，而这种能力的养成，将伴随你创业的全过程。

　　从一般的意义上讲，如果你想创业，必须注意以下几个问题。

　　第一，对项目的选择，要慎之又慎。不能凭一时心血来潮，或听朋友一"忽悠"，就大手一挥，"干"！这是莽夫的做法。古代智慧的代表人物姜尚曾说过："先谋后事者昌，先事后谋者亡。"

古希腊哲学家伯利克里也说过:"最坏的是没有适当地讨论其结果,就冒失开始行动。"这些都指出了"准备"的重要性和"盲目行动"的危害性。选择,比努力重要,方向选错,会一错再错。爷爷在这方面听到、看到的成功与失败的例子太多了,包括爷爷自身的教训,也十分深刻。

选择项目时,一是要看项目是否符合国家发展政策,是否符合国家扶持的产业方向,这将决定项目的前途和寿命。二是要综合考虑各方面资源(如人、财、物、技术、信息、政策、环境、人脉等)的配置,是否有不可克服的短缺因素。即使不做可行性报告,也要对项目的效益做出切实的评估,不可盲目决策。三是要考虑自身的条件,是不是适合做这一项目。做自己熟悉的、能驾驭得了的事,把握性会更大一些。四是要考虑市场需求前景和产品更新的速度。市场是无情的,同类产品的竞争、更新也十分激烈。要发展地、动态地、系统地评估市场前景。

而且,这方方面面涉及的信息,务必要准确翔实,因为信息是决策的基础,信息不准确不全面,往往会导致决策的失误。

第二,做一项事业,一定不能急于求成,务必脚踏实地,从小做起,步步为营。如台湾的企业第一人王永庆,就是从年轻时挨门挨户卖大米开始,一步步积累资本,积累经验,逐步做大的。

很多年轻人,好高骛远,企图一口吃个胖子,不肯务实,不能吃苦,总想有一个奇迹发生,甚至想凭投机取巧一夜暴富,到头来常常败得很惨。当自己撞了南墙,有所觉悟后,往往付出了很大的时间和资本代价。那么,何不师法成功人士,把自己的事业做得扎实些呢?

而且,随着事业的发展、规模的扩大,自己一定要保持一个高度的清醒,即自己的思想观念、决策能力、管理能力,是否也

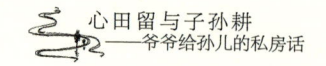

做到了与企业的同步长大。

事实上,爷爷见过许多在改革开放初期成功的老板,当企业成长到一定规模时,常常自己手足无措,或头脑发热以为自己已经无所不能,开始狂傲,独断专行,正是这种品格方面的缺陷,往往导致企业大厦一夜之间倒塌。

他们不明白正是由于自己缺乏与企业同步成长的清醒,才导致这样的结果。所以,阔阔一定不要犯这样的错误。

第三,一定要慎重选择合作伙伴,特别是"搭班子"的人选。再好的项目,若合伙人选错了,也会将事业毁掉。爷爷在《学会与人合作》篇里已谈及这方面的内容,道理上大同小异,这里不再赘述。

第四,要遵循规律,掌握企业经营管理的核心内容,而不要随意性太强。经营管理方面的书籍,浩如烟海,可以装一汽车,一个人不可能全部通读,也没必要全部通读,可以边干边学。以爷爷六十年的感悟,认为可以融汇、活用东西方的管理思想:一是学习西方的"干什么都讲求科学性,重视法规、标准"的管理哲学,强化管理手段,抓绩效;二是用东方的"王道"管理智慧,强调"格物致知",统一意志,凝聚人心。制度只能告诉员工做什么,怎么做——体现强制性;只有价值观才能让员工做得更好——体现自觉性。把东西方的哲学融合起来,才是管理的大智慧。

一般来说,有八个管理环节,要特别注意:

(1)搜集翔实信息——为了决策更科学;

(2)持续培训队伍——为了执行更有效;

(3)合理配置资源——为了完成任务有保障;

(4)重视公共关系——为了获取内、外部的鼎力支持;

（5）制定岗位责任——每个人都明白自己该干什么；
（6）明确工作标准——每个人都明白该干成什么样；
（7）理顺作业流程——每个人都明白该怎么干；
（8）完善考核体系——做到奖罚分明，使激励更有力。

记住：只有量化的管理才会是科学的管理，凭感觉凭经验的管理是不科学的。在有明确目标和工作标准的前提下，考核和激励是管理的黄金法则；即时的奖罚比事后的奖罚更有效，年终的奖励远不如月末的奖励更具驱动力。总之，万变不离其宗，如果你能真正理解并力求做到这八句话，就基本不离管理大格。

关于企业管理，有一个有趣的案例：17、18世纪时，英国要把大量犯人用船运送到澳大利亚做苦力，起初政府是按照上船时犯人的多少给船主付费。私营船主领到人头费后，为了牟取暴利，便不顾犯人的死活，甚至有的船主途中把犯人活活丢进大海。英国政府想了很多办法，极力想降低犯人的死亡率，但初期只有40%的人活着到达澳洲。后来英国政府改变策略，按照到达澳洲活着下船的犯人的人头付费，于是私营船主又绞尽脑汁"保护"犯人安全，结果，有95%的犯人安全抵达了目的地。你看，这个故事多么发人深省，仅仅是一个方法的改变，结果大不一样。

所以，企业管理不是单纯凭心情就可以管好的，设计一个好的制度或建立一套科学的推进机制，至关重要。如果你在管理上有些力不从心时，就该想一想，是不是机制、制度出了问题。

经营管理是一门行为科学：领导靠艺术，突出对人的激励；管理靠科学，注重有效资源配置。领导是决定做正确的事，掌握方向，强调价值取向；管理是负责把事做正确，提供秩序，强调执行。领导的主要特质是创新和感召力，管理的主要内容是标准和控制力。

管理的核心是管人，管人的高境界是管"心"。能欣赏别人，能与别人共享，是建立开明人才观的理念基础。心理学家威廉姆·杰尔士说："人性最深切的要求就是渴望别人的欣赏。"人谁不惜命呢？可是，一个人为了赢得一枚勋章，却可以去赴汤蹈火。韩非子曰："赏莫如厚，使民利之；誉莫如美，使民荣之。"肯给予别人"超出预期"的奖赏，会产生巨大的领导驱动力。

一定要特别重视养成自己"表扬"和"赞赏"的习惯。没有没有长处的人，你跟任何人相处，你首先要发现他的优点，并适时加以肯定和赞扬，世界上没有哪一个人不喜欢别人的赞赏。有时，人会因为有人对他的认可，而不惜奉献出自己的一切，即俗话所说的"士为知己者死"（你可以看看《史记》中的《刺客列传》篇）。不吝啬表扬，能够分享荣誉，是管理的大智慧。"政无大小，以得人为重"（苏辙语）。克己惠人，低调做人，宽厚大度，和谐共处，无论在官场还是商场都是一种进可攻、退可守，看似平淡、实则高深的处世谋略。

管理，必须懂得奖罚之道。但是，"善用恩者不妄施"（《格言联璧》语），如果太随便地"施恩"，恩不足劝，反而不利于为自己立"威"。

有些管理者，喜欢大权独揽，是很不明智的。自己累得够呛，别人反而有怨气，不领情。荀子曰："明主好要，而暗主好详。"即英明的领导善于抓住要领，而愚昧的领导喜欢管得很具体。懂得充分授权，不但是发挥优秀执行者创造性潜能的前提，更可以让自己从烦琐的事务中超脱出来。有人不明白这个道理，死死地抓住权力不放，事必躬亲，殊不知权力就像手里的兔子一样，你抓得越紧，兔子越要挣脱，权力反而会远离你。

古人云:"上君者尽人之智,中君者尽人之力,下君者尽己之能。"说得特别深刻。作为领导者,千万不要事必躬亲,也不要独断专行,而是要善于用好人。用人先要识人,识别人的人品、能力、潜质,然后再确定用到什么岗位、担任什么职务,"知人善任",努力为大家创造发挥才智的条件。让下属成功,才是领导者最大的成功。

荀子曰:"人主者,以官人为能者也;匹夫者,以自能为能者也。"讲的是领导者最根本的能力就是管理别人(发挥别人的才智),只有普通人才以炫耀自身为能事。爷爷当部门的领导时,常常是安排完工作,自己反而没什么工作可干了,会悠闲地看书。可是由于中层干部和员工个个尽力,工作反而干得很出色。"无为而治",不是不为,而是善于"官人",善于"尽人之智"。

由于对人的信任度有别,也会造成下属的积极性不同,进而影响到全局。凡事非请示上司不能决断,则越是有能力的人越有屈辱感,缺乏能力的人则越来越懒惰。而敢于信任下属,放手让他们工作,既是激发下属忠诚度和创造性工作激情的最好手段,也是获得人心、能不断获取权力的前因。

领导干部必须爱惜人才,肯重用人才。要用好人,首先要信任人,大胆放手放权,"疑人也要用,用人则不疑"。管子云:"见贤不能让,不可与尊位。"说的正是当领导者的胸怀,恰恰要容纳能人、敢重用能人。

一幅好画,是由多种色彩绘制而成;一个好的集体,也必须是各种人才的组合。一个组织的效能,也往往取决于人才结构的合理性。战国时期孟尝君不弃鸡鸣狗盗之徒,帮助自己逃离险境,发人深省。

古人云"良匠手中无弃材",当领导的可以不知道属下的缺点，但一定要了解属下的长处。迁怨属下无能，表现的常常正是自己无能。同舟共济，同甘共苦，异己不非，都是你胸中应有的大格局。

正如唐代魏征所言，能使"智者尽其谋，勇者竭其力，仁者播其惠，信者效其忠"，才可以实现"垂拱而治"。所以，当你一旦感到自己忙得很、累得很时，你就要反省自己是不是在这方面有了问题。

管理的本质不在于知而在于行。司马承祯《坐忘论》中有云："夫法之妙者，其在能行，不在能言。"其实，哪个老板都明白一些管理的道理，差别在于是不是能把想到的落到实处。爷爷一辈子学了不少管理知识，多次参与具体的创建工作，积累了一定经验，感悟到把一个大目标变成现实，特别强调行动能力、分解和执行能力。阔阔切记：关键不是知道了什么，而是能不能做到！

孙孙还要注意，无论老板还是企业实体，常常由于"文化底蕴"的差别，分出高下，决定着发展的潜力。企业的根深植于文化，只有文化的，才是长久的。缺乏先进文化理念的企业（公司），就像一个人没有灵魂。企业文化必须有机地融入企业管理的全过程，而不能形式化、标签化。爷爷这些年偏重思考的就是企业文化，也有自己的很多感悟，是可以再写一部书的，这里就不展开说了。

第五，要注意树立良好的个人和企业形象。

良好的个人和企业形象，是企业巨大的无形资产，从创业迈出第一步开始，就要打好基础。一定要注意搞好内、外部关系的协调。做事业，也和个人家过日子一样，和则兴，斗则败。《史记·老子列传》有一句："盛德必有后，仁义终克昌。"说的也是品德高尚的人必然有良好的发展前景，甚至可以流芳百世；为人善良仗义，必然有良好人脉，干什么事业都会成功。

要创造良好的人际氛围，首先要懂得尊重人、欣赏人、理解人、关心人，怀着感恩的心态对待人。当老板千万不要整天板着脸，故作威严状，那是肤浅和愚蠢的，霸道和强势并不能真正征服人心；而应表现良好的亲和力和公正性，用人格魅力凝聚人心。要懂得客户的满意度是从员工的满意度开始的。

信用是最大的社会资本。一个人即使欺骗了所有的人，最终，那个受伤害最大的必然是他自己。靠撒谎、造假、欺骗、欺压、强制等手段，可能会在一时、一次得逞，但绝不会长久。所以，做事一定要坚守道德、诚信的底线。

企业形象，在一定意义上，还要表现为井然有序，这就要强调控制。如果你的目的是控制，必须先懂得自我控制；如果你的目的是管理，就必须先学会自我管理。你应当是企业规章的第一模范遵守人。当一个人或一个企业失去了公信力、美誉度，便会失去广泛的合作基础和发展良机。占领消费者的心智是占领市场的前提。做一项事业，如果能够符合顾客的期望，基本就可以有市场，但要想把事业做到登峰造极，就必须提供超值服务，超越员工和顾客的期望，让员工和客户感到惊喜。

2008年发生在石家庄三鹿集团的三聚氰胺毒奶粉事件，致使许多婴幼儿中毒甚至死亡。不但使市场占有率多年雄踞全国同行业前茅的著名企业一下子遭到灭顶之灾，以董事长田文华为首的一大批高管人员也身陷囹圄，更严重影响了人们对政府执政能力的公信度。教训惨痛啊！

第六，要把企业人力资源管理、财务管理、培训管理三个关键环节做深做实。

作为企业家，既是战略的决策者，又是战略的执行者、变革的推动者、管理效益的承载者，同时还是团队力量的凝聚者、内外部沟通平台的构建者、企业文化的传承者，多种角色集于一身。爷爷不能一一详述。这里，仅就三个管理环节做些强调。

一是关于人力资源管理，许多企业老板认为，人事部门就是把人管住，记工考勤，按时发薪，搞搞例行培训而已。其实，这只是人力资源管理最肤浅、最简单的部分，深层次的管理不是追求属下的"唯命是从"和"循规蹈矩"，而是最大限度去激发员工的忠诚度、创造力和工作激情，这才是人事管理的核心职责。这也是关系到一个企业能否做到高层次的一个重要方面。一个优秀的管理者之所以优秀，是因为他能够把普通人组织起来做出不普通的业绩。

爷爷在银行的时候，虽然在业务上是"半路出家"，但是作为一个部门的头头，把自己定位为是"大家的服务员"，千方百计为每一个员工发展、成才创造机会和条件，大家自然都尽职尽责、努力工作，表现卓越。而且，爷爷颇为欣慰的是，曾在我手下工作过的员工先后有十几位走上行长、副行长岗位，不管别人理不理解，爷爷认为，这是比赚多少钱更值得骄傲的成就。

二是所谓财务管理，许多老板只是安排财务人员被动地记账、报表、缴税，看好"钱堆"就行。其实，真正的财务管理，是要通过每月的财务核算，动态监测企业的成本利润运行情况，及时向老板提出管理建议。比如这个月的办公费比上月增长了百分之二十，就要分析原因。如果浪费了，就要查找管理的漏洞，及时采取措施。这样才算真正发挥了财务部门的核心职能。

三是关于企业培训。许多老板都认为，培训员工得不偿失，这是一种令人哭笑不得的糊涂观念。"授权"（让员工去做事）的必要前提是"付能"（给员工以能力），不提升员工能力怎么能执行好？许多老板总好抱怨下属工作不力，其实病根正是在老板身上——忽略了对人才的重视和培养。而且，对培训业务的理解，许多老板只停留在开个会、听个报告、办两天学习班的浅层次上，不懂得听完课还只算完成一次培训的百分之二十，大量的消化、吸收、应用，都要靠后续的检查、督导、落实来完成；培训缺乏针对性，不能够把培训和日常管理有效相互"嵌入"，培训和管理"两层皮"，就很难收到培训效果。无论什么样的培训，讲师当堂播撒的只是"种子"，真正的发芽、开花、结果，还要靠员工自身的不断思考、理解和演练。因此，加强培训的计划、控制，就至关重要。有些老板不懂得这个道理，见一两次培训也没什么效果，便认为培训没有用，但其实这是因为培训措施不力。

培训是一项长期投资、见效缓慢的发展战略，是企业软实力的积累。也有的老板认为，自己学习就行了，不用培训员工；或者认为自己不用学，只培训员工就行，这都是偏见。殊不知企业是架有机运行的机器，是个系统协作的团队，只是提高某一个部件、环节的性能，必定不会顺畅。就像建设高速铁铬一样，任何一个环节的梗阻，都可能导致全线瘫痪。

当然，仅仅提高个人素质，并不等于就能最终提高组织的战斗力。持续的培训，必须与有效的组织相结合。一套好的组织体系可以让普通的员工像天才一样工作，反之，一个混乱的组织，徒增内耗，即使是天才的员工也会激情殆尽、无所适从。因此，在一定的意义上，组织能力的建设比个人能力的提高更重要，所以，才有了"千军易得，一将难求"的说法。真正的统帅，不仅要有英明的决策力，更应具备超凡的组织力。

第七，特别强调一下团队的凝聚力问题。这是人本管理的重要标尺。许多老板只是为了自己赚钱，完全不考虑从业者的尊严、情感和个性需求，视员工为机器，试想，员工会全身心服务于这个企业吗？前面讲过的在深圳的台商投资企业富士康公司之所以在一年内有十多名员工跳楼身亡，除了员工自身素质之外，可能与企业对员工的尊严情感重视不够、忽略营造"以人为本"的企业文化、缺乏企业凝聚力有关。当然，"跳楼事件"也令富士康的发展遭到重创。

只有坚持"相互满意"的原则，致力于追求集体利益与个人

百战归来再读书

31 如果你想创业

利益的高度和谐共赢,为每一个员工个性创造力的发挥创造条件,让每一个员工从企业的成长中同步受益,老板怀着感恩之心将自己定位为"为大家打工"的角色,才会让企业产生巨大的凝聚力。一定要清醒,老板自己不是万能的,选聘真正人才,吸引真正人才,相信真正人才,能让真正的人才尽量发挥出自己的创造力,才会有老板的成功。先让别人赢,才有自己赢,这才是人生的大智慧。不懂得大家的成功才是老板的最大成功是十分愚蠢的。

爷爷在 1989 年时,曾写过一篇《骄则无礼,轻则寡谋》的"谏言书"(另有存稿),竭力劝诫你那些舅爷学会管理,时隔二十多年后,爷爷重新读它,仍感到那些观点还一点也不落后。

当然,毕竟创业、经营、管理是一项科学而浩繁的系统工程,不可能用短短篇幅就诠释得了。爷爷几乎用自己一生经历总结出来的感悟,希望孙孙能用心领会,有所借鉴,帮助你在未来的创业之路上,倍道而进。

32. 能像罗文上尉那样么

一百多年前,美国跟西班牙战争时期,美国总统麦金利急于跟西班牙的反抗军首领加西亚取得联系,以便同步作战。可是没有人知道加西亚的确切位置,除了知道他的名字外,就知道他在古巴的丛林中。想跟他联系送一封信给他,而且是在危机四伏的战争时期,不但要冒生命危险,更要有胆识能应对各种复杂的情况,更何况不知道加西亚在哪里,派谁去完成这个艰巨的送信任务呢?美国总统为一时找不到合适的人选而发愁。这时有人向总统建议:"只有罗文上尉能够胜任。"于是总统把罗文找来,亲自把一封写给加西亚的信交给他。罗文上尉历尽千难万险,果然完成任务。

这看来是一个并不复杂的故事,也许没什么神奇。关键是有个细节,在麦金利总统把信交给罗文时,罗文并没有问:"他在什么地方?"也没有提其他任何条件,便义无反顾地去执行了。

正是罗文这种"无条件"执行任务的态度,让罗文不朽。后来,甚至在日俄战争时,每个俄军士兵的身上都有《把信送给加西亚》这篇文章。这篇文章被印了亿万份，传遍全世界，而且至今仍被企业界作为职业教育的典型案例之一。

爷爷非常赞赏罗文上尉"勇于承担"的工作态度。

按一般人的做法，肯定要先问问收信的人在哪、路怎么走、给提供什么条件。就是在我们日常生活、工作实践中，领导派个任务，有很多人（也许年轻人多一些）也会讲价钱，或者推诿，或者认为是"难为人"而干脆回绝。

而这正是"一般人"与罗文的区别。

当然，行动之前问问清楚并没错，而且是一种聪明举措。罗文的"没问"，本质是只要是必须做的事就没必要"讲价钱"，在执行任务时再精心谋划，想尽各种办法来克服困难就是了。坚决执行，并不等于盲目执行。爷爷这里强调的是罗文"知难而进"的勇气和"义无反顾"去执行任务的态度。

爷爷敬佩罗文，并且认为罗文这样做至少有如下好处。

其一，关键时刻，敢于担当，大气，硬朗，凸显了强者风范。时间长了，像罗文这样的人，在群体中会自然成为中坚力量、核心人物。领导和群众都会认为他是危难之时可以信任、可以依托的人。人应该活得有志气、有勇气、有霸气，脊梁挺直，真正有人格的尊严，就像罗文一样，永远是不朽的英雄形象。当然，敢于担当，不是鲁莽担当，勇气与信心源于平时深厚的知识和经验的积累。

你小时候在幼儿园有个有趣的故事。有一天，到放学的时候，家长都去接孩子，阿姨让小朋友们排队从教室往外走，这时，一个淘气男孩儿张开双臂堵住门不让小朋友出去，你突然冲过去，用头顶着那男孩的前胸，把男孩顶到一边去，歪着头，向小朋友挥手："你们快过呀！"颇有一种挺身而出、英雄救美的豪气。当时你还不到三周岁,看得周围家长赞叹不已。这表现了你很好的"勇于担当"的潜质,或许这就是你长大可以做大事儿的禀赋。

其二,关键时刻,敢于担当,可以学到平时你很难学到或别人很难学到的知识和能力。实践出真知,这种真知是谁做谁得。多出力,多费心神,看来是"吃亏",实际上"所得"是丰厚的。因为执行过程中,绝不仅仅是单凭勇气,而且要有办法、有思路,能在纷繁的情况下,找出症结,找出规律,找到突破口,从而找到解决问题的途径。为此,你可能要做大量的调查,要查阅大量文献资料,要搜集大量相关信息,可能要跟很多人当面讨教,也要拜访很多部门,开很多会议,要做大量的组织协调工作,要培训人才,制订方案,制订操作流程,明细工作标准,要做监督、指导、考核等大量工作。这一切做完,你可能憔悴了,眼睛熬红了,多日不能回家,甚至有失误时还要受委屈,遭非议。但是最终你挺过来了,任务完成了,等于你上了一次大学,收获最大的是你自己。不仅学习力、意志力、思考力、组织力、决策力、执行力等都得到实际锻炼,更积累了经验,在这一专业或这一领域,无意中成了有经验、有资历的人。

爷爷年轻时在毫无准备的情况下,走向教室当老师;在毫无准备的情况下当县文化馆馆长、当银行行长,经历了许多像罗文那样"无条件去执行"的任务,结果,最受益的是自己。包括爷爷在文字方面,并不是会写什么写什么,而是从没写过的东西,只要领导让写,就义无反顾地去完成,从没说过"这种体裁我没写过,请找别人"的话。只要工作需要,一律无条件承担下来。不会没关系,多多请教,加班加点,甚至走路吃饭都在琢磨。用爷爷的比方就是"四棱木头硬从圆眼儿钻过去",结果爷爷发表的作品有小说、诗歌、曲艺、剧本、报告文学、文学评论等,也有几十万字；至于公文类的经验、总结、事迹、论文、方案之类，就写得更多了。不是爷爷兴趣广泛，而是客观任务逼的。学识、能力、才干，不是先天的，也不是仅仅读书本就能读出来的，必须勇于投入实践的激流中去，在游泳中学会游泳。

这种付出自然很辛苦，有人会笑你傻，也有人会觉得不值，可是，"才以用而日生，思以引而不竭"（王夫之语），人的力量、精神，不用现花钱去买，是随身带的，不会用完，多付出一点不但不会少什么，也累不坏，反而会因为你多动脑而头脑更灵活、多动手而手艺更精湛、多跑腿而身体更健康。况且，还会受到罗文那样的尊敬，有什么不值呢？

当然，实际生活中，不乏罗文上尉这样的优秀人才，你永远会遇到比你更强势、比你更卓越的人，他们是你学习的榜样。面对他们，不要嫉妒，也不要自卑，只有勇于学习、博采众长、善于思考、顽强坚韧、知难而进，特别是善于在你的身边集聚一批罗文这样的人才，你才有了做大事业的力量，才可能成为罗文上尉那样的强者。

孙孙从现在开始，无论在家里、在学校，还是以后参加工作，总会遇到一些你没做过的，或别人不想做的工作，或者你对那件事的背景、条件、结果都知之甚少，就要你去做的事，你能不能像罗文上尉那样"勇于担当"呢？

或许你要问，缺这少那，没人没钱没经验，又没有先例可循，甚至没有明确的指示，我怎么做？那么，爷爷要问：你让谁去筹钱？你让谁去找人？你让有经验的人主动找你来传授经验吗？你让谁给你制订具体的执行方案？不，不！不要问，一切都要你自己去想办法，一切困难都要靠自己去克服，一切条件都要靠自己去创造。当然，这个"自己"不是一个自然人，而是指你们承担任务的群体。

　　孙孙小时候有个明显的特点，做什么事都喜欢"我自己来"，自己能做的事，就不愿意让大人代做，表现了很强的独立性。希望孙孙长大后也能保持这个好习惯。

　　现在的年轻人，包括你，从小到大，没有吃过多少苦，都是在精心呵护下长大的，心理的承受力、担当力、吃苦精神、务实精神，都特别缺乏，有的甚至自私、自矜、自傲，根本缺乏罗文上尉那样的勇气和胸襟。爷爷认为，这不仅是一个人个体的悲哀，也是民族的悲哀。当然，爷爷也深信，人类的进程还会继续，罗文的精神也会永恒地传承下去，因为人类自身会适时做出相应的自我调整，以适应生存的需要。但这一定是相当长的历史阶段内的调整，就像社会朝代的变迁一样，是一个渐进的历史过程。

　　如果一个人没有社会责任感，就不会有罗文的勇气，他的能力、善良、智慧、正直、爱心和追求，都将难以持久；若人类缺乏社会责任感，则人类赖以生存的社会结构就会土崩瓦解。

　　爷爷好像说远了，未来不是爷爷能顾及的问题。

　　爷爷只是想让孙孙知道：在一定意义上，态度决定一切！你应当自省，有没有某些青年身上"拈轻怕重"、"挑三拣四"、"斤斤计较"、"敷衍塞责"的弱点？你应当自强，学习罗文上尉身上的优点，能勇敢地接受生活中的挑战，敢于担当，做一个真正的强者。

　　爷爷希望你具备这样的胸怀：有勇气改变可以改变的事情，有气度接受不能改变的事情，有智慧完成看来难以完成的任务。既不要胆小怕事，又不要莽撞行事。行止进退，恰到好处。特别是当祖国和人民赋予你责任的时候，只要是正义的、正确的、神圣的任务，都要像罗文上尉那样义无反顾地挺身而出。

33. 杂说送礼

　　一个人，一辈子离不开礼物。

　　或者送礼，或者收礼，是人生最正常不过的一件事情。因为，人的社会属性决定，人离不开你帮我、我帮你。人是有感情的、有良心的，接受了别人的帮助，总是要送点礼物表示感谢。收了别人的礼物，也总要在适当的时候投桃报李。

　　孙孙在十几个月大时，就知道用搂脖亲吻来回报大人们的帮助，样子十分可爱。在你幼儿时，玩具有两大筐，光小汽车玩具就有五六十个，大都是亲友送给你的礼物。你长大了，上学了，在同学间、朋友间，难免也要互赠些礼物。以后处对象，参加工作后在同事间，也会有互赠礼物的时候。

　　送礼是人之常情，送礼是表达心意、增进感情的一种方式。中华民族是礼仪之邦，讲求"礼尚往来"，讲求"滴水之恩当以涌泉相报"。怀一颗感恩之心待人，怀一颗感恩之心做事，通过礼尚往来，增进友谊，是极自然的事。

但是，曾几何时，送礼变了味，送礼成了谋求升官发财、打通关节的"敲门砖"，成了"行贿"的代名词。好像在当今世界，不会送礼、不会收礼，就无法在社会上立足似的。

的确，爷爷六十岁了，也没有看清送礼的奥妙。送礼之风刮了几千年，可以说从有人类活动开始，就有互赠的活动。但是，不同时代、不同时期的社会风气、价值导向不同，送礼的内涵也会有相应的不同。所以，送礼还真要看当时的社会大环境，送礼也有个赶时髦呢。

记得在20世纪五六十年代，尽管穷，可是人们之间的关系还很纯正、很正常。爷爷当时也曾给校长送过礼，是用普通的玻璃瓶现买了二斤农村散装的"小烧"白酒，还觉得很不好意思，不是东西少不好意思，而是那时不时兴送礼，觉得不那么"正大光明"。因为当时校长顶着很大的政治压力，坚持把我这个"黑五类"子弟调到中学任教，爷爷很感激他。那时的人际关系简单又纯朴，是现在人们无法想象的。

可是到了21世纪初，随着经济的发达，人们生活水平提高了，送礼行情也"水涨船高"，好像干什么都得送礼。爷爷听说（仅仅听说），谁想进个好单位，要送礼；想当官，要送礼。住院看病，要主动给医生送"红包"，医生若不收，患者就心中没底（怕不尽心）；连小学生，逢年过节，特别是教师节，都绞尽脑汁"动员"家长拿钱，互相比着给老师送礼——连教育这样的圣地，连为人师表、以传道授业解惑为己任的教师，也随了"世俗"坦然受之。

也许是不同时代有不同的送礼"行情"，二十年后，社会上的送礼"行情"是什么价码，爷爷不得而知。但爷爷认为，这是"变味"的送礼，是被利用的"送礼"，是充满功利目的的送礼，

300

这不是爷爷本意想说的那种"礼尚往来"。

送礼和行贿有本质的区别：送礼是感恩，是体贴关心，是熟人间感情的交流，礼不在多少；而行贿是相互利用，不在于彼此熟不熟、有没有感情基础，往往是"送多大的礼办多大的事"，是利害关系的交换。

尽管这种功利式的送礼之风盛行，但它仍淹没不了人间真情。与人间真情比，这种变味的送礼，只不过是阳光下的阴影，不能算社会意识的主流，是会随着社会治理的宽严度而不断有所调整的。这是社会学家、政治家们的课题，非爷爷能说清楚的。杂说么，就说了一些废话。然而，爷爷仍要凭自己的经验，给孙子一点忠告。

其一，做人要有人情味，该送礼时，不要吝啬。学会送礼，是构建良好人际关系的一部分。不能把日子过得太死板、太吝啬，灶坑打井，房顶开门，万事不求人，一个朋友也没有，一辈子会很孤寂。但送礼一定要掌握尺度，送得太轻，反而让人笑话，送得太重，反而让人为难，以适度为宜。比如请朋友吃顿饭，出差归来给同事带个小纪念品，让朋友感到你心中有他，就可以了。如果突然买太贵重的礼物，不但自己经济上恐难承受，也让对方心里不安。比如过年过节，给亲朋发个短信、打个电话，送两瓶好酒，寄一点土特产之类，就可以了。古人就有"千里送鹅毛，礼轻情意重"之说。从心理学角度讲，人际交往有"近因效应"，即常接触、常沟通，就自然关系密切，而朋友间一旦有什么好事时，自然会先想到彼此。若平时久不联系，或平时并不熟悉，没什么交往，突然给他送上重礼，反而让对方犯猜忌，有些不放心了。

给别人送礼，还有三点要注意。

一是"大恩不言谢"。比如救命之恩，这就不是口头一句"谢谢"可以表达的了，也不是拿点礼物可以报答的了。要记在心头，当对方有大困难时，主动上前帮忙，甚至不惜付出更大代价，加以回报。在大恩惠面前，轻言一声"谢谢"，反而显得"没人情"。

二是送礼如同交友一样，宜先淡后浓。比如今年送散装白酒，明年送瓶装"北大仓"，后年送"茅台"，让人觉得关系越来越密切。若今年送茅台酒，明年送北大仓酒，后年送散装，一年不如一年，对方肯定会有想法，认为关系越来越淡了，就好像故意羞辱人一样，还不如不送礼。基本掌握着送礼的尺度，就是年年都一样，也可以。

爷爷不是让你平时用小恩小惠来笼络人，而是让你凭一颗感恩之心，坦然、平实地维护人与人之间宝贵的情谊。友情一旦掺杂有功利目的，是很难持久的。

当然，送礼不要太滥，也不要太频。要看准人，讲时机，做到心中有数，哪是真意，哪是虚情，不可不分远近亲疏，不分真假地一味"仗义"、"讲究"。

三是送礼要尽量送些别人心里希望的东西。礼不在多少，寄情而已，对方感到正好需要，就会很高兴。有些人只是考虑自己有什么就送什么，什么贵重送什么，对方不需要，甚至处理起来还不方便，这礼就送得不明智。

其二，收礼要把握尺度，不可"来者不拒"。亲友、同事之间，送笋还瓜，真诚自然的往来，没有任何功利目的的送礼，不必拒绝。这种该收的礼，你若太客气，反而显得疏远、生分了。可以热情收下，表示感谢，并对礼物表示欣赏。千万不要说"我不喜欢"、"这东西我有"、"我用不上"这类话，让朋友扫兴。但是，对于久不上门，无甚感情基础而突然上门送重礼的人，则不要盲目收下。"礼下于人，必有所求"，那预示着将有要事求你。而

33 杂说送礼

一般情况下，都是些难办的事，往往涉及要打法规的"擦边球"，弄不好，反受其累。所以，一定要弄清来路，量力而为，能帮的帮，不能帮的，明确告知另找门路，不要收礼又不办事。"无功受禄，寝食难安"，咱们是好人，不能干那种"趁火打劫"的事。

另外注意，不要轻易替别人收礼，不要草率答应间接帮忙的事。你觉得跟谁关系不错，可以代为求之帮忙，这种事更要慎重，弄不好是给朋友找麻烦，累及朋友。如果能帮上忙的事，也让送礼的人把礼物带回去，留个余地，说"办办试试"，不能大包大揽。把礼物留下再去给人办事，会让人家觉得这都是"礼物"之功，把情感的因素反而冲淡了。当然，现实社会中也确有这种人，你帮他忙了，也求了很多朋友把事办成，他却连句感谢的话也没有，连顿饭也不请，甚至"反悔"，认为朋友也没帮上什么大忙，还不如不求，弄得自己在朋友面前没面子，还反欠很多人情。这种亏，爷爷也吃过。所以呢，要睁开眼睛，先看准人品，然后再决定值不值得你去帮。

其三，当官要凭本事，量力而为，不要靠送礼往上爬。孙孙是不是当官的料，能不能当官，爷爷不好预测。但是，无论干什么，都有上下级，有升迁的问题，礼尚往来还要有，只是，要掌握分寸。爷爷认为，当官要有真才实学，要有能力，胜任这份工作，才不遭罪。如果没那个能力，即使靠关系爬上去，也不会长久。

而且，你是个好官，就不会去捞钱。想当个好官，你就下不了手去搂钱，若不搂钱，你也就没钱去铺路，你就养不起自己的"保护伞"。你送少了，不好使，送多了，又是一块心病。无论多大的官，对于这种龌龊交易，也是不敢在阳光下亮出来的。无论多大的官，一旦犯事，都自身难保，而且还会牵连一批人进去。所以，不要有那么大的欲望，不要总不知足。况且，你用钱买来的官，不仅自己遭百姓唾骂（百姓的眼睛是亮的），而且那大肆敛财的上司，你要不断地"喂他"，因为他谁的钱都收，最终他无法公平正义，必然任人唯亲，你若不是势利小人，则很难迎合他，早早晚晚，会对你有不满的时候。所以，何苦呢？

荀子曰："下臣事君以货，中臣事君以身，上臣事君以人"（《荀子·大略》语）。即最差的臣子是靠贿赂买好，中等的臣子靠自己努力效忠，最好的臣子，是积极向上举荐人才。爷爷希望孙孙当官，做"上臣"，而不要做"下臣"；亲"上臣"，而不要近"下臣"。

虽然你不是势利小人，但有些人很势利，善于在有权有势的人跟前逢迎讨好，而且这种人还不在少数。这一点也不奇怪，就像森林里有雄鹰，也有臭鼬一样，无所谓孰对孰错，各自选择自己的生存方式罢了。所以，不与他们同流，也不必鄙视他们、排斥他们，关键是把握好自己的尺度，过好自己的生活。

爷爷不能想象三四十年以后社会风气是什么样子。但社会发展的规律，是从大乱到大治，当送礼送到疯狂无度的时候，当收礼收到肆无忌惮的时候，也就到了该下狠治理的时候了。

能做到情融理畅，审时度势，理性地把握"礼尚往来"的分寸，才不失为明智之举。

34. 官场十悟

还在你很小的时候,几乎所有的亲朋看到你,都说你从小就长得端庄、大气,称你将来一定是个当官的料。这当然不足信,表达的仅是亲人们美好的愿望而已。至于孙孙长大后是否会真的当官,一切取决于你后天的选择和努力。

但是,如果你真的立志要当官,也不是坏事,可以通过行使权力,施展抱负,将自己的理想付诸实现,惠及更多的人。或者当一个清醒的公民,也需要有眼光(投票)去为自己挑选合格的"公仆"(官)。因此,了解一些官场的知识也有必要。

其实,古往今来介绍当官"要诀"的书很多,如《帝范》、《官箴》、《臣轨》、《止学》、《政范》、《资治通鉴》、《战国策》、《长短经》、《罗织经》,等等,都透彻分析了为官之道。其中《长短经》是唐代赵蕤编写的,夹叙夹议,引经据典,是一部汇集王霸权谋,极尽文韬武略纵横之术的奇书,甚至比《资治通鉴》更透彻地诠释了为官之道。至于唐朝来俊臣写的《罗织经》,是一部专门论"官场经验"的书,极尽官场的阴险和诡秘,主张"杀亲以媚上",令人读了后背发冷(如此为官,不为也罢)。但是,现实中又有几个人是读"秘诀"读出来的官呢?做官的功夫,常常在悟性。古人的经验,只是供我们参考罢了。

爷爷一辈子虽然只当了几天芝麻大的小官,却也对官场有了很多感慨。现在,把对官场的感悟留给你,或许对你有借鉴价值。

第一,想当官,必须先有高尚的品德,有为民造福的情怀。"德者,政之本也。"有德,是为官者最重要的前提。有德,就是懂得克己惠人,办事公正,体恤下情,能与大家共甘苦。有德,才能得人心。当官,必须明白,没有大家的响应,没有广泛的拥戴和追随,你就不是一个真正意义上的领导者。古人曰"庙堂之上,以养正气为先",爷爷在前面多次谈及品格修养方面的内容,这里不再赘述。

但是,有德没能力,没韬略,还是不行。因此,同时还要在同事中表现出自己卓越的"办事能力"和"号召能力"。善于让大家热烈响应你的意见,肯追随你共同去完成一个使命,乃是你获取官场成功的关键要素。

第二,想当官,必须先处好人际关系。在中国当官,不能脱离中国国情。中国区别于其他西方国家的一个特殊国情是中国是个以家族道德和家族感情为一切关系母本的社会,人情至高无上。人情常常导致法理的扭曲和松弛,这虽不是正常的,但却是客观现实。"情"既是民族感情的"黏合剂",也是社会发展滞重的原因之一,在中国好一个"情"字了得。

爷爷在这里说的处好关系,不是指狭义的溜须拍马、无原则地拉拉扯扯,而是指要凭自己造福人民的作为,凭自己的一身正气,凭自己的品德才华,凭自己的博爱胸怀,甚至凭自己的幽默机智、和蔼可亲，来赢得领导和群众的广泛认可。

的确，在中国有一种"怪而不怪"的现象，常常是领导想提拔谁，就可以提拔谁。爷爷相信，随着社会民主法制的进步，这种"御笔钦点"式的当官，会越来越有所顾忌。以后光靠"讨好上司"，没有群众基础肯定不行；当然，群众拥护，领导不认可也肯定不行。所以，对身边发生的事情，要常思考它们的因果关系，不要刻意把有可能是伙伴的人变成对手，也不要把竞争对手当成敌人。必须有好的施政理念，有广阔的胸怀，善于联系人、团结人，有良好的人脉氛围，才更容易"入围"。

第三，想当官，要让人家感到你可信赖。"为臣事君，忠之本也"(《忠经》语)。为官，要有忠义之心，没有哪个领导不希望属下是忠于自己的。"天之所覆，地之所载，人之所履，莫大乎忠"(《忠经》语)。只有领导认为你对他忠心耿耿，他才会信任你、提拔你。如果领导感觉你不是忠义之人，一脑瓜子反骨，不可靠，则你越有才干，他越会防范你。忠，不是无原则"言听计从"、"讨好"上司，"忠者，中也，至公无私"(《忠经》语)是也。

但是，忠诚不能是愚忠，不能是盲从。只有正人君子才值得你忠于他，才不会失去群众基础；如果上司多疑，是个奸诈、狭隘的人，你就很难奉献你的忠心，但你也不要表示出不屑(得罪这种小人，被他处处打压，也不值)，尽可能保持你的公正，埋头履行你的职责就是了。

效忠的前提是要看准人。《格言联璧》有云："君子之事上也，必忠以敬，其接下也，必谦以和；小人之事上也，必谀以媚，其待下也，必傲以忽。"这是官场辨识人的经验啊！

至于如何表现你的忠诚，爷爷以为，在官场，不能仅凭心情做事，强悍霸道和吹捧逢迎都不能树立起真正的形象，表现"忠诚"，也会有不同境界：一是像和珅之类，专会溜须拍马，投上司之所好，领导说错了也竖大拇指，大加赞扬，"忠诚"得令人肉麻。这种人固然会讨上司喜欢，但上司也心中有数，从内心会瞧不起他，只是暂时利用罢了，不会重用。二是好坏话都不说，从不提反对意见，貌似忠诚实在，却内藏心机，这种人工于心计。当有一天上司发现自己的错误，本该得到下属的提醒而没被提醒时，会对这个下属的忠诚度产生怀疑。三是仗义执言，看到上司要做出错误决策，当面抗争，冒死相谏，这是忠臣，如魏征、"强项令"等人。领导从心里认可他们是忠臣，但心里不舒服，认为他们犯上，损了自己的面子，心中会有所芥蒂。四是如"触龙说赵太后"，讲方法，讲策略，既改变了上司的决策，又不露痕迹，既挽救了势局，又给足了上司面子。这四种境界中，最值得你效仿的做法当然是第四种。

知道什么时候该像猎狗一样表现忠勇，或像狐狸一样表现机敏，能像老黄牛一样踏实，还是像奔马那样昂扬，表现的均是一种品质、一种素养，是处理人际关系的老练和圆熟。

但是，仅仅忠诚是不够的，还必须有才干，才能得到领导和群众的赏识。有些素质你必须具备。比如要养成做什么事情都有条不紊和井然有序的习惯。条理和秩序，不仅于工作有利，也可以彰显品格；还要表现意志坚定，不缺乏自信。脸上永远是从容的微笑，在整体氛围低落时，你能做到乐观、积极、阳光。

当然，忠诚的前提是彼此信赖。对下属，能给予信赖，才会获得信赖，才会获得人心、获得人才，才会有人追随。《忠经》有云："下行而上信，故能成其忠。"就点明了获得"忠诚"的关键。

第四，想当官，要有非凡胆识，关键时刻敢于担当，具备掌控事态、驾驭全局的能力。当官，就要有为国为民勇于担当的情怀。敢于担当，一定要敢于打破条条框框，敢于标新立异。商鞅有言："拘礼之人不足与言事。"即指囿于旧礼制的人，是不值得与他讨论国家大事的。做大事情的人，往往不按套路出牌。他们不受既有的规则、风俗、理念的束缚，为了达到目的，不惜使用各种手段。

当官如果就是为了自己养尊处优，关键时刻是不会有为民族大义、为祖国利益挺身而出的觉悟和豪气的。平常情况下，分不出谁怎么样，只有在困难面前，在突然的变故面前，在存亡绝续的关头，才可以考验人、识别人。"事到万难须放胆"，每遇复杂情况，领导也很着急，群众也很担心，如果你能在此时勇敢地担当，替领导分忧，为群众解难，有思路，有办法，有能力，有魄力，力挽狂澜，解倒悬之危，则自然会得到大家的拥戴，困境反而会成为"成全你"的机会。

驾驭全局的实质，是对人的驾驭。爷爷说的这个"驾驭"，就是一个好"驭手"，能让所有的"马匹"朝既定的方向奔跑，而不是自己去"拉车"。这除了领导者自身要具备敏锐的洞察力、决断力、应变力、公正力和担当力之外，最关键的是组织力和感召力。组织力，就是能把"沙子"、"水泥"、"石头"这些不同的"人物"，有机地组合起来，实现"优势互补"，形成坚不可摧的"混凝土"（有战斗力的团队）。而你的领导力、感召力，就像"水"，其同化、包容、渗透、凝聚、协调能力，愿意广泛听取别人意见，敢于大胆起用能人的胸怀，将是你要具备的最重要的特质。

"宰相起于州郡，猛将发于卒伍"，只有真正经历过急难险重的考验，真正从基层成长起来的官员，才会有牢固的发展"根基"。

第五，为官者，在诱惑面前要能自持，懂得适时地自我约束。当官当然要"为人民服务"，但当官也不能没有自己的利益。追求名利，本来是人类生存正当的社会行为，因为你成功了，才有名有利；为了有名有利你才努力拼搏，名利，在一定意义上是人类生存的驱动力。不能把"名利"妖魔化，好像一讲名利就卑鄙、龌龊。为什么我们要设"勋章"？为什么要开"表彰大会"？为什么要设"升迁机制"？就是对"名利"客观存在的正视，就是对"名利"激励作用的肯定。问题是，人们用什么手段获取名利——名利的罪恶与荣光，不在名利的本身，而在于追求的手段不同。我们应当尊重和羡慕那些通过自己的努力、通过自己对社会的贡献获取名利的人。为官者，可以享有自己应得的那份名利，但是，以损害人民利益、破坏公平正义、无视党纪国法、毁坏政府形象为代价来"谋取"不正当名利，就是千夫所指的腐败行为了。

为官者，一旦手里有了权，就会面临各种诱惑。诱惑往往是美丽的陷阱，是糖衣炮弹。给当官的送礼、送钱、送色，是社会上普遍存在的一种难以铲除的陋习，人人知道它的危害，人人又在为它推波助澜。受贿，是甜蜜的毒药，当量的积累到一定程度，就会殒命。如果缺乏清醒自持，就会让领导担心（担心给他闯祸），让群众看不惯，你再有才干，也不会有人重用。因为有这样一副德行，早晚会栽跟头。

不要认为自己手中有权，就可以忘乎所以、颐指气使、目空一切、吆五喝六、花天酒地、狐假虎威、为所欲为。失去监督的权力往往就像脱缰的野马，它可能随时会驮着你坠入悬崖。古人嘱"勿私小惠而伤大体，勿借公论而快私情"，金玉良言也。孙孙务必在诱惑面前要保持这份清醒和自持。

当然，也不必对那些自己看不惯的事表现得愤世嫉俗，格格不入。"律设大法,礼顺人情"(《资治通鉴》语)。不能把自己打扮得不食人间烟火,没了人情味儿。有些场合,必要时也可以应应景,正常的礼要收,必要的酒要喝,但一定要把握住分寸,把握住底线,别"陷进去"。"水至清则无鱼,人至察则无徒",凡事太挑剔、太"另类",反而让人疏远你、防备你。

关于自持,特别关键的是原则问题不能糊涂,一定要黑白分明、旗帜鲜明,能坚守住阵地,否则,原则问题弄不好,就满盘皆输。毕竟官场、职场的主流总还是好的,正人君子总还会冷静地从中辨别各个人品的高下,如果你懂得自控,分寸拿捏得当,会让大多数人佩服,也让领导放心,关键时刻也敢起用你。

自持力,还表现在对炫耀欲的控制上。你可能有时会做得很漂亮,甚至超过领导,这时千万不要炫耀自己。"名高妒起,宠极谤生",显出比领导高明,或者故意炫耀与领导的关系如何密切,往往是愚蠢的。遇到一个开明的领导还无所谓,若遇到一个心胸

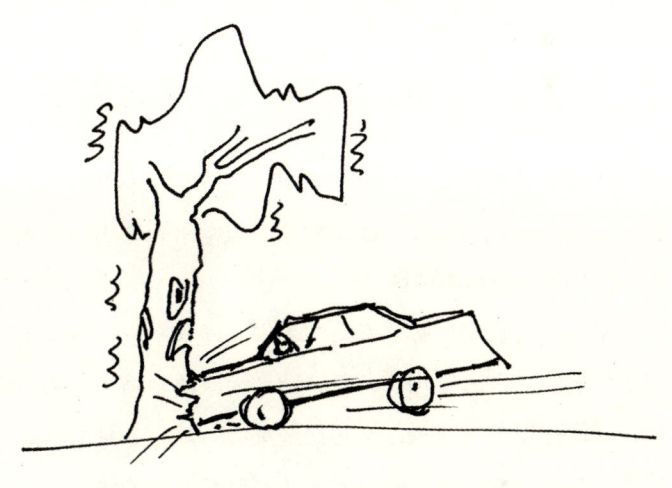

汽车如果失去动力,最坏的结果是成为一堆废铁;而刹车失灵,则可能酿成一场灾难

狭隘的领导，就会遭妒。既显露出自己的才干而又不要"一艳压群芳"，这就是智慧（这是中国的国情决定的）。《三国演义》里，有一次曹操在打了胜仗后，当将士们向皇帝高呼万岁时，曹操竟然策马向前，居功自大，接受欢呼，引起许多将士不满，关羽就气不忿想当场杀他。

荀子说的"不诱于誉，不恐于诽"，正是为官者应有的胸怀和淡定。

第六，为官者，一定要懂得辩证法，做事掌握分寸，做到宽严有度。既有原则性，又有灵活性，不扳死铆，这是为官者务必参透的玄机。有些人扳死铆，只认规章，或打着"执法"的旗号，侵犯人权（比如刑讯逼供）；或不懂发展是硬道理，打着"坚持原则"旗号，行阻碍发展之实。做事情万万不可绝对化，有时变通一下给别人留退路就等于自己前进了。太机械、太刻板、太教条，往往贻误时机，酿成损失，或是结怨树敌。

其实，真正的实事求是，追求的是只要有利于更好的结果，就不必拘泥所谓原则而卡得很死。古人名训："苟利于人，不必法古；必害于事，不可循旧。"就是强调"变通"的重要性。办事灵活，不是油滑，不是逃避责任，而是勇于对事情的发展负责。只有有了更好的思路，才可以"破掉"既定的"框框"，从而使事情峰回路转，化险为夷。能做到这一点常常表现出一个人非凡的创造力和勇于担当的精神。

第七，为官者，必须学会与大家共同分享——分享工作成果和工作机会。永远要相信，只有你与大家的共同努力才能换来成功，任何一项工作成果，都必然是集体智慧和力量的结晶，绝不要贪天之功据为己有。能与大家共同分享成功的快乐，不但自己快乐，而且会收获更多的友谊和嘉许。而能够与大家分享，是能得到别人支持的前提，更是可以凝聚人才的前提。因此，无论工作或荣誉，即使你自己可以"独享"，也不要忘记同别人"共享"。

分享，还表现在可以接纳"异己"。同朝为官，或在一个部门为同事，难免有自己不喜欢和不喜欢自己的人，千人千面，你必须有包容的胸怀，允许别人有不同。如果凭个人喜好排队，排除异己，就不是当官者的气度。

现实中常有这样的现象，一个人很能干，也干得很多很好，但是大家反而疏远他、厌弃他，认为他"显示"自己，包揽了很多工作机会和成果，"抢了别人的饭碗"。这就是现实，虽是一种不正常的工作氛围，但你又不能逃避，也无法反驳。如果你当官了，就要尽量树立正气，给能干的人创造宽松的环境，给想干的人创造工作的机会。

胜利的基因是利他。如果能够不拘泥于现实利益而致力于温情的付出，给别人一点关怀，表现一份温情，往往会获得意想不到的回报。"圣王不务归之者，而务其所归"，这话十分深刻。讲真正有远见的人，不特别关注结果，而是致力于做好可以实现美好结果的"前因"。你不要考虑谁可以是"我的人"，只要修炼得足可以让人"愿意跟随"，有人拥护你，就是"水到渠成"的事了。

历任唐朝武则天、唐睿宗、唐玄宗三朝宰相的姚崇告诫子孙："位逾高而益慎，恩弥厚而增忧。"曾国藩可谓得其真谛矣！曾国藩能做到功高盖主而主上不疑，权倾朝野而同僚无妒，与他爱惜人才，乐于成人之美，并肯于"推功揽过"是分不开的。

第八，为官者，必须"高人一筹"，具备"高瞻远瞩"的能力。有远见，是为官者最重要的素质。爷爷不明白，为什么人口膨胀到一定程度，才要计划生育？为什么环境恶化到一定程度才强调环

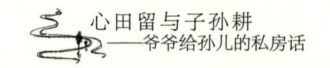

保？为什么交通拥堵到一定程度，才想到"治堵"？为什么……本来这些问题是可以预见的呀！2000年时，爷爷就站在北京长安街上，望着缓慢的车流，不无忧虑地跟朋友慨叹过："如此随便发展下去，城市将成为一潭流不动的死水！"可是，十年后，交通拥堵到不能承受的时候，政府才来讨论"治堵"。

孙孙如果当官，不但自己要有管理的超前意识，更要注重建立一种机制，研究、预见"当前"对未来的影响。当官的如果仅仅关注"我这一届"的眼前"政绩"，不能放眼百年，不会是好官。老百姓多么希望我们的国家真正践行"科学发展观"啊！所以，孙孙一定要努力弄懂什么是"科学发展"。如果你没有站在历史高度预见几十年的眼光，就不要当官。

第九，官场中，要能忍辱负重，口不妄言。在官场、职场，什么样的人都有，特别是遇上一个"挑剔"而"猜忌"的领导，会因为你的不会溜须，你就怎么干都不对，受委屈、挨打击、遭非议、被排挤的事在所难免。

即使自己耿耿忠心，也难免有被领导误解的时候。这时候，你不能逃避，不能抗辩，也不能抵触。想"说说明白"，只能像粘在蛛网上的蚂蚱，越挣扎会被捆得越紧。好在忍耐一下，时间可以最终证明你的清白。"完名让人全身远害，归咎于己韬光养德"，想开来，放得下，大度一些，从容应对，才是为官者的"圆熟"所在。

在官场，特别忌讳在背后议论领导。不但受了委屈要能忍受，还不能抱怨，更不能背后发牢骚。没有传不出去的话，只要你说了就必然会有影响。既然从心里认了可以承受，就没必要去辩白。爷爷曾写过一篇文章叫《走出闲言困扰的误区》，摘要如下：

俗话说，谁人背后不说人，而谁又不被人背后说呢？有人群的地方，这种张家长、李家短，你对我有成见、我对他不满意的事儿，真是司空见惯。有的人听了，就恼怒、就烦躁，就要说说清楚，于是同事、邻里、家庭、上下级之间，原本一片平和，弄得疑神疑鬼，各揣心腹，明争暗斗，互不相让。有时一个好端端的集体、家庭，弄得人心离散，痛苦不堪。

可不能小看这"闲话"，它是一种破坏团结、涣散斗志、制造悲剧的腐蚀剂。我们人人深受其害，而又不自觉地去害人，在"闲话"的怪圈里搞"鬼推磨"。

笔者凭个人的人生经验，在这里谈点看法，或许可以帮助你走出"闲话"困扰的误区。

其一是以不变应万变，不管听到什么样的"闲言"，都不往心里去。你一旦搅和进去，就难以自拔，徒增烦恼。我们可能都有这样的体验，有狗对你狂吠两声，你不理睬，它可能夹起尾巴跑了，若越是呵斥、追打它，它越要疯狂地向你身上扑过来。这比喻虽然不雅，旨在说明对于"闲言"你越是在意，就越是闹得凶。

当然，我不是说对一切意见都采取这种态度，前提说的是"闲言"，若是正当的、正确的意见，自当别论。

我说对"闲言"可以不予理睬，大抵有三条理由：一是有人群的地方，就必然有"闲言"，"闲言"是生活的一部分，大可不必大惊小怪。人自己还有咬舌头的时候，人与人之间的摩擦、碰撞、误解，甚至误伤，都是在所难免的，何必去计较呢？二是既然是"闲言"，就都是摆不到大面上来说明的东西，是私下、暗地传递的一些闲话。俗话说"众口成竹"，第一个人嘴说出来的是个"竹笋"，传到第五个人的耳朵里可能就变成了"竹林",这种捕风捉影、被"演义"得面目全非的东西,也值得你信、也值得你为之气恼么?三是对"闲言",你不必着急"整明白",时间是最公正的,过一段时间后,自然会一切真相大白。真的假不了,假的真不了,何苦为之去耗费心神呢?况且,一个人做事百个人看,群众自有公论,一个人或几个人有点"说法",也无损于我们真正的人格。古人云"识高则量大",我们应当有这个度量,"装"得下"闲言"。

其二是"止谤莫如修身"。有的人自尊心强,好面子,听到一点"闲言"就受不了。若是自己的确有"毛病",也不能不让人家说,我们听了应当当成一种警醒和鞭策。不是自己的"毛病",受点委屈,也对我们的成熟有好处。关键是只要自己走得正、行得端,光明磊落,没有私弊,关于自己的"闲话"自然会少。所以,努力提高自身修养,完善人格,增长才干,以诚待人,是避免"闲话"的最好办法。

伽利略有一段话:"真理就是具备这样的力量,你越是想要攻击它,你的攻击就愈加充实和证明了它。"对于人也是这样,只要是一个真正的人,就不怕诋毁。在现实生活中,被告状告出来的"好官",不是也大有人在么?培根说过:"美德犹如茗香,经燃烧或压榨而其香愈烈。"我们把精力用来提高自己,比把精力用来应付"闲言"要好上一千倍,你选择哪个?

其三,"流言止于智者",这也是荀子的一句话。我们平常说"来说是非者,便是是非人",这虽然有点绝对化,但肯定地说,有知识、有修养的人,绝不会热衷于去传播"闲言"。我们现实生活中的确有些"热心肠"的人,摆出一种"关心人"的架势,俯耳低言,不失时机地在同事之间"点把火"。这种"小聪明",不能概而言之都用心险恶,至少可以说这些人有点浅薄、缺德。

培根说过"饶舌的人多虚妄"。庄子也有一句"好面谀人者,亦好背而毁之也"。好在张三面前讲李四的人,未必不在王五面前说道张三。波斯诗人萨迪有一句诗:"卑劣的人比不上别人的品德,便会对那人竭力诽谤。"其实,同一群人里谁怎么样,谁心里都有一杆秤。我们不要为"闲言"困扰,却可以从传播者中识别人的高下。我们不要对这些"闲言"那么认真,更不能再做"闲言"的传播者。

当然,不是该说的话也不说,该听的话也不听了。《论语》中有句话:"可与言而不与言,失人;不可与言而与之言,失言",真是精辟。这有个分寸问题,就是不管什么时候,对事物一定要有辨别力,不能听风即雨,随意乱来。

小小"闲言",困扰人生,甚至充当着"杀手"。但在智者面前,它会显得苍白无力。

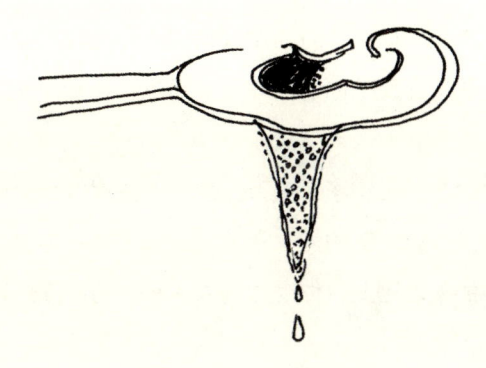

耳朵应该有过滤功能

埋头苦干，在纠纷面前装聋作哑，这既不至于将自己搅入领导间矛盾的漩涡，也不会让人们产生"他是某个人死党"的派系分子的不良印象。记住：铁打的衙门，流水的官。靠近领导又不要靠得太紧，胸怀坦荡，行为公正，凭实力，靠人格，力求做到一旦老领导调离，换个新领导也不会讨厌你。跟正事，不跟人，常常可以避免"树倒藤萝死"的悲惨。古人曰："从道不从君"（《荀子·臣道篇》），也是这个意思。

第十，为官不要陷入"无尽无休的压力"的误区，要有"举重若轻"的心态，大战在即，可以睡得着觉。如果整天感到有压力、不快乐，这官就不要当，勉强为之，会短寿。想当官，就要有"猝然临之而不惊，无故加之而不怒"的气度。唯大英雄能本色，是真豪杰自风流。当然，能否有"轻松起来"的心情，还取决于自己的能力。当官，就是为了去解决问题，所以，就要正视问题，不要怕有问题。无论"关系"如何复杂，无论任务多么艰巨，都是正常的。攻克一个个难题的同时，体现的正是自己的价值。如果你做不到这一点，爷爷建议你就不要执意当官。

此外，还有两个细节，提醒孙孙注意：

一是对来历不明的人，对新调进来的人，绝对不要冷落，不要小视，因为他也许就是你的新一任上司或者是专为考察你而来的"侦探"。

二是如果你是一个官了，千万注意，往往那些最会讨你喜欢的人，表现得最"忠心"的人，常常是最富心机、在你没了权势时最先离开你的人。因此，你身边的人，是你的心腹，还是你的心患，必须慎察之。

爷爷在职时，曾总结出"当官十忌"，这绝对是爷爷的原创，是爷爷对当官的感悟，也是爷爷当官时的行为准则，现抄录于下：

34 官场十悟

一忌大权独揽，事必躬亲，不能分权而治；
二忌嫉贤妒能，排除异己，不能唯才是举；
三忌求全责备，苛责于人，不许别人失误；
四忌赏罚不明，厚此薄彼，不讲公正原则；
五忌简单轻率，随意决策，不能重诺守诚；
六忌粗鲁骄横，唯我独尊，不愿接受批评；
七忌固步自封，自以为是，不肯虚心学习；
八忌因循守旧，明哲保身，缺乏进取精神；
九忌欺上瞒下，揽功推过，不敢承担责任；
十忌私欲膨胀，自律不严，不能保持节操。

爷爷虽做过微不足道的小官，但绝对是好官，没有游戏权力，也没有游戏人生，无愧于人民，也无愧于天地。

两百六十多年前，历任康熙、雍正、乾隆三朝名臣的孙嘉淦，在数十年的官宦生涯中，始终恪守自己的"居官八约"，即"事君笃而不显，与人共而不骄，势避其所争，功藏于无名，事止于能去，言删其无用，比守独避人，以清费廉取。"意思是：对君主笃诚而不张扬，与同僚谦恭相处而不骄傲，不抢风头不争权夺势，有功劳也不炫耀，履职在于努力革除弊端，不说多余的话，不结党营私，生活力求简朴以保持廉洁。在今天看来，仍极具借鉴意义。

这里，爷爷建议你好好研读两本书，一本是《鬼谷子》，一本是《格言联璧》。

为什么同时期孔子带着自己的一帮弟子，周游列国，推销自己，惶惶数年，却得不到重用？而鬼谷子的学生却大都出将入相，在列国之中备受青睐？《鬼谷子》曾经被历代帝王列为"禁书"，怕别人学了"不可战胜"。鬼谷子通天彻地，人不能及，六韬三略，变化无穷。据说诸葛亮仅学了鬼谷子的一点皮毛，就那么了得。《鬼谷子》是一本专门教你"怎么做"的策术之学。

而《格言联璧》是人生经验的"浓缩"本，是由清代金缨所编，集萃先哲名言警句，条分缕析，以金科玉律之言，作暮鼓晨钟之警，寥寥数语，极富哲理。如果用心研读，可使人生迈入更高境界，是一部人生指南、济世良方。孙孙在年轻时，可能由于阅历的不足，而对其中真谛不能完全理解，但你不要放弃，不要怀疑，你会随着自己人生体验的不断深刻，而发现《格言联璧》的价值。

阔阔若想当个好官，想有人拥护，想有大作为，就要对儒家、道家、法家及策术之学融会贯通，活学活用，不可偏执其一。

你如果想当官，必须树立胸怀未来、掌控全局、整饬风俗、清明吏治、举要治繁、开拓进取、造福人民、报效国家的情怀，否则，就不要当官。如果就是为了"荣宗耀祖"，非但目的卑微，也难免要犯错误，最终会丧权辱祖，身败名裂。

总之，思积而满，乃有异观；行无定法，顺势而为。无论孙孙想当官，还是已当上官，都要借鉴这些"要诀"，并且多读一些官箴之类书籍（爷爷毕竟没有进入真正的官场，所以，对官场的奥妙也只是有一点肤浅的感受，难免偏颇，仅供参考吧），掘其精要，悟其真谛，时时警示自己，才可以诸事多遂心愿。

35. 爱国情怀

爷爷希望孙子有爱国的情怀。

作为一个有民族情感、有社会责任心的人，不能不爱国。

但是，爱国，不是空泛的和盲目的。

爷爷小时候，听"岳母刺字"的故事，就在心里埋下了"精忠报国"的种子，渴望长大后有机会像岳飞那样报效祖国。结果，"十年动乱"时，爷爷正是十八九岁，满腔的爱国激情在燃烧，以为忠于毛主席就是爱国，尽管当时自己受到了政治压抑，也尽可能"忘我地"投身到那场狂热的运动中去。可是，当那场"文化大革命"尘埃落定，历史还给"十年动乱"以真面目时，才发现，自己的爱国热情，被"个人崇拜"利用了，满腔真诚却做了于祖国无意义的事，有一种被欺骗后无言的心痛。

经过痛苦的反思，爷爷终于认识到，当初是一种幼稚的愚忠和盲从，而并非真正的爱国。一个不懂得尊重自己英雄的民族，不会得到别的民族的尊重；可是，一个不辨良莠、不加取舍盲目崇拜先人的民族，也不会变得强大无比。

对祖国的忠诚，不是对个人的忠诚。爱国，要有是非之心。只有做真正有利于祖国、人民的事，才是爱国。

爱国，是具体的，爱国是一种责任，爱国也没有高低贵贱之分。爱国，体现的是对国家一草一木的爱，对民族、同胞的爱，对故土民族、文化的尊重和认同，对公民责任和义务的义无反顾的担当。当国家领导人，是爱国；当个普通农民，也是爱国。像黄继光、董存瑞那样壮烈，是爱国；像雷锋、王传祥那样平凡，也是爱国。如杨利伟、翟志刚那样飞天，是爱国；扫大街、出摊床也是爱国。每个人以不同形式，在不同岗位，尽着自己的责任，不在于做得多么轰轰烈烈，有这份情结，尽一份责任，就是爱国。

爷爷在这里特别要强调两点：一个是爱国和爱家并不矛盾，国和家是个有机整体。一个不能保障每个具体个人（好人）人权和尊严的国家，就失去了国家的意义，就不是"以人为本"的社会。一个对家庭不负责任的人，一定不是一个真正的爱国者。家庭是国家的细胞，构建和谐社会，就要细化到每个家庭、每个人身上，不能说我顾家就损害国，我爱国就不要顾家了。把家庭关系处理好，就是对国家负责。对于那些握有权力，代表人民管理国家的人，尤其要有"把每个人看成是国家的一部分"的理念和情怀。

另一个要强调的是，无论走到天涯海角，不要背叛祖国。国家每年派遣大批的优秀学子赴海外留学，本来希望他们学成后回来报效祖国，可是，却有一些人选择了为他国效力（当然为他国效力我们也不能说是错的），尽管他们追求个人的幸福和安逸没什么不对，但他们缺少的不是像钱学森、邓稼先那些老前辈们的爱国情怀么？甚至，还有人反而回头蔑视自己的祖国。祖国培养他那么多年，他不感恩，他不谈自己的责任，反而笑话祖国贫穷、落后。难道别人给你吃一顿海鲜，你就感激涕零，祖国母亲喂养你二十几年小米，反而一点情义都没有了吗？难道你就不想想为了祖国富强，你该担负起什么样的使命吗？国家兴亡，人人有责啊！儿不嫌母丑，狗不嫌家贫，贫富不是爱不爱国的理由。能以自己是这个国家的一员而感到自豪，表现的正是这种朴素的爱国情怀啊！古今中外，有无数爱国的英雄人物，阔阔可以自己选出几个典型，时时激励自己，不要做背祖忘典的糊涂人。

有的人会糊涂地认为，什么爱不爱国的，不要管那么多，过好自己的日子就行了。这些人可以想一下，为什么历史上会有"八国联军"烧杀抢掠的惨痛？为什么会有"东亚病夫"、"华人与狗不得入内"的耻辱？为什么会有被日本鬼子强占十四年的悲愤？是祖国太贫困、太落后、太软弱所致呀！覆巢之下，安有完卵？

而当改革开放三十多年后的今天，国力大增，社会安定，人民富裕，几代人梦想的"自立于世界民族之林"的那一天终于到来。走出国门，不再受到歧视，国际事务要请中国人参加，中国人在世界上真正有了自己的尊严。这不是哪个人的尊严，是一个民族、一块国土、一种国家存在方式的尊严。作为中国人，实实在在感受到了，生长在中国这块土地上，是一种骄傲。

我们没有办法把个人的生活、个人的尊严与祖国分开，每一个人与祖国是个血肉凝结在一起的整体。没有每个人的忠诚和责任，祖国的概念也是空泛的。所以，阔阔，不管别人怎么说，你要坚定一个信念，永远热爱自己的祖国。

爱国，不能局限于一时一事的好恶，要站在更高远的角度，以辨别大是大非的眼光，来评判取舍。尽管有时动机是好的，但

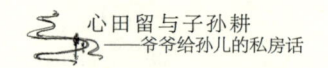

若结果于人民、国家不利,就等于改变了事情的性质,客观上成了人民的对立面。特别是年轻人,不要凭一腔爱国热情做出不理智的行为。这就要求你要有思想、有知识、有远见、有政治辨别力,关键时刻,才不犯错误。

爱国,要正确地看待国家政权,正确地看待执政党。

每个国家的情况都不同,每个国家都应该选择最适合自己国家的政治体制。关键不在于选择什么体制,而要看政治主张的实质是不是公平正义,是不是关心民生,是不是尊重人权。中国的现实是人口众多,民族众多,封建社会的"余弊"尚存,又加上"十年动乱"的破坏(中华民族五千年的文化"龙脊"被拦腰斩断,也许要几代人的努力才能抚平这个伤痕啊),"无政府幽灵"还阴魂不散,整体的文明程度还不够高,公民意识和共和意识不强,民主意识比较狭隘,如果实行西方式的所谓"自由"、"放开"、"民主",无疑于是一场灾难。

爷爷认为,中国的国情,至少在目前相当一个历史时期,更适合一党执政。一党执政,多党合作,政治协商,民主议政,体现的是选举民主与协商民主的结合,是程序民主与实体民主的结合,是党内民主与人民民主的结合,追求的是社会民意的最大公约数,构建的是社会精英层集体执政和制度化平稳交接的体制,既最大限度地反映了人民的意愿,又保证了政权的稳定和连续性。爷爷认为,这种独特而务实的政治体制是中国现阶段最好的选择。特别是面对国家重大事件时,决策迅速,可以有效集中国力办大事,十分有利于社会的稳定和持续发展。改革开放三十年的巨大成功,也是对政权、体制成功的有力佐证。

当然,爷爷也不否认我们国家目前的政治体制还有一些不完善的地方,比如人民的监督乏力,为官者权力的绝对化,是腐败现象屡禁不止的重要原因。但是，腐败是世界性毒瘤，是由来已久的社会问题，是会随着社会法治的逐步健全、随着人民法治观念的觉醒、随着人民监督机制的完善，得到合理控制，并不应该偏激地成为否定一个政治制度的唯一标准。

这方面也正是国家下一步要深入改革的关键一役。当执政党意识到腐败是威胁政权的最大危险时，也就到了下最大决心治理腐败的时候。爷爷相信，这些都不是一成不变的，历史将会有自己正确的选择。

割裂历史原因，把这些"问题"完全归结为"体制因素"，是不公平的、不客观的（爷爷的本意不是讨论这个话题，这里就不赘述了）。爷爷认为，照搬别人的做法或不顾社会现实情况地把政治制度理想化，用空泛的"理想化社会"来否定"现实该采取的方式"，都是不明智的。

未来的中国，避免人治，抛却救世主情结，走现代法治之路，是一个必然选择。

其实，人类根本就没有完美的制度，所谓好制度，不过是能不断经过自我调整，最大限度适应现实情况和民众要求罢了。无论东方还是西方，必须尊重全人类共有的价值观，即民主、博爱、互助。爷爷要你相信，中国执政党对自己的"管理"，也会博采众长、与时俱进，逐步完善和成熟，不能一叶障目，以偏概全。

不管社会如何发展，爱国是永恒的。爷爷呼吁有关部门，务必加强爱国主义教育。一些年轻人祖国情结淡漠，不全是年轻人的责任。我曾随机问过一些年轻人，左宗棠是什么人？李大钊是什么人？答不上来。问"九一八"是什么日子，竟有人也答不上来，甚至有个女孩回答："是'就要发'的意思吧？"让人哭笑不得。面对这种现象，难道我们不该忧虑吗？

一个忘却历史、缺少爱国凝聚力的民族，怎么可能持续强盛？爱国不是空洞的口号构建的，是漫长的历史积淀、生动的社会活剧、切身的生存体验共同缔造的一种高尚情感。如果割断历史，忘却民族英雄，缺少当代爱国精英的引领，缺少有效的激励机制，我们的子孙就可能淡漠祖国情结。

或许，阔阔长大后会远离祖国，成为海外游子，但你不要淡漠了祖国情结。

或许，阔阔长大后会担负神圣使命，你不要漠视爱国主义教育。

有全民族对祖国的无限挚爱，祖国一定会越来越强大。

身后有一个可以依靠的强大的祖国，才会有个人的真正尊严。

36. 信仰与迷信

　　人，不能没有信仰。人没了信仰，便失去了生活目标，从而也会失去生活的信心和情趣。

　　人和动物的本质区别，在于人有高尚的信仰。因为有高尚的精神追求，人类才可以得到心灵的享受。

　　信仰，是指对某一个人，或某一个宗教、某一个主义极度相信和尊崇，并以此作为自己的榜样和行动指南。

　　爷爷认为，世间的一切信仰，应该首推"博爱"的信仰，因为爱凝聚了美和善的精华，爱的意义超过了权力和金钱。试想，如果人间没了爱，怎么化解猜忌和仇恨？怎么实现合作与共享？所以，一切信仰都不能背离了大爱的本质，一切信仰都应是对爱的诠释，否则，就不是高尚的信仰。

　　先说政治信仰。

　　人不可能完全回避政治，也不可能没有政治观点（所谓远离政治，其实也是一种政治态度）。爷爷年轻时真诚地相信共产主义，雄心勃勃要为这个伟大理想而奋斗，到现在我的信仰也没有改变。

对于一个国家，绝不是经济繁荣了，就会一切都好，必须同时实现软实力的崛起，才会有真正意义上的强大。精神文明程度、社会稳定程度，更是评判一个国家综合实力的重要指标。政治改革不仅仅是政治体制的变革，更应该强调对人们灵魂的升华，注重丰富民族思想的宝库。如果一切只为了经济，没有法治、民主、公平、和谐、文明来做保证，就是最不明智的政治，也不会有持续、长久的稳定和繁荣。经济发展固然可以改变人们的生活质量，但是，未必能给人们带来快乐和幸福。发展经济不能忽略关照心灵，强调竞争不能弱化人与人之间的关怀。如果任凭没有道德的政治和缺乏责任感的享乐成为时尚，就会泯灭人类社会应有的"和谐"本质，或许人类社会离崩溃的那一天就不远了。

当然，政治的本身不是目的，政治的本质应该是对"博爱"秩序的维护，是为发展经济、平衡关系、调解或解除社会矛盾服务的。在一定意义上说，政治就是教化。古人曰"不知礼义，不可以行法"，即人们不懂礼义，国家有了法律也实行不了。老子也说过"法令滋章，盗贼多有"，意思是即使法令很多很苛刻，如果忽略了教化功能，违反法令或钻法令空子的人并不会少。所以，"治民之道，务笃于教也"(《盐铁论》)！只有"政治和经济协调发展"才是真正的"发展"。政治是左右社会发展方向的"操纵杆"，不问政治，想超然政治之外的想法，是天真的。

爷爷认为，政治不是虚幻的，政治观点也不该没有边际，不该是空泛而遥远的。讲政治应该讲实际，只有实实在在有利国家发展富强、真真切切造福人民的政治主张，才是值得你相信的。孙孙如果能站在祖国和民族利益的高度，即使有万千个政治观点，你只选择于祖国、人民有利的观点，选择博爱、助人的立场，选择"己所不欲，勿施于人"的理念，毕生致力于服务祖国、服务人民，就足矣！

爷爷认为，政治清明与"追求民主"不能等同，"民主"不是万能的灵药。

某些西方国家将"民主"工具化、功利化、标签化、格式化，已背离了民主的真正本意。其实，民主不该是一种固定模式，每个国家的民主，都必须是以符合本国国情、符合本国特定历史文化背景为先决条件的。而检验民主机制是否科学的根本标准，应是看其是否有利于民生，是否有利于实现对社会财富的"全民共享"，是否有利于在（最大公约）民意与（有限）权力之间通过不断创新建立起促成社会和谐进步的社会管理体制。

许多人强调民主和自由，并且用民主和自由的程度来评判国家制度，爷爷当然赞同，因为社会分配公平程度，尊重人性、人权的程度，国民的精神面貌如何，往往体现了国家体制的文明程度。民主的本质是尊重多样性的不同，是多元和包容的一种文化现象。国家之间不该互相排斥、人为对立。在主张"自我肯定"的同时，也应鼓励"别一个"做好自己。从意识形态上说，这正是对传统"独裁"、"等级"、"大一统"观念的背叛。中国主张世界的"多极化"，允许每一个国家（地区）选择不同的社会制度（自治方式），符合民主的本质。民主就是人民的权利能得到保障，人民的权力能有效行使，民主，就是要变"为民做主"为"让民做主"。民主管理的核心，应当是在法治框架下的追求社会管理的公平与正义，追求对大多数民众意愿的尊重，是发挥群众的主体作用。

爷爷认为，只有先"建立秩序"才能保障民主，用似乎很

"民主"的手段来追求民主的目的，可能是一种思维误区。所有的党派、团体，如果过度强调党派自身的利益，把党派利益置于国家利益之上，就可能会损害国家利益。爷爷不赞成照搬西方所谓民主的多党轮流执政，认为"普选"并不能带给人们真正的民主（"普选"其实也无法满足所有选民的愿望，况且，期望所有人能投下理性的一票，可能吗）。如果把民主极端化、绝对化，无异于放纵无政府主义。"一部分人"为了表达某种诉求，就可以"占领"、"冲击"国家机关，就可以"封堵"正常交通，这不是破坏国家正常秩序吗？

美国是最民主的国家么？美国标榜自己："民众有抗议的权力。"可是，2010年秋天，美国爆发大规模"占领华尔街"群众性社会抗议活动，民众打着"我们代表99%"的牌子，以反对美国政治钱权交易、两党政争以及社会不公正为诉求目的，一度席卷美国一百二十多个城市，闹了两个多月，结果，美国政府动用大批警力，强制打压驱散，并有数百名抗议者被捕。可见，即使西方把自己打扮得十分"人权"、"自由"、"民主"，作为国家也只能是在"法度范围"内行事，不会有绝对的、纯粹的民主、自由。

爷爷之所以说这些话，是想告诉孙孙，不要盲目崇信西方政治体制，不要用西方目前的文明和富裕程度来否定中国的现行制度，不要因为我们国家政治体制可能存在的阶段性缺陷和现实社会中出现的一些极端恶性案件，就偏激地全盘否定当前的政治体制（任何政治体制永远都是处在动态的完善过程中）。青年人的爱国热情，要与清醒的政治理性结合起来，才不会在政治立场上，人云亦云，盲目跟风。

再说说爷爷对宗教的看法。

爷爷相信有些宗教的初衷是好的，也拥护好的宗教。国家的

36 信仰与迷信

宗教信仰自由政策也是对的。

信仰哪个教派（只要不是被政治利用的反人民组织），是个人的选择，无所谓对错，都应当得到尊重。

爷爷本身并不关心宗教，因为爷爷不是信徒。爷爷认为，一生能致力于做一个好人就足矣。爷爷之所以这样想，是因为看到一些所谓虔诚的信徒，并非如宗教本身希望的那样，其实他们在背离教义、亵渎宗教。

比如，"佛"是指内心境地圆满，对宇宙人生的根本道理有透彻觉悟的人。能以真诚、清静、平等、正觉、慈悲的心，面对一切，就是佛。修佛的境界，讲清静无心，无心即是真心，有心就是妄想，凡修佛想达到什么目的的，其实就已远离佛法。可是，相当一些人，虔诚地供奉着各路神仙、佛祖，却为了赡养父母的问题与兄弟们推来吵去；不肯按时发放工人的工资，甚至无理克扣工资；不讲诚信，不懂关心人理解人，不知道怜悯和帮助弱者，甚至坑蒙拐骗、掺杂使假、损人利己，这种人也配去供佛吗？如果佛家有灵，真还会去保佑他们吗？如果烧香拜佛是行贿神灵祖佑自己，而不是求得自己良知的复苏，那烧香拜佛还神圣吗？这些人其实很自私，关心的只是自己，根本没有佛家的大爱。

有一个发人深省的故事：一个寒冷的冬日，许多虔诚的信徒蜂拥到一个教堂，等待聆听牧师布道。每个信徒都发现在教堂的屋檐下蜷缩着一个衣不蔽体的乞丐，蒙着头，瑟缩地忍受着饥寒的折磨。可是，没有一个信徒肯施舍一个硬币或上前询问乞丐需要什么帮助。当所有信徒都到齐，热切期盼牧师出现时，那个乞丐走进教堂，走上讲坛，脱掉帽子和褴褛的衣衫，信徒们惊讶地发现，牧师正是那个"乞丐"。还需要牧师讲什么吗？这对于那些虔诚的信徒，真是有力地"教导"，也是绝妙的讽刺。他们虔

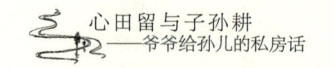

诚地信教，却冷酷无情不肯垂手去帮助一个可怜的人，他们的信教还有什么意义？

真正的慈善，不能仅仅看他向慈善机构捐了多少财物，更重要的是要看他在日常生活中是否随时体现自己的善意。即使虔诚地在佛像前长跪不起，拜焚一丈高的香火，却对弱者毫不同情，对别人的危难没有帮助的善念，或者平时总是喜欢挑剔别人、嫉妒别人、排挤别人、伤害别人、不能和别人真诚合作，或者缺乏应有的诚信度和责任心，他还能算是一个真正的慈善者么？

爷爷认为，心即是佛，心即是教，信也好，不信也好，最实际最真诚的是做个好人。无论佛学、教义多么博大精深，也不应该脱离那些人们可以感知的"实际"。"踏实地体验生命，就是修禅"（圣严法师语）。摒弃虚妄的追求，能安心做个普通的人，或许就进入了人生修炼的高境界。爷爷相信：人为善，福虽未至，祸已远离；人为恶，祸虽未至，福已远离。台湾圣严法师说的"慈悲，是怨亲平等地爱护一切众生；智慧，是恰到好处地解决一切问题"，不是很通俗地诠释了信佛的本质么？学佛就是学做人。如果一个人具有"举泰山之爱，解微尘之忧"（爷爷语）的情怀，力所能及地帮助别人，给乞丐一个铜板，给他人一个微笑，给父母洗一次脚，把一棵倒伏的秧苗扶起来，捡起一个饭粒，救助一个小动物，努力去承担一份社会责任，为别人分担一份痛苦，原谅别人一次过错，也要比那些只追求"自己能圆满"的虚假信徒们强上十倍。

关于对个人的崇拜，爷爷也说几句。

一个人，需要有自己崇拜的楷模，有自己学习的榜样。特立独行、蔑视一切，不但是无知，也潜藏着危险，而榜样可以激励你奋发向上。安徒生的执着和高尔基的顽强，就曾对爷爷年轻时产生很大影响。一个人层次的高低，往往从他敬仰的人物的层次反映出来。有些年轻人喜欢盲目地追"星"捧"腕",奉那些"俊男靓女"为偶像,甚至为之神魂颠倒,实在浅薄得可爱。一个崇敬英雄的民族,才会英雄辈出。古今中外有那么多杰出人物,他们都是经过漫长岁月"淘洗"沉淀下来的精英啊!爷爷的意见是,无论对谁,不要过分掺杂个人的情感好恶,能坚持客观、公正地评价,选定可供自己终身效仿的榜样,努力学习他们的长处,以时时激励自己奋进,就可以了。

关于迷信,爷爷认为迷信本身并没有崇高的目的,迷信表现为对并不了解的东西也坚定不移地崇拜和维护。迷信的思想往往杂乱无章,虔诚痴迷的可以是真理的阳光,也可以是谬误的阴霾,信仰得盲目而愚昧。但是,在安慰心灵、迷惑心智方面,它与各种信仰可谓有异曲同工之妙。

相信神仙鬼怪的存在,是迷信;盲目地信仰崇拜一个人到深信不疑、不容亵渎的地步,也是迷信。

爷爷认为有两种人喜欢迷信,一种是没文化知识的人,一种是缺乏生活自信心的人。确实,世界上还有很多人类没有破解的现象,解释不清,这也是产生迷信的原因之一。

神仙鬼怪存不存在,谁也没见过。即使存在,又与人类的生活有什么关系呢?谁见过神仙鬼怪来干扰过人的生活呢?人们祭奠鬼神,是一个心理的自我慰藉,希望其有,又惧怕它来。可以说,人类对人类本身的认识还很有限,对这些未知之谜,只能期待由将来的人们破解。爷爷的态度是,"敬而远之",不排斥,也不痴迷,一切顺其自然。

由于迷信,有些人就十分信"命"。传说有些高官信命到十分虔诚的地步,结果怎么样呢?如原黑龙江省某省级高官因受贿太多被判重刑,媒体曝光说他把几百万元用于做佛事,烧了高香,如此虔诚的结果是"佛"并没有买账,他还是成了阶下囚。其实,命运还是由自己来把握的。《了凡四训》虽然讲了"命"的存在,作者袁了凡却在晚年彻悟之后告诫后人:"凡称祸福自己求之者,乃圣贤之言;若谓祸福惟天所命,则世俗之论矣。"《孔子家语》亦有言:"存亡祸福,皆在己而已。"特别强调了"命运是可以由自己主宰"的。

如果"命"是注定的没法改变,你就没必要去算命;如果,"命"是可以由你自己来改变的,你又何必去算命?如果通过算命可以改变一个人的命运,算命先生最先应该改变的是他自己呀!爷爷不主张算命。算命先生说话大都"两头堵",一句话怎么解释都行。说好的,皆大欢喜,说出不好的,又影响心绪,影响正常的思维判断。《水浒传》中的卢俊义,就是上了算命的当,弄得家破人亡。

尝听古人说,正直神不欺。做个有凛然正气、坦荡真实的人,就无所畏惧。汉王符《潜夫论》里也说过:"圣人不烦卜筮。"即圣人不在求神问卜方面耗费心神。爷爷也不希望孙孙在那些无意义的"迷信"方面浪费精力。

总之,人有真才实学,又能谦卑自处,那么还需要占卜吗?

其实,信仰应是一种智慧,是人类化解纷争、苦难的一种自我心理调解。

无论信仰什么,人总要活得高贵一些,"贵"就贵在不随波逐流,不卑躬屈膝,不游戏人生,不失去自我(当然,高贵不是高高在上,不是目中无人,不是特立独行。高贵在修养、在知识、在风度、在智慧)。高贵是一种成熟。高贵者,仪如鸾凤,质若芝兰,其中韵味,孙孙慢慢体味。

无论信仰还是迷信,都不要盲从。要有自己的头脑和主见,要自己掌握自己的命运。

外一篇

可怜天下父母心

——《心田留与子孙耕》的题外话

倾注全部的心血和爱，终于完成了给孙子的"家训"，但是，我的心情并不轻松——我知道，一部"家训"并不能决定孙子的一切。

因为，还有许多客观因素可以左右他的命运。我愿意把我的担忧和期待说出来，与所有的家长们分享——或许，对广大家长会有所启迪。

许多家长慨叹：如今的（有些）孩子怎么了？——聪明，却缺少智慧；有热情，却缺失责任；好憧憬，却缺乏理想；早熟，却表现幼稚；承沐着爱的奢侈，却又对爱的施舍表现吝啬；享受着人类文明的成果，却又不懂感恩。孩子本是一张纯净的白纸，染成什么颜色，其实主要责任在家庭、学校和社会。如果把一个孩子的不成熟完全归结于孩子自身的因素，是不公正、不客观的。美国著名心理治疗师萨提亚说："孩子没有问题，如果孩子有问题，那一定先是父母的问题。"

我赞同这个观点。

首先，我认为，想有一个好孩子，首先必须从教育父母开始，或者说应该由父母的自我反思开始。家长"养而不教"，或不懂得如何科学地教育孩子，仅凭"望子成龙"的心情是解决不了问题的。家长自己不读书，不看报，迷恋网上游戏、聊天，喜欢赌博，好吃懒做，性格乖戾，行为粗野，不懂礼貌，不能以自身做出良好的示范，怎么可能教育好孩子？夫妻吵架，婆媳斗气，家庭里烽烟频起，怎么能养成孩子的好性格？孩子是大人的影子，所有孩子身上表现出的问题，首先都是大人的问题。教育孩子的前提应是大人们懂得深刻反省自己做得如何。

所以，做父母的，必须自己先有一个完美的人格，有较高的修养，能给孩子做出好的榜样才行。

同时，切忌一味地斥责、冤损、打击孩子，过多的斥责会让孩子学会专横。吵、喊、骂、打、罚的结果，只能是让孩子封闭心灵，增加内心的抵抗情绪，反而厌学，甚至离家出走。所以，家长一定要尊重、理解、信任孩子。没有尊重的爱，是最大的伤害。不懂尊重孩子（尊重和娇宠不同），往往严重影响孩子健康人格的形成。给孩子留面子、留尊严，平等地与孩子在一起耐心交流，做孩子的知心朋友，孩子有什么心里话才肯跟你说。孩子亲近、信任你了，你再及时做出"良性干预"，给予指导，他就能听进去了。

还有，做家长的，特别是爷爷奶奶们，对孙辈的疼爱，不得了。我也是，明知道"惯子如杀子"，对孙子也难免有时溺爱。从共性上说，溺爱是一剂慢性毒药。正如齐齐哈尔市著名儿童教育专家王连科先生总结的那样，"过多的呵护带来孩子的无能，过多的关爱带来孩子的无情"，确有道理。孩子的自私、任性、乖僻，最大的原因是孩子父母从小给予的家庭教育不当，孩子被宠坏了。而孩子一旦形成了"坐享其成"、"自私自利"的个性，不肯付出，不珍惜人与人之间的情缘，长大后就遭罪了。当他步入社会，谁

> 外一篇
> 可怜天下父母心

还会惯着他呢？于是他极度地不适应，哪怕受到了一点点委屈，内心就承受不住，情绪就走极端。这方面的教训还少么？

如今很多家庭对孩子是"先惯后管、先依后扳、先宠后怨"，孩子在父母面前养成了毛病，父母反而怨孩子不争气。

教育家卡尔·威特说过："对于孩子来说，如果家庭教育不好，就是由那些最优秀的教育家再施以最尽心的教育也难以有好的效果。"可见，父母亲对孩子最初的影响是多么重要。

只有做父母的能在孩子面前成功当好"榜样"、"朋友"、"教练"三个角色，经常换位思考，注重赏识教育，适时唤醒孩子们灵魂深处的高尚情感，激发学习的热情，才是合格的父母。然而，有多少父母能做到这一点呢？

因此，我期望全社会一起努力，实行一项"造就伟大母亲"的"孟母工程"，在全社会开展广泛深入的"培训父母"的运动，那真是一项关系到民族振兴的伟大创举。若父母亲"阶层"进入了"高层次"，有了孟母的眼光和执着，懂得什么是"良性干预"，什么是"恶性干预"，懂得什么是科学的教育，还怕没有好后代吗？"人各欲善其子，而不知自修，惑矣"（清朝张履祥《愿学记》语）！希望自己的孩子优秀，却不肯学习正确的教育方法，不肯用自己的行动为孩子做出良好的示范，不是糊涂吗？

先造就优秀的父母，才会有好孩子啊！

其次，就当前的学校教育，我也有忧虑。

素质培养的核心是人格修炼，在学校里培养学生的好品质、养成好习惯，培养终生可以持续学习的兴趣，培养人际沟通能力和责任担当力，才是最重要的。可是，现在的学校，为了提高升学率，千方百计提高学生的"分数"，往往忽略学生的品格、能力教育，导致社会上将"知识改变命运"片面地导向为"学历改变命运"。考了高分就能说明一个孩子优秀吗？不见得。有人考证，历年的高考状元后来真正有大发展的寥寥无几。孩子们严重缺乏社会责任感和抗挫折能力，是非观念模糊，以致一些高等学府毕业的孩子，也会因为失恋、失业，而跳楼自杀。培养了一批"考场上的英雄，职场上的狗熊"，甚至出现"马加爵"那样的恶性事件，是教育的失误啊！

我还认为，教育必须重视对国民创造力的开发和保护，因为一个民族的创造力也是衡量一个国家政治文明程度、预测国家发展潜力的标尺。遗憾的是，中国现有的教育对孩子们创造力的开发重视不够。美国高中教育的四个目标第一条是"通过语言教学，帮助所有学生培养批判性思考力"，他们期望孩子们"异想天开"，即使作业，也鼓励学生"独辟蹊径"。而中国总是为学生设置"标准答案"的做法，在一定程度上禁锢了学生们的创造性思维。特别是"听话"教育，认为不"听话"就不是"好孩子"，往往从根本上扼杀了孩子的批判精神和创造力。中华民族曾经有过骄人的"四大发明"，可是，为什么影响人类20世纪生活的二十项重大发明中，没有一项由中国人发明？不是中国人笨，是中国的教育出了问题。

对人民创造性的真正尊重和保护，必须从孩子做起。

美国学者所罗门教授说："在个体人格发展方面，教师的影响仅次于父母。一个孩子如果拥有甜蜜的家庭，享有父母的爱，又得到一个身心健康的教师，那是无比幸福的。相反，如果他既不能在父母那边得到足够的关怀和爱护，又受到情绪不稳定教师的无端困扰，必将造成许多身心发展的问题。"

从某种意义上说，人的社会化过程是从家庭开始的，家庭教育对孩子成长有奠基意义。而家庭教育与学校教育能形成合力，

外一篇
可怜天下父母心

有效互动，是促进孩子身心健康成长的必由之路。教育先导陶行知先生曾说过："没有家庭的协助教育，学校教育是办不下去的。"因为，学校教育与家庭教育都有各自不同的优势，只有将这两种优势有机结合，才能增强学校教育与家庭教育的效果。可惜，我们的许多地方，对"家校"形成合力办好教育还重视不够。我每天接送小孙子上下学，会经常跟学校老师互动、交流，对孙子的成长很有好处。如果以为把孩子"交给学校"就完事大吉，那是糊涂观念。

教育与现实社会的衔接上缺乏应有的和谐与秩序，缺乏应有的承接与归落的问题，势在必改呀！革新教育，是个关系国家民族未来的大课题，希望能引起国家高层领导、专家、学者们的高度重视。

除了家庭教育和学校教育，还有一个无处不在的社会教育，对孩子的成长无时不在起着一定影响。一个历史时期的社会价值取向、社会风气、流行的格调如何，甚至对孩子未来的人生取向起着决定性作用。尽管当前社会的主流是好的，但比较猖獗的掺杂使假、坑蒙拐骗、唯利是图、腐败浪费、信仰迷茫的现象，会教会孩子什么呢？我面对荧屏上淫秽龌龊、残酷血腥、低俗荒诞、胡编乱造的情节，很愤懑、很无奈——我最忧心的是怕孙子看到，可是我阻挡得住吗？

我呼吁，为了孩子，为了这个民族的未来，有必要清算"十年浩劫"带来的思想和社会体制方面的余孽；有必要扭转"重利轻义"的流行价值观；有必要净化各种媒体上低俗、荒诞、唯利是图的风气……

令人欣慰的是，以习近平主席为核心的这一届国家领导人，动真格的，来拯救这个国家了！高高举起法律的正义之剑，开始整饬吏治、惩治腐败、肃清不良风气，重塑民族之魂，开始重视继承中华民族的优秀传统文化，大力集聚正能量，呼唤艺术家们良心回归，倡导社会主义核心价值观……

我激动了，我们终于盼来了这一天！我的孙子有希望了，我们亿万的孩子有希望了，我们的国家、民族有希望了！

可怜天下父母心，为了孩子不惜奉献自己的一切，为了孩子几乎耗尽了心神，可是，父母自身的问题、学校教育问题、社会风气问题不得到改善，我们想实现自己的教子预期，是多么艰难！好在，我们终于等来了"盛世"，只有在今天这样的大背景下，我们的家庭才会更和谐，我们的教育必定会有所改观，我们国家的形象才更美好，我们为了孩子付出的努力和做出的抗争，才更会有成效、更值得！

我庆幸，我的孙子赶上了这个好时代！我的"家训"也不会白写。

后 记

　　脱稿之日,深深地长出了一口气,感到有一种"完成一项重大使命"般的轻松。如果,我能为后来人留下一片可供他们勤奋耕耘的"心田",不日能收获属于他们自己的智慧之果,则是我莫大的快慰……

　　当年这个孙子的降临,的确让我喜出望外,心想一定好好培养。可是,自己已逾花甲之年,谁知道上帝会不会给我这个机会呢?心想,还是未雨绸缪,把要说的话先写出来为好。于是,思接古今,放怀天地,倾心注爱,秉笔疾书,写下了这二十万字的"遗嘱",这也是"无意插柳柳成荫"吧!写完最后一个字,手抚心血凝成的"秘籍",还颇有一种"虽惭老圃秋容淡,且看寒花晚节香"的惬意呢。

　　如今能正式发行,想象着将有更多的读者从中受益,自己一点绵薄的爱能化为春雨,造福人间,又是何等幸福的事。

　　老朽用"忽然一夜清香发,散作乾坤万里春"来形容此时的情境,当不为过。

　　至于这本书有怎样的价值,就只有期待读者和时间的检验了。

　　作为社会的一员,我有那么多好亲朋、好同事、好恩师、好领导,我感到欣慰。在我的身上曾寄予着他们热切的期望,承沐过他们悉心的指导和无私的关爱。我不敢懈怠,也不敢颓废,我在竭尽所能，用我的一生，来回报这一切！在这里，再次用我心血凝成的这本书，表达我对他们的敬意和谢忱！

作为家族的一员，我自己并不成功，有太多的辛酸和苦痛。但是，为传承好家风的"这一棒"，我一直在努力尽着自己的责任。我期待家族的后来者"每一棒"都跑得更好、更远……

苦难可以让人深刻，岁月会凋零一个人的容颜，但心灵却可以日渐充实。我自信，从充实的心灵中流淌出的智慧，将惠及后人，光耀千秋！

我热爱生活，还有无数未竟的心愿，寄希望于后辈们来续写……

作 者
2009 年 6 月 25 日

补记：书稿完成，并没有立即寻求公开出版，仅作亲朋内部家藏，印了少许。想不到自己用半个月时间写出的家训，会有很多人喜欢。我赠给友人一个在市实验中学读书的孩子一本，竟然在全班争相传抄，有一个孩子把书借回家，让妈妈把全书复印下来，后来她妈妈辗转找到我，说无论多少钱，也要买一本。有一位素不相识的离异后的农村妇女，无意间看到我的书，说如果她能早看到这本书，或许不会离婚，竟找到前夫要了一万元钱，让她的老师转给我，希望多印一些惠及更多的人。也有素不相识来鹤城走亲戚的一对天津市老夫妇，冒昧找到我家，说在亲戚家看到我的书，无论如何希望卖给他一本，带回天津给孙子看。一医院的骨科专家看到我的书，竟给全科同志每人送一本，期望有助提升他们的品格，并给我一份全科同志名单，让我针对不同职位、年龄，在书上给每人题

后 记

上一句话，他还让每个同志都写了读后感。还有两个单位，要了几百本，做职工培训教材。龙江县委宣传部退休的老部长赵铁胜先生，七十八岁高龄了，看到我的书，四处奔走，在朋友圈里积极推荐，曾在社区、学校、医院、作家朋友圈，为我举办过三次《心田留与子孙耕》一书的专题读书、研讨会。

我非常感谢大家的关爱和支持。

正因为有了这些读者的喜欢，我反而感到惶恐了，怕书的品质不高，对不起读者。

于是，我又用五年时间，字斟句酌，反复推敲，以力求少留遗憾。期间，我先后自费印刷了三次，共三千册，广泛赠阅，征求读者意见。天南地北的读者朋友写来许多中肯的评议。江苏无锡博友严琪坤先生，五年来给予特别关注，认真提出修改建议，甚至对错别字、标点都细心指正。

这里，向这些热心的朋友，表示由衷的感谢。

目前，我已积累下数万字的读者感言。在修改过程中，我虚心又有主见地汲取了这些读者的宝贵意见，可谓"千征万询求灼见，精修细改铸华章"，尽管永远也无法达到炉火纯青的地步，但是，我感到尽力了，心里也就踏实了许多。

这些"评家"，大都是未曾谋面的读者朋友，难免客气，多有溢美之词。然而，正是这些鼓励，给了我寻求正式出版的勇气。

所幸，在2014年6月，这部书稿得到了社会科学文献出版社的认可。我非常感谢他们，他们支持的不仅是我个人，更是对后代子孙教育事业的重视。

2014年6月30日

作者补记

图书在版编目(CIP)数据

心田留与子孙耕：爷爷给孙儿的私房话 / 房国东著.
—北京：社会科学文献出版社，2015.3（2016.5重印）
ISBN 978-7-5097-7107-5

Ⅰ.①心… Ⅱ.①房… Ⅲ.①家庭教育 Ⅳ.①G78

中国版本图书馆CIP数据核字（2015）第027807号

心田留与子孙耕
——爷爷给孙儿的私房话

著　　者 / 房国东

出 版 人 / 谢寿光
项目统筹 / 许春山
责任编辑 / 王珊珊

出　　版 / 社会科学文献出版社·教育分社（010）59367278
　　　　　 地址：北京市北三环中路甲29号院华龙大厦　邮编：100029
　　　　　 网址：www.ssap.com.cn
发　　行 / 市场营销中心（010）59367081　59367018
印　　装 / 三河市尚艺印装有限公司

规　　格 / 开 本：787mm×1092mm 1/20
　　　　　 印 张：18.2　字 数：274千字
版　　次 / 2015年3月第1版　2016年5月第3次印刷
书　　号 / ISBN 978-7-5097-7107-5
定　　价 / 46.00元

本书如有印装质量问题，请与读者服务中心（010-59367028）联系
▲ 版权所有 翻印必究